会　计

押题册™

推倒CPA这堵墙

荆晶　主编

人民出版社

责任编辑：薛岸杨
特邀编辑：胡继元　高　楠

图书在版编目（CIP）数据

会计押题册．2019 / 荆晶主编．—北京 ：人民出版社，2019
ISBN 978-7-01-020741-4

Ⅰ．①会…　Ⅱ．①荆…　Ⅲ．①会计学-资格考试-习题集　Ⅳ．①F230-44

中国版本图书馆 CIP 数据核字（2019）第 078107 号

会计押题册
KUAIJI YATICE

荆　晶　主编

人民出版社出版发行
（100706　北京市东城区隆福寺街 99 号）

三河市中晟雅豪印务有限公司印刷　新华书店经销

2019 年 6 月第 1 版　2019 年 6 月第 1 次印刷
开本：710×1000　1/16　印张：14
字数：332 千字　印数：10,000 册

ISBN 978-7-01-020741-4　定价：69.80 元

邮购地址　100706　北京市东城区隆福寺街 99 号
人民东方图书销售中心　电话：010－65250042　65289539
中华会计网校财会书店　电话：010－82318888

前言
PREFACE

推倒 CPA 这堵墙，你只差这一本押题册！

如果你备考时间零散，教材学习进度缓慢，知识点理解不透，做题能力较差，主观题是“死穴”，要想在考前最后两个月“拿下”CPA，就请吃透本书，牢记每一个“押题点”，弄清楚每一道“历年真题”和“预测题”，一举推倒 CPA 这堵高“墙”！

一、本书结构安排

第一部分考情分析，对近六年的分值分布、考点分布、每道主观题目的考点精析罗列展现，并对 2019 年进行独家预测。

第二部分专题讲解，分专题进行逐一讲解，每个专题分为三个栏目：【考点梳理】【历年真题】【2019 年预测题】。

【考点梳理】将本专题涉及的主要考点以“押题点”的形式进行体现，既可以作为客观题的考点必背，也可以作为主观题的考点提点。

【历年真题】是精选近年的考试真题，对应专题相关考点。

【2019 年预测题】中所编排的试题含编者精心预测、密押的考点。

二、本书特点

本书定位有如下两点：

【考点梳理】(押题点)＝2019 年客观题考点基本覆盖

【历年真题】【2019 年预测题】＝ 2019 年主观题考点 99%覆盖

“真题+预测题”是一个并集的概念，需要学员把每个专题的“历年真题”和“2019 年预测题”都“吃透”，这样才能把握住 2019 年主观题的考查重点，以达到“押题”的效果。

三、考前冲刺提示

2019 年注册会计师《会计》考试时间为：

2019 年 10 月 20 日，上午 8：30-11：30，时长 3 小时。

试卷题型为：

客观题 22 道，12 道单选(24 分)，10 道多选(20 分)，共 44 分。主观题 4 道，2 道计算分析题，2 道综合题，共 56 分。

本押题册重点针对总分值达 56 分的计算分析题和综合题部分。由于最近几年考的综合题都是差错更正，所以把计算分析题和综合题放在一起编写。

押题册纲要：

深入讲解会计教材的三大核心内容——债券、股票和财务报表。

(一)债券

(1)金融资产中的交易性金融资产、债权投资、其他债权投资等；

(2)负债中的长期应付款、可转换公司债券；

(3)借款费用；

(4)固定资产和无形资产中涉及融资性质的分期付款购买方式。

简言之，涉及债券本息及摊余成本的均在此列。

(二)股票

(1)金融资产中的交易性金融资产、其他权益工具投资；

(2)长期股权投资；

(3)合并报表；

(4)股份支付；

(5)每股收益；

(6)所得税。

所得税可考范围很广，但考试时主要是围绕股票出题。

(三)财务报表

(1)财务报告；

(2)会计政策、会计估计变更；

(3)差错更正；

(4)资产负债表日后事项。

除以上核心内容之外，存货、固定资产、无形资产、资产减值、收入、租赁、或有事项、债务重组、外币折算、职工薪酬等等内容，在历年计算分析题和综合题中也有涉及。所以本册中也会有专题涉及相关考点，主要是以跨章节综合题的形式出现，以加大题目难度。

注意：

(1)本押题册涉及的历年真题均按 2019 年教材进行了重编。

(2)本押题册内【考点梳理】+【历年真题】+【2019 年预测题】将覆盖 2019 年考题 99%以上的考点，所以切勿仅做预测题。

(3)预测星级较低并不意味着考到的概率较小。星级较低的知识点往往会在选择题中考查，如果出在主观题部分，也往往是与差错更正的知识相结合的形式出现。所以也需予以重视。

我以个人对注会考试的理解，以及两个半月一次过六科的经验为大家编写了注会六科的押题册，但限于个人精力有限，编校工作纷繁琐碎，本押题册难免存在一些疏漏和错误，敬请广大考生批评指正。

机会每个人都有，但你可能不知道碰到了它。希望押题册成为给你最后机会的书！预祝所有考生，逢考必过！

荆　晶

注 会 会 计 押 题 册
ZHUKUAI KUAIJI YATICE

第一部分　计算分析题、综合题考情分析

第二部分　计算分析题、综合题专题讲解

押题点索引

1

第一部分　计算分析题、综合题考情分析

一、近六年（2013~2018 年）计算分析题和综合题分布

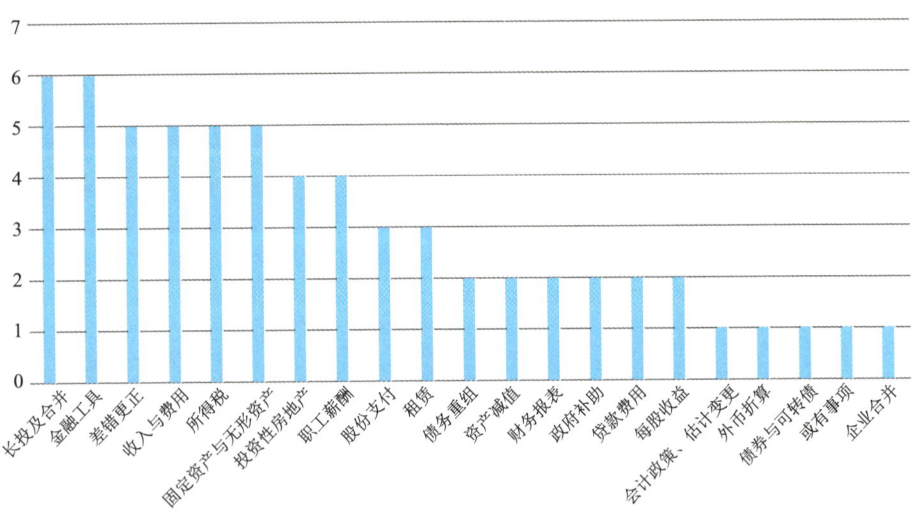

二、近六年（2013~2018 年）计算分析题及综合题精析

近六年（2013~2018 年）计算分析题及综合题精析

年份	主观题 1	主观题 2	主观题 3	主观题 4
2013	所得税：无形资产所得税的处理；以公允价值计量且其变动计入其他综合收益的金融资产所得税的处理；应交所得税和所得税费用的计算	金融资产：以公允价值计量且其变动计入其他综合收益的金融资产（债券）的计量及减值的处理	长投及合报：商誉的计算；长投的会计分录编制；合报的调整/抵销分录编制；内部交易的抵销	差错更正：租赁；无形资产的确认；附销售退回条件的收入确认；涉及员工福利的应付职工薪酬的处理；BOT 业务的收入确认

续表

年份	主观题 1	主观题 2	主观题 3	主观题 4
2014	投资性房地产与所得税：投资性房地产的全流程会计处理；所得税的差异确认及分录编制	借款费用综合题：借款费用的计算及分录编制；发行债券的计算及分录编制；自建固定资产的分录编制	差错更正：政府补助；代销的收入确认；职工福利的确认；或有事项的处理；以公允价值计量且其变动计入其他综合收益的金融资产的减值	长投及合报：权益法转成本法个报及合报的处理；商誉的计算；长投权益法分录编制及调整净利润的计算
2015	股票类综合题：股份支付；每股收益	综合题：投资性房地产；固定资产安全生产费；债务重组；长投权益法	长投及合报：权益法转成本法（个报及合报）；商誉的计算；合报调整/抵销分录编制；长投成本法转金融资产（个报和合报）	差错更正：债权投资；政府补助；以公允价值计量且其变动计入其他综合收益的金融资产的减值；增资；借款费用
2016	综合题：收入确认；费用确认；政府补助；股份支付	差错更正：股份支付；辞退福利及短期利润分享计划所涉及的应付职工薪酬	1. 所得税综合题：长投权益法；股份支付；递延所得税资产/负债、所得税费用、应交所得税的计算； 2. 长投和合报：考虑所得税因素的反向购买的计算及分录编制	差错更正：现金结算的股份支付；收入的确认；债务重组；金融资产重分类和转移；资产减值
2017	职工薪酬，带薪年假、离职补偿的会计处理	权益法核算的长期股权投资、自用房地产转换为投资性房地产、同一控制下的企业合并	差错更正：金融资产的分类、售后回租的会计处理、投资性房地产转换为自用房地产的会计处理、会计估计变更的会计处理	所得税综合题：预收会员费纳税差异问题、以公允价值计量的金融资产公允价值变动导致的纳税差异问题、政府补助的纳税差异问题、研发费用加计扣除的纳税差异问题
2018	金融工具的购入、持有和处置的会计处理及对当年净利润和所有者权益的影响	判断属于时段义务还是时点义务，计算合同履约进度及相关成本收入，确认收入的时间，收入的会计处理	所得税综合题：固定资产折旧及暂时性差异计算，自用房产转投资性房地产及后续会计处理，国债及利息会计处理，递延所得税资产/负债的余额的计算，应交所得税和所得税费用的计算及相关会计处理	长投及合报：个别报表投资收益计算，非同一控制下商誉的计算，说明合并现金流量表列报项目名称并计算该项目的金额，说明同一控制下租赁不动产在合并报表中的项目名称及相关理由，关联方的披露及相关信息，合并报表调整抵销分录编制

注：2016 年以前，各主观题的具体题型均为“综合题”；2016 年以后，主观题 1 和主观题 2 的具体题型为“计算分析题”，主观题 3 和主观题 4 的具体题型为“综合题”。

三、2019 年计算分析题及综合题预测

2019 年计算分析题及综合题预测

序号	可能涉及范围	2019 年预测星级	2013	2014	2015	2016	2017	2018
1	长投及合报	★★★★★	★	★	★	★	★	★
2	金融工具	★★★★★	★	★	★	★	★	★
3	差错更正	★★★★★	★	★	★	★	★	
4	收入与费用	★★★★	★	★		★	★	★
5	所得税	★★★★★	★	★		★	★	★
6	资产减值	★★★★			★	★		
7	债务重组	★★★★			★	★		
8	一般公司债券与可转债	★★★★		★				
9	借款费用	★★★★		★	★			
10	投资性房地产	★★★		★	★		★	★
11	股份支付	★★★		★	★	★		
12	每股收益	★★★		★	★			
13	政府补助	★★★		★			★	
14	财务报表	★★★			★			★
15	租赁	★★★	★	★			★	
16	固定资产和无形资产	★★★	★	★	★		★	★
17	会计政策、估计变更	★★★					★	
18	或有事项	★★		★				
19	日后事项	★★						
20	非货币性资产交换	★★						
21	职工薪酬	★★	★	★		★	★	
22	外币折算	★★					★	

2

第二部分　计算分析题、综合题专题讲解

专题一　长期股权投资及合并报表

考点梳理

押题点 1　企业合并类型的划分(见表 1)

表 1　企业合并类型的划分

企业合并类型	概念
同一控制下企业合并	是指参与合并的企业在合并前后均受同一方或相同的多方最终控制且该控制并非暂时性的
非同一控制下企业合并	是指参与合并各方在合并前后不受同一方或相同多方最终控制的合并交易，即除判断属于同一控制下企业合并的情况以外其他的企业合并

1. 同一控制下的企业合并

判断某一企业合并是否属于同一控制下的企业合并，应当把握以下要点：

(1)能够对参与合并各方在合并前后均实施最终控制的一方通常指企业集团的母公司。

(2)能够对参与合并的企业在合并前后均实施最终控制的相同多方，是指根据合同或协议的约定，拥有最终决定参与合并企业的财务和经营政策，并从中获取利益的投资者群体。

(3)实施控制的时间性要求，是指参与合并各方在合并前后较长时间内为最终控制方所控制。具体是指在企业合并之前(即合并日之前)，参与合并各方在最终控制方的控制时间一般在 1 年以上(含 1 年)，企业合并后所形成的报告主体在最终控制方的控制时间也应达到 1 年以上(含 1 年)。

(4)企业之间的合并是否属于同一控制下的企业合并，应综合构成企业合并交易的各方面情况，按照实质重于形式的原则进行判断。通常情况下，同一控制下的企业合并是指发生在同一企业集团内部企业之间的合并。同受国家控制的企业之间发生的合并，不应仅仅因为参与合并各方在合并前后均受国家控制而将其作为同一控制下的企业合并。

2. 非同一控制下的企业合并

是指参与合并各方在合并前后不受同一方或相同多方最终控制的合并交易，即除判断属

于同一控制下企业合并的情况以外其他的企业合并。

押题点② 长期股权投资的初始计量

(一)同一控制下控股合并形成的对子公司长期股权投资

原则：权益结合法

权益结合法(poolingofinterestmethod)，亦称股权结合法、权益联营法，是企业合并业务会计处理方法之一，与购买法基于不同的假设。权益结合法视企业合并为参与合并的双方通过股权的交换形成的所有者权益的联合，而非资产的交易。换言之，它是由两个或两个以上经营主体对一个联合后的企业或集团公司开展经营活动的资产贡献，即经济资源的联合。

在权益结合法中，原所有者权益继续存在，以前会计基础保持不变。参与合并的各企业的资产和负债继续按其原来的账面价值记录，合并后企业的利润包括合并日之前本年度已实现的利润；以前年度累积的留存利润也应予以合并。

1. 合并方以支付现金、转让非现金资产或承担债务方式作为合并对价

借：长期股权投资(被合并方所有者权益在最终控制方合并财务报表中的账面价值的份额+最终控制方收购被合并方而形成的商誉)

　　贷：负债(承担债务账面价值)

　　　　资产(投出资产账面价值)

　　　　资本公积——资本溢价或股本溢价(差额。可能在借方，资本溢价或股本溢价不足冲减时，可冲减留存收益)

借：管理费用(审计、法律服务等相关费用)

　　贷：银行存款

2. 合并方以发行权益性证券作为合并对价

借：长期股权投资(被合并方所有者权益在最终控制方合并财务报表中的账面价值的份额+最终控制方收购被合并方而形成的商誉)

　　贷：股本(发行股票的数量×每股面值)

　　　　资本公积——股本溢价(差额。可能在借方，股本溢价不足冲减时，可冲减留存收益)

借：资本公积——股本溢价(权益性证券发行费用)

　　贷：银行存款

【注意】

(1)被合并方在合并日的净资产账面价值为负数的，长期股权投资成本按零确定，同时在备查簿中予以登记。

(2)长期股权投资的初始投资成本与支付的现金、转让的非现金资产及所承担债务账面价值之间的差额，应当调整资本公积(资本溢价或股本溢价)；资本公积(资本溢价或股本溢价)的余额不足冲减的，依次冲减盈余公积和未分配利润。

(3)企业合并前合并方与被合并方采用的会计政策不同的，应基于重要性原则，统一合并方与被合并方的会计政策。在按照合并方的会计政策对被合并方净资产的账面价值进行调

整的基础上，计算确定长期股权投资的初始投资成本。

(4)在商誉未发生减值的情况下，同一控制企业合并中，不同母公司编制合并财务报表时，合并财务报表中反映的商誉是相同的。如，甲公司和乙公司属于同一集团，甲公司从本集团外部购入丁公司80%股权(属于非同一控制下企业合并)时，甲公司合并财务报表中确认商誉80万元。两年后，乙公司购入甲公司所持有的丁公司60%股权，乙公司编制合并财务报表时列示的商誉仍为80万元，而不是60万元。

(5)同一控制下的企业合并形成的长期股权投资，实际支付的价款或对价中包含的已宣告但尚未发放的现金股利或利润，应作为应收项目处理，不计入企业合并成本。

3. 企业通过多次交换交易，分步取得股权最终形成同一控制下控股合并

合并日初始投资成本=合并日相对于最终控制方而言的被合并方所有者权益账面价值的份额+最终控制方收购被合并方形成的商誉

新增投资部分初始投资成本=合并日初始投资成本-原股权投资于合并日的账面价值

新增投资部分初始投资成本与为取得新增部分投资所支付对价的账面价值的差额，调整资本公积(资本溢价或股本溢价)，资本公积(资本溢价或股本溢价)不足冲减的，依次冲减盈余公积和未分配利润。

4. 同一控制下企业合并涉及的或有对价

同一控制下企业合并形成的长期股权投资初始确认时可能存在或有对价。在这种情况下，同一控制下企业合并方式形成的长期股权投资，初始投资时，应按照《企业会计准则第13号——或有事项》(以下简称“或有事项准则”)的规定，判断是否应就或有对价确认预计负债或者确认资产，以及应确认的金额；确认预计负债或资产的，该预计负债或资产金额与后续或有对价结算金额的差额不影响当期损益，而应当调整资本公积(资本溢价或股本溢价)，资本公积(资本溢价或股本溢价)不足冲减的，调整留存收益。

(二)非同一控制下控股合并形成的对子公司长期股权投资

原则：购买法

1. 一次交易实现的控股合并

购买方应当按照确定的企业合并成本作为长期股权投资的初始投资成本。

企业合并成本包括购买方付出的资产、发生或承担的负债、发行的权益性证券的公允价值之和。

相关费用的会计处理见表2：

表2 相关费用的会计处理

<table>
<tr><th colspan="2">项目</th><th>直接相关的费用、税金</th><th>发行权益性证券支付的手续费、佣金等</th><th>发行债务性证券支付的手续费、佣金等</th></tr>
<tr><td rowspan="3">长期股权投资</td><td>同一控制</td><td>计入管理费用</td><td rowspan="3">应自权益性证券的溢价发行收入中扣除，溢价收入不足冲减的，应冲减盈余公积和未分配利润</td><td rowspan="3">计入应付债券初始确认金额(其中债券若为折价发行，该部分费用增加折价的金额；若为溢价发行应减少溢价的金额)</td></tr>
<tr><td>非同一控制</td><td>计入管理费用</td></tr>
<tr><td>不形成控股合并</td><td>计入成本</td></tr>
</table>

对于非同一控制下控股合并取得的长期股权投资，应在购买日按企业合并成本，借记“长期股权投资”科目，按付出的合并对价的账面价值，贷记或借记有关资产、负债科目，并对付出的非货币性资产确认相关损益。

非同一控制下的控股合并，付出资产为非货币性资产时，付出资产公允价值与其账面价值的差额应分别不同资产进行会计处理(与出售资产影响损益的处理类似)，比如：

(1)投出资产为固定资产或无形资产，其差额计入资产处置损益。

(2)投出资产为存货，按其公允价值确认主营业务收入或其他业务收入，按其账面价值结转主营业务成本或其他业务成本，若存货计提跌价准备的，应将存货跌价准备一并结转。

(3)投出资产为其他债权投资的，其差额计入投资收益。该金融资产持有期间公允价值变动形成的“其他综合收益”应一并转入投资收益。

企业合并成本中包含的应自被投资单位收取的已宣告但尚未发放的现金股利或利润，应作为应收股利进行核算。

2. 企业通过多次交换交易分步实现非同一控制下控股合并

(1)个别财务报表。

①原投资为长期股权投资。

购买日长期股权投资初始投资成本=原投资账面价值+新增股份公允价值。

【注意】购买日之前因权益法形成的其他综合收益或资本公积——其他资本公积暂时不做处理，待到处置该项投资时再将与其相关的其他综合收益或资本公积——其他资本公积按长期股权投资的规定进行处理。

②原投资为金融资产。

购买日长期股权投资初始投资成本=原投资公允价值+新增股份公允价值

【注意】如原金融资产属于以公允价值计量且其变动计入当期损益的金融资产，应当按照转换时的公允价值确认为长期股权投资，公允价值与其原账面价值之间的差额计入当期损益；如原金融资产属于被指定为以公允价值计量且其变动计入其他综合收益的非交易性权益工具投资，在按照转换时的公允价值确认长期股权投资、将该公允价值与账面价值之间的差额计入留存收益外，原确认为其他综合收益的前期公允价值变动也应该结转至留存收益。

(2)有关合并财务报表中的处理参见企业合并章节的内容。

3. 非同一控制下企业合并涉及的或有对价

非同一控制下企业合并长期股权投资确认与计量应考虑或有对价。

【注意1】合并成本中包含或有对价的公允价值。某些情况下，当企业合并合同或协议中规定视未来或有事项的发生，购买方通过发行额外证券、支付额外现金或其他资产等方式追加合并对价，或者要求返还之前已经支付的对价。

购买方应当将合并协议约定的或有对价作为企业合并转移对价的一部分，按照其在购买日的公允价值计入企业合并成本。根据《企业会计准则——金融工具确认和计量》《企业会计准则第22号——金融工具列报》以及其他相关准则的规定，或有对价符合金融负债或权益工具定义的，购买方应当将拟支付的或有对价确认为一项负债或权益；符合资产定义并满足资产确认条件的，购买方应当将符合合并协议约定条件的、对已支付的合并对价中可收回部分的权利确认为一项资产。

【注意2】购买日之后发生的对合并价款的调整，只有在购买日后12个月内发生，且是对“购买日已存在情况”有新的或者进一步证据导致的调整，才属于计量期调整，从而调整商誉。其他调整，尤其是基于被购买方盈利情况的调整或者其他在购买日后发生的事件导致的调整，都不能调整商誉。或有对价属于权益性质的，不进行会计处理；或有对价属于金融资产或者金融负债的，按照公允价值计量且其变动计入当期损益；如果不属于金融工具，则按照《或有事项》或其他相应的准则处理。

(三)一项交易中同时涉及自最终控制方购买股权形成控制及自其他外部独立第三方购买股权的会计处理

某些股权交易中，合并方除自最终控制方取得集团内企业的股权外，还会涉及自外部独立第三方购买被合并方进一步的股权。该类交易中，一般认为自集团内取得的股权能够形成控制的，相关股权投资成本的确定按照同一控制下企业合并的有关规定处理，而自外部独立第三方取得的股权则视为在取得对被投资单位的控制权、形成同一控制下企业合并后少数股权的购买，该部分少数股权的购买不管与形成同一控制下企业合并的交易是否同时进行，在与同一控制下企业合并不构成一揽子交易的情况下，有关股权投资成本即应按照实际支付的购买价款确定。该种情况下，在合并方最终持有对同一被投资单位的股权中，不同部分的计量基础会存在差异。

押题点③ 长期股权投资的后续计量

一、成本法

(一)成本法的定义及其适用范围

成本法，是指投资按成本计价的方法。

投资方能够对被投资单位实施控制的长期股权投资应当采用成本法核算。

(二)成本法核算

1. “长期股权投资”科目反映取得时的成本

2. 被投资单位宣告发放现金股利

借：应收股利(享有被投资单位宣告发放的现金股利或利润)

　　贷：投资收益

3. 计提减值准备

借：资产减值损失

　　贷：长期股权投资减值准备

二、权益法

(一)权益法的定义及其适用范围

权益法，是指投资以初始投资成本计量后，在投资持有期间根据投资企业享有被投资单位所有者权益份额的变动对投资的账面价值进行调整的方法。

适用范围：共同控制的合营企业；重大影响的联营企业。

【注意】共同控制的共同经营按照《企业会计准则第 40 号——合营安排》的规定处理。

（二）权益法核算

科目设置：

长期股权投资——投资成本（投资时点）

——损益调整（持有期间被投资单位净损益及利润分配变动）

——其他综合收益（投资后其他综合收益变动）

——其他权益变动（投资后其他权益的变动）

【注意】

（1）在持有投资期间，被投资单位编制合并财务报表的，应当以合并财务报表中净利润、其他综合收益和其他所有者权益变动中归属于被投资单位的金额为基础进行会计处理。

（2）权益法核算下，长期股权投资代表的是享有被投资单位的净资产的份额，投资收益代表的是享有被投资单位净损益的份额。

1. 初始投资成本的调整

长期股权投资的初始投资成本大于投资时应享有被投资单位可辨认净资产公允价值份额的，不调整长期股权投资的初始投资成本；长期股权投资的初始投资成本小于投资时应享有被投资单位可辨认净资产公允价值份额的，应按其差额，借记“长期股权投资——投资成本”科目，贷记“营业外收入”科目。

2. 投资损益的确认

投资企业取得长期股权投资后，应当按照应享有或应分担的被投资单位实现的净损益的份额，确认投资损益并调整长期股权投资的账面价值。

3. 被投资单位宣告分配现金股利或利润的处理

借：应收股利

　　贷：长期股权投资——损益调整

借：银行存款

　　贷：应收股利

4. 超额亏损的确认

在确认应分担被投资单位发生的净亏损时，应按以下顺序进行调整：

（1）冲减长期股权投资账面价值。

（2）冲减长期应收款。

（3）确认预计负债。

（4）登记于备查簿。

5. 其他综合收益的处理

被投资单位其他综合收益发生变动的，投资方应当按照归属于本企业的部分，相应调整长期股权投资的账面价值，同时增加或减少其他综合收益。

借：长期股权投资——其他综合收益

　　贷：其他综合收益

或做相反分录。

6. 被投资单位所有者权益的其他变动处理

采用权益法核算时，投资企业对于被投资单位除净损益、其他综合收益以及利润分配以外所有者权益的其他变动，应按照持股比例与被投资单位所有者权益的其他变动计算的归属于本企业的部分，相应调整长期股权投资的账面价值，同时增加或减少资本公积(其他资本公积)。

被投资单位除净损益、其他综合收益以及利润分配以外所有者权益的其他变动，主要包括：被投资单位接受其他股东的资本性投入、被投资单位发行可分离交易的可转换公司债券中包含的权益成分、以权益结算的股份支付等。

借：长期股权投资——其他权益变动

　　贷：资本公积——其他资本公积

或做相反分录。

7. 股票股利的处理

被投资单位分派股票股利的，投资企业不作会计处理，但应于除权日注明所增加的股数，以反映股份的变化情况。

押题点4 长期股权投资的转换与处置

一、转换的会计处理

股权投资转换涉及六种情形，如表3所示：

表3 股权投资转换涉及的六种情形

转换形式	个别报表	合并报表
(1)上升——公允价值计量转换为权益法	原投资调整到公允价值	—
(2)上升——权益法转换为成本法(非同一控制)	保持原投资账面价值	原投资调整到公允价值
(3)上升——公允价值计量转换为成本法(非同一控制)	原投资调整到转换日公允价值	因个别报表原投资公允价值与账面价值相等，所以无需调整
(4)下降——成本法转换为权益法	剩余投资追溯调整权益法账面价值	剩余投资调整到公允价值
(5)下降——权益法转换为公允价值计量	剩余投资调整到公允价值	—
(6)下降——成本法转换为公允价值计量	剩余投资调整到公允价值	无需调整剩余投资价值

(一)成本法转换为权益法

1. 个别财务报表

关键点：剩余持股比例部分应视同取得投资时点即采用权益法核算，即对剩余持股比例投资追溯调整，将其调整到权益法核算的结果。

(1)处置部分。

借：银行存款

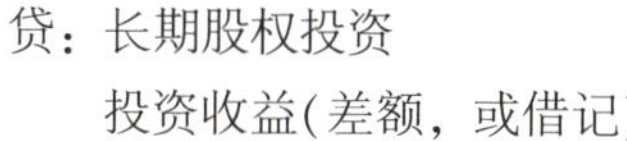

贷：长期股权投资

　　投资收益(差额，或借记)

(2)剩余部分追溯调整。

①投资时点商誉的追溯。

剩余的长期股权投资初始投资成本大于按照剩余持股比例计算原投资时应享有被投资单位可辨认净资产公允价值份额的，属于投资作价中体现的商誉部分，不调整长期股权投资的账面价值；属于初始投资成本小于原投资时应享有被投资单位可辨认净资产公允价值份额的，在调整长期股权投资成本的同时，应调整留存收益等。

②投资后的追溯调整。

借：长期股权投资

　　贷：留存收益(盈余公积、利润分配——未分配利润)(原投资时至处置投资当期期初被投资单位留存收益变动×剩余持股比例)

　　　　投资收益(处置投资当期期初至处置日被投资单位的净损益变动×剩余持股比例)

　　　　其他综合收益(被投资单位其他综合收益变动×剩余持股比例)

　　　　资本公积——其他资本公积(其他原因导致被投资单位其他所有者权益变动×剩余持股比例)

【注意】调整留存收益和投资收益时，应自被投资方实现的净损益中扣除已发放或已宣告发放的现金股利或利润。

长期股权投资自成本法转为权益法后，未来期间应当按照准则规定计算确认应享有被投资单位实现的净损益、其他综合收益及所有者权益其他变动的份额。

2. 合并财务报表

母公司因处置部分股权投资或其他原因丧失了对原有子公司控制的，在合并财务报表中，对于剩余股权，应当按照丧失控制权日的公允价值进行重新计量。处置股权取得的对价和剩余股权公允价值之和，减去按原持股比例计算应享有原有子公司自购买日开始持续计算的净资产份额与商誉之和的差额，计入丧失控制权当期的投资收益。

此外，与原有子公司的股权投资相关的其他综合收益、其他所有者权益变动，应当在丧失控制权时一并转入当期损益或留存收益，由于被投资方重新计量设定受益计划净负债或净资产变动而产生的其他综合收益除外。

关键点：因控制权发生改变(由原控制转为不再控制)，在合并财务报表中剩余股权投资要重新计量，即视为将投资全部出售(售价与账面价值之间的差额计入投资收益)，再将剩余部分投资按出售日的公允价值回购。

虽然丧失控制权的被投资单位不纳入合并财务报表的合并范围，但投资企业有其他子公司，则仍需编制合并财务报表。在合并财务报表中，对丧失控制权的被投资单位的会计处理与其个别财务报表的会计处理不同，在合并财务报表中需作出调整。

因其他投资方增资导致投资方投资由成本法改为权益法的处理：

投资方因其他投资方对其子公司增资而导致本投资方持股比例下降，从而丧失控制权但能实施共同控制或重大影响的，投资方在个别财务报表中，应当对该项长期股权投资从成本法转为权益法核算。首先，按照新的持股比例确认本投资方应享有的原子公司因增资扩股而增加净资产的份额，与应结转持股比例下降部分所对应的原账面价值之间的差额计入当期损益；然后，按照新的持股比例视同自取得投资时即采用权益法核算进行调整。

(二)公允价值计量或权益法转换为成本法(非同一控制)

1. 原投资采用权益法核算

追加投资日长期股权投资初始投资成本=原投资账面价值+新增投资成本

2. 原投资按公允价值计量

追加投资日长期股权投资初始投资成本=原投资公允价值+新增投资成本

(三)公允价值计量转换为权益法核算

追加投资日长期股权投资初始投资成本=转换日原投资公允价值+新增投资的公允价值

原持有的股权投资被指定为以公允价值计量且其变动计入其他综合收益的，其公允价值与账面价值之间的差额，以及原计入其他综合收益的累计公允价值变动应当转入留存收益。

(四)权益法转换为公允价值计量

1. 处置部分

借：银行存款

　　贷：长期股权投资

　　　　投资收益(差额，或借记)

2. 将原权益法核算时确认的全部其他综合收益(假定被投资单位实现的其他综合收益均可结转到损益)转入投资收益

借：其他综合收益

　　贷：投资收益

或做相反分录。

3. 原权益法核算时确认的全部资本公积——其他资本公积转入投资收益

借：资本公积——其他资本公积

　　贷：投资收益

或做相反分录。

4. 剩余股权投资转为以公允价值计量且其变动计入其他综合收益的金融资产等

借：其他权益工具投资等(转换日公允价值)

　　贷：长期股权投资(剩余投资账面价值)

　　　　投资收益(差额，或借记)

(五)成本法转公允价值计量

1. 确认有关股权投资的处置损益

借：银行存款

　　贷：长期股权投资(出售部分账面价值)

　　　　投资收益(差额，或借记)

2. 剩余股权投资转为以公允价值计量变动计入其他综合收益的金融资产等

借：其他权益工具投资(剩余部分转换日公允价值)

贷：长期股权投资(剩余部分账面价值)

投资收益(差额，或借记)

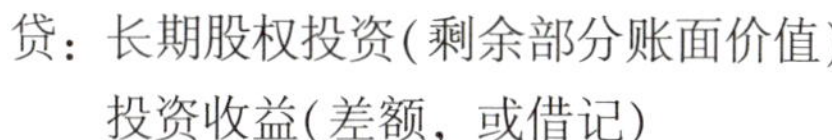

合并报表中的会计处理与成本法转为权益法原则相同。

二、处置的会计处理

出售所得价款与处置长期股权投资账面价值之间的差额，应确认为处置损益。投资方全部处置权益法核算的长期股权投资时，原权益法核算的相关其他综合收益应当在终止采用权益法核算时采用与被投资单位直接处置相关资产或负债相同的基础进行会计处理，因被投资方除净损益、其他综合收益和利润分配以外的其他所有者权益变动而确认的资本公积——其他资本公积，应当在终止采用权益法核算时全部转入当期投资收益。

投资方部分处置权益法核算的长期股权投资，剩余股权仍采用权益法核算的，原权益法核算的相关其他综合收益应当采用与被投资单位直接处置相关资产或负债相同的基础处理并按比例结转，因被投资方除净损益、其他综合收益和利润分配以外的其他所有者权益变动而确认的资本公积——其他资本公积，应当按比例结转入当期投资收益。

押题点5 合并财务报表

一、长期股权投资与所有者权益的合并处理

(一)同一控制下取得子公司合并日后合并财务报表的编制

1. 长期股权投资成本法核算的结果调整为权益法核算的结果

调整分录如下：

(1)投资当年。

①调整被投资单位盈利。

借：长期股权投资

贷：投资收益

②调整被投资单位亏损。

借：投资收益

贷：长期股权投资

③调整被投资单位分派现金股利。

借：投资收益

贷：长期股权投资

④调整子公司其他综合收益变动(假定其他综合收益增加)。

借：长期股权投资

贷：其他综合收益——本年

(若减少做相反分录)

⑤调整子公司除净损益、其他综合收益以及利润分配以外的所有者权益的其他变动(假定所有者权益增加)。

借：长期股权投资

贷：资本公积——本年

(若减少做相反分录)

(2)连续编制合并财务报表。

应说明的是，本期合并财务报表中年初“所有者权益”各项目的金额应与上期合并财务报表中的期末“所有者权益”对应项目的金额一致，因此，上期编制合并财务报表时涉及股本(或实收资本)、资本公积、其他综合收益、盈余公积等项目的，在本期编制合并财务报表调整和抵销分录时均应用“股本(或实收资本)——年初”“资本公积——年初”、其他综合收益——年初和“盈余公积——年初”项目代替；对于上期编制调整和抵销分录时涉及利润表中的项目及所有者权益变动表“未分配利润”项目，在本期编制合并财务报表调整分录和抵销分录时均应用“年初未分配利润”项目代替。

①调整以前年度被投资单位盈亏。

借：长期股权投资

　　贷：年初未分配利润

(若为亏损则做相反分录)

②调整被投资单位本年盈利。

借：长期股权投资

　　贷：投资收益

③调整被投资单位本年亏损。

借：投资收益

　　贷：长期股权投资

④调整被投资单位以前年度分派现金股利。

借：年初未分配利润

　　贷：长期股权投资

⑤调整被投资单位当年分派现金股利。

借：投资收益

　　贷：长期股权投资

⑥调整子公司以前年度其他综合收益变动(假定其他综合收益增加)。

借：长期股权投资

　　贷：其他综合收益——年初

(若减少做相反分录)

⑦调整子公司本年其他综合收益变动(假定其他综合收益增加)。

借：长期股权投资

　　贷：其他综合收益——本年

(若减少做相反分录)

⑧调整子公司以前年度除净损益、其他综合收益以及利润分配以外的所有者权益的其他变动(假定所有者权益增加)。

借：长期股权投资

　　贷：资本公积——年初

（若减少做相反分录）

⑨调整子公司本年除净损益、其他综合收益以及利润分配以外的所有者权益的其他变动（假定所有者权益增加）。

借：长期股权投资

　　贷：资本公积——本年

（若减少做相反分录）

2. 合并抵销处理

在合并工作底稿中，对长期股权投资的金额进行调整后，长期股权投资的金额正好反映母公司在子公司所有者权益中所拥有的份额。或者也可以不进行权益法调整，直接抵销，本章所有举例中都是按照先调整后抵销的原则处理的。要编制合并财务报表，在此基础上还必须按照编制合并财务报表的要求进行合并抵销处理，将母公司与子公司之间的内部交易对合并财务报表的影响予以抵销。

（1）母公司长期股权投资与子公司所有者权益的抵销。

借：股本（实收资本）

　　资本公积

　　其他综合收益

　　盈余公积

　　未分配利润

　　贷：长期股权投资（母公司）

　　　　少数股东权益（子公司所有者权益×少数股东持股比例）

【注意】在合并财务报表中，子公司少数股东分担的当期亏损超过了少数股东在该子公司期初所有者权益中所享有的份额的（即发生超额亏损），其余额仍应当冲减少数股东权益，即少数股东权益可以出现负数。

（2）母公司对子公司、子公司相互之间持有对方长期股权投资的投资收益的抵销。

借：投资收益

　　少数股东损益

　　年初未分配利润

　　贷：提取盈余公积

　　　　对所有者（或股东）的分配

　　　　年末未分配利润

同时，被合并方在企业合并前实现的留存收益中归属于合并方的部分，应自资本公积转入留存收益。

（二）非同一控制下取得子公司购买日后合并财务报表的编制

1. 对子公司个别财务报表进行调整

对于非同一控制下企业合并中取得的子公司，应当根据母公司在购买日设置的备查簿中登记的该子公司有关可辨认资产、负债的公允价值，对子公司的个别财务报表进行调整，使子公司的个别财务报表反映为在购买日公允价值基础上确定的可辨认资产、负债等在本期资产负债表日应有的金额。

调整分录(以固定资产为例，假定固定资产公允价值大于账面价值，且假定相关差异形成的暂时性差异允许确认递延所得税)如下：

(1)投资当年。

借：固定资产——原价(调整固定资产价值)

　　贷：资本公积

借：资本公积

　　贷：递延所得税负债

借：管理费用(当年按公允价值应补提折旧)

　　贷：固定资产——累计折旧

借：递延所得税负债

　　贷：所得税费用

(2)连续编制合并财务报表。

借：固定资产——原价(调整固定资产价值)

　　贷：资本公积——年初

借：资本公积——年初

　　贷：递延所得税负债

借：年初未分配利润(年初累计补提折旧)

　　贷：固定资产——累计折旧

借：递延所得税负债

　　贷：年初未分配利润

借：管理费用(当年补提折旧)

　　贷：固定资产——累计折旧

借：递延所得税负债

　　贷：所得税费用

2. 长期股权投资由成本法调整为权益法

长期股权投资成本法核算的结果调整为权益法核算的结果的会计处理与同一控制原理相同。

3. 抵销分录

(1)母公司长期股权投资与子公司所有者权益的抵销。

借：股本(实收资本)

　　资本公积

　　其他综合收益

　　盈余公积

　　未分配利润

　　商誉(借方差额)

　　贷：长期股权投资(母公司)

　　　　少数股东权益(子公司所有者权益×少数股东持股比例)

(2)母公司对子公司、子公司相互之间持有对方长期股权投资的投资收益的抵销。

借：投资收益

少数股东损益

年初未分配利润

贷：提取盈余公积

对所有者(或股东)的分配

年末未分配利润

二、内部商品交易的抵销处理

(一)不考虑存货跌价准备情况下内部商品销售业务的抵销

1. 将年初存货中未实现内部销售利润抵销

借：年初未分配利润(年初存货中未实现内部销售利润)

贷：营业成本

2. 将本期内部商品销售收入抵销

借：营业收入(本期内部商品销售产生的收入)

贷：营业成本

3. 将期末存货中的未实现内部销售利润抵销

借：营业成本

贷：存货(期末存货中未实现内部销售利润)

(二)存货跌价准备的合并处理

首先抵销存货跌价准备期初数，抵销分录为：

借：存货——存货跌价准备

贷：年初未分配利润

然后抵销因本期销售存货结转的存货跌价准备，抵销分录为：

借：营业成本

贷：存货——存货跌价准备

最后抵销存货跌价准备期末数与上述余额的差额，但存货跌价准备的抵销以存货中未实现内部销售利润为限。

借：存货——存货跌价准备

贷：资产减值损失

或做相反分录。

三、内部债权债务的抵销处理

(一)内部债权债务项目本身的抵销

抵销分录为：

借：债务类项目

贷：债权类项目

(二)内部投资收益(利息收入)和利息费用的抵销

借：投资收益

贷：财务费用(在建工程等)

(三)内部应收账款计提坏账准备的抵销

先抵期初数，然后抵销期初数与期末数的差额。

四、内部固定资产交易的抵销处理

(一)未发生变卖或报废的内部交易固定资产的抵销

1. 将期初固定资产原价中的未实现内部销售利润抵销

借：年初未分配利润

贷：固定资产——原价(期初固定资产原价中的未实现内部销售利润)

2. 将期初累计多提折旧抵销

借：固定资产——累计折旧(期初累计多提折旧)

贷：年初未分配利润

3. 将本期购入的固定资产原价中的未实现内部销售利润抵销

(1)一方销售的商品，另一方购入后作为固定资产

借：营业收入(本期内部固定资产交易产生的收入)

贷：营业成本(本期内部固定资产交易产生的销售成本)

固定资产——原价(本期购入固定资产原价中的未实现内部销售利润)

(2)一方的固定资产，另一方购入后仍作为固定资产

借：资产处置收益

贷：固定资产——原价

4. 将本期多提折旧抵销

借：固定资产——累计折旧(本期多提折旧)

贷：管理费用(假定为管理用固定资产，下同)

(二)发生变卖或报废情况下的内部固定资产交易的抵销

将上述抵销分录中的“固定资产——原价”项目和“固定资产——累计折旧”项目用“资产处置收益”项目或“资产处置收益”项目代替(假定为变卖，如为报废，则不用“资产处置收益”项目，而用“营业外支出”等项目)。

1. 将期初固定资产原价中未实现内部销售利润抵销

借：年初未分配利润

贷：资产处置收益(期初固定资产原价中未实现内部销售利润)

2. 将期初累计多提折旧抵销

借：资产处置收益(期初累计多提折旧)

贷：年初未分配利润

3. 将本期多提折旧抵销

借：资产处置收益(本期多提折旧)

贷：管理费用

五、内部无形资产交易的抵销处理

与固定资产会计处理原理相同。

六、特殊交易的会计处理

（一）追加投资的会计处理

1. 母公司购买子公司少数股东股权

母公司购买子公司少数股东拥有的子公司股权的，在母公司个别财务报表中，其自子公司少数股东处新取得的长期股权投资应当按照《企业会计准则第 2 号——长期股权投资》的规定确定其入账价值。

在合并财务报表中，子公司的资产、负债应以购买日或合并日所确定的净资产价值开始持续计算的金额反映，因购买少数股权新取得的长期股权投资与按照新增持股比例计算应享有子公司自购买日或合并日开始持续计算的净资产份额之间的差额，应当调整母公司个别财务报表中的资本公积（资本溢价或股本溢价），资本公积不足冲减的，调整留存收益。

【注意】 购买子公司少数股权在合并财务报表中属于权益性交易。因控制权未发生改变，商誉金额只反映原投资部分，新增持股比例部分在合并财务报表中不确认商誉。

2. 通过多次交易分步实现同一控制下企业合并

对于分步实现的同一控制下企业合并，在编制合并财务报表时，应视同参与合并的各方在最终控制方开始控制时即以目前的状态存在进行调整，在编制比较报表时，以不早于合并方和被合并方同处于最终控制方的控制之下的时点开始，将被合并方的有关资产、负债并入合并方合并财务报表的比较报表中，并将合并而增加的净资产在比较报表中调整所有者权益项下的相关项目。

为避免对被合并方净资产的价值进行重复计算，合并方在取得被合并方控制权之前持有的股权投资，在取得原股权之日与合并方和被合并方同处于同一方最终控制之日孰晚日起至合并日之间已确认有关损益、其他综合收益以及其他净资产变动，应分别冲减比较报表期间的期初留存收益或当期损益。

（二）处置对子公司投资的会计处理

1. 在不丧失控制权的情况下部分处置对子公司长期股权投资

母公司不丧失控制权的情况下部分处置对子公司的长期股权投资的，在母公司个别财务报表中作为长期股权投资的处置，确认有关处置损益。即出售股权取得的价款或对价的公允价值与所处置投资账面价值的差额，应作为投资收益或损失计入处置投资当期母公司的个别财务报表。

在合并财务报表中，因出售部分股权后，母公司仍能够对被投资单位实施控制，被投资单位应当纳入母公司合并财务报表。因此，在合并财务报表中，处置价款与处置长期股权投资相对应享有子公司自购买日或合并日开始持续计算的净资产份额之间的差额，应当调整资本公积（资本溢价或股本溢价），资本公积不足冲减的，调整留存收益。

【注意 1】 该交易在合并财务报表角度属于权益性交易，合并财务报表中不确认投资收益。

【注意 2】 合并财务报表中的商誉不因持股比例改变而改变。

【注意 3】 合并财务报表中确认资本公积的金额＝出售净价－出售日应享有子公司按购买日公允价值持续计算的金额对应处置比例份额

2. 本期减少子公司时如何编制合并财务报表

在本期出售转让子公司部分股份或全部股份，丧失对该子公司的控制权而使其成为非子公司的情况下，应当将其排除在合并财务报表的合并范围之外。

在编制合并资产负债表时，不需要对该出售转让股份而成为非子公司的资产负债表进行合并。

编制合并利润表时，则应当以该子公司期初至丧失控制权成为非子公司之日止的利润表为基础，将该子公司自期初至丧失控制权之日止的收入、费用、利润纳入合并利润表。

在编制现金流量表时，应将该子公司自期初至丧失控制权之日止的现金流量信息纳入合并现金流量表。

(三)因子公司少数股东增资导致母公司股权稀释

如果由于子公司的少数股东对子公司进行增资，导致母公司股权稀释，母公司应当按照增资前的股权比例计算其在增资前子公司账面净资产中的份额，该份额与增资后按母公司持股比例计算的在增资后子公司账面净资产份额之间的差额计入资本公积，资本公积不足冲减的，调整留存收益。

(四)交叉持股的合并处理

交叉持股，是指在由母公司和子公司组成的企业集团中，母公司持有子公司一定比例股份，能够对其实施控制，同时子公司也持有母公司一定比例股份，即相互持有对方的股份。

母子公司有交互持股情形的，在编制合并财务报表时，对于母公司持有的子公司股权，与通常情况下母公司长期股权投资与子公司所有者权益的合并抵销处理相同。对于子公司持有的母公司股权，应当按照子公司取得母公司股权日所确认的长期股权投资的初始投资成本，将其转为合并财务报表中的库存股，作为所有者权益的减项，在合并资产负债表中所有者权益项目下以“减：库存股”项目列示；对于子公司持有母公司股权所确认的投资收益(如利润分配或现金股利)，应当进行抵销处理。子公司将所持有的母公司股权分类为以公允价值计量且其变动计入其他综合收益的金融资产的，按照公允价值计量的，同时冲销子公司累计确认的公允价值变动。

子公司相互之间持有的长期股权投资，应当比照母公司对子公司的股权投资的抵销方法，将长期股权投资与其对应的子公司所有者权益中所享有的份额相互抵销。

(五)逆流交易的合并处理

如果母子公司之间发生逆流交易，即子公司向母公司出售资产，则所发生的未实现内部交易损益，应当按照母公司对该子公司的分配比例在“归属于母公司所有者的净利润”和“少数股东损益”之间分配抵销。

子公司之间出售资产所发生的未实现内部交易损益，应当按照母公司对出售方子公司的持股比例在“归属于母公司所有者的净利润”和“少数股东损益”之间分配抵销。

七、所得税会计相关的合并处理

(一)所得税会计概述

(二)内部应收款项相关的所得税会计的合并抵销处理

1. 抵销个别报表中确认的递延所得税资产的期初数

借：年初未分配利润(期初坏账准备余额×所得税税率)

　　贷：递延所得税资产

2. 抵销个别报表中确认的递延所得税资产的期初数与期末数的差额

借：所得税费用(坏账准备增加额×所得税税率)

　　贷：递延所得税资产

或做相反分录。

(三)内部交易存货相关所得税会计的合并抵销处理

1. 确认本期合并财务报表中递延所得税资产期末余额(即列报金额)

递延所得税资产的期末余额=期末合并财务报表中存货可抵扣暂时性差异余额×所得税税率

合并财务报表中存货账面价值为站在合并财务报表角度期末结存存货的价值，即集团内部销售方(不是购货方)期末存货成本与可变现净值孰低的金额。

合并财务报表中存货计税基础为集团内部购货方期末结存存货的成本。

2. 调整合并财务报表中本期递延所得税资产

本期期末递延所得税资产的调整金额=合并财务报表中递延所得税资产的期末余额-购货方个别财务报表中已确认的递延所得税资产

(1)调整期初数。

借：递延所得税资产

　　贷：年初未分配利润

【注意】合并财务报表中期初递延所得税资产调整金额即为上期期末合并财务报表中递延所得税资产的调整金额。

(2)调整期初数与期末数的差额。

借：递延所得税资产

　　贷：所得税费用

或做相反分录。

(四)内部交易固定资产等相关所得税会计的处理

1. 确认本期合并财务报表中递延所得税资产期末余额(即列报金额)

递延所得税资产的期末余额=期末合并财务报表中固定资产可抵扣暂时性差异余额×所得税税率

合并财务报表中固定资产账面价值为集团内部销售方(不是购货方)期末固定资产的账面价值。

合并财务报表中固定资产计税基础为集团内部购货方期末按税法规定确定的价值。

2. 调整合并财务报表中本期递延所得税资产

本期期末递延所得税资产的调整金额=合并财务报表中递延所得税资产的期末余额-购货方个别财务报表中已确认的递延所得税资产

(1)调整期初数。

借：递延所得税资产

贷：年初未分配利润

【注意】 合并财务报表中期初递延所得税资产调整金额即为上期期末合并财务报表中递延所得税资产的调整金额。

(2)调整期初期末差额。

借：递延所得税资产

贷：所得税费用

或做相反分录。

八、合并现金流量表的编制

合并现金流量表是综合反映母公司及其子公司组成的企业集团，在一定会计期间现金流入、现金流出数量以及其增减变动情况的财务报表。现金流量表要求按照收付实现制反映企业经济业务引起的现金流入和现金流出。

历年真题*

2018 年

(财务报告+企业合并+长期股权投资+合报调整/抵销分录)

甲公司为一上市集团公司，持有乙公司 80% 股权，对其具有控制权；持有丙公司 30% 股权，能对其实施重大影响。20×6 年及 20×7 年发生的相关交易或事项如下：

(1)20×6 年 6 月 8 日，甲公司将生产的一批汽车销售给乙公司，销售价格为 600 万元，汽车已交付乙公司，款项尚未收取。该批汽车的成本为 480 万元。20×6 年 12 月 31 日，甲公司对尚未收回的上述款项计提坏账准备 30 万元。20×7 年 9 月 2 日，甲公司收到乙公司支付的上述款项 600 万元。

乙公司将上述购入的汽车作为行政管理部门的固定资产于当月投入使用，该批汽车采用年限平均法计提折旧，预计使用 6 年，预计无净残值。

(2)20×6 年 7 月 13 日，丙公司将成本为 400 万元的商品以 500 万元的价格出售给甲公司，货物已交付，款项已收取。甲公司将上述购入的商品向集团外单位出售，其中 50% 商品在 20×6 年售完，其余 50% 商品在 20×7 年售完。

在丙公司个别财务报表上，20×6 年度实现的净利润为 3000 万元；20×7 年度实现的净利润为 3500 万元。

(3)20×6 年 8 月 1 日，甲公司以 9000 万元的价格从非关联方购买丁公司 70% 股权，款项已用银行存款支付，丁公司股东的工商变更登记手续已办理完成。购买日丁公司可辨认净资产的公允价值为 12000 万元(含原未确认的无形资产公允价值 1200 万元)，除原未确认的无形资产外，其余各项可辨认资产、负债的公允价值与账面价值相同。上述无形资产系一项商标权，采用直线法摊销，预计使用 10 年，预计无残值。甲公司根据企业会计准则的规定将购买日确定为 20×6 年 8 月 1 日。

---

* 因准则、教材变化，部分历年真题已经过时，本书对于部分考点，已经按照 2019 年教材重新修订。

丁公司20×6年8月1日个别资产负债表中列报的货币资金为3500万元(全部为现金流量表中所定义的现金)，列报的所有者权益总额为10800万元，其中实收资本为10000万元，盈余公积为80万元，未分配利润为720万元。在丁公司个别利润表中，20×6年8月1日起至12月31日止期间实现净利润180万元；20×7年度实现净利润400万元。

(4)20×7年1月1日，甲公司将专门用于出租的办公楼租赁给乙公司使用，租赁期为5年，租赁期开始日为20×7年1月1日，年租金为50万元，于每年末支付。出租时，该办公楼的成本为600万元，已计提折旧400万元。甲公司对上述办公楼采用年限平均法计提折旧，预计使用30年，预计无净残值。

乙公司将上述租入的办公楼专门用于行政管理部门办公。20×7年12月31日，乙公司向甲公司支付当年租金50万元。

其他有关资料：

第一，本题所涉销售或购买的价格是公允的。20×6年以前，甲公司与子公司以及子公司相互之间无集团内部交易，甲公司及其子公司与联营企业无关联方交易。

第二，甲公司及其子公司按照净利润的10%计提法定盈利公积，不计提任意盈余公积。

第三，甲公司及其子公司、联营企业在其个别财务报表中已按照企业会计准则的规定对上述交易或事项分别进行了会计处理。

第四，不考虑税费及其他因素。

要求：

(1)根据资料(2)，计算甲公司在其20×6年和20×7年个别财务报表中应确认的投资收益。

(2)根据资料(3)，计算甲公司购买丁公司股权产生的商誉。

(3)根据资料(3)，说明甲公司支付的现金在20×6年度合并现金流量表中列报的项目名称，并计算该列报项目的金额。

(4)根据资料(4)，说明甲公司租赁给乙公司的办公楼在20×7年12月31日合并资产负债表中列报的项目名称，并陈述理由。

(5)根据上述资料，说明甲公司在其20×6年度合并财务报表中应披露的关联方名称，分别不同类别的关联方简述应披露的关联方信息。

(6)根据上述资料，编制与甲公司20×7年度合并资产负债表和合并利润表相关的调整分录和抵销分录。

【答案】

(1)根据资料(2)，计算甲公司在其20×6年和20×7年个别财务报表中应确认的投资收益。

在20×6年个别财务报表中应确认的投资收益=[3000-(500-400)×50%]×30%=885(万元)。

在20×7年个别财务报表中应确认的投资收益=[3500+(500-400)×50%]×30%=1065(万元)。

(2)根据资料(3)，计算甲公司购买丁公司股权产生的商誉。

商誉=9000−12000%×70%=600(万元)。

(3)根据资料(3)，说明甲公司支付的现金在20×6年度合并现金流量表中列报的项目名称，并计算该列报项目的金额。

列报项目名称为“取得子公司及其他营业单位支付的现金净额”。

列报金额=9000−3500=5500(万元)。

(4)根据资料(4)，说明甲公司租赁给乙公司的办公楼在20×7年12月31日合并资产负债表中列报的项目名称，并陈述理由。

列报项目名称为“固定资产”。

理由：应站在集团合并财务报表角度看待甲公司租赁给乙公司的办公楼，并作为固定资产反映。

(5)根据上述资料，说明甲公司在其20×6年度合并财务报表中应披露的关联方名称，分别不同类别的关联方简述应披露的关联方信息。

甲公司在其20×6年度合并财务报表中应披露的关联方：乙公司、丙公司、丁公司。对于乙公司和丁公司，应披露子公司的名称、业务性质、注册地、注册资本及其变化、母公司对该子公司的持股比例和表决权比例。

对于丙公司，应披露关联方关系的性质。

(6)根据上述资料，编制与甲公司20×7年度合并资产负债表和合并利润表相关的调整分录和抵销分录。

借：年初未分配利润	120	
贷：固定资产		120
借：固定资产(或累计折旧)	30	
贷：年初未分配利润		10
管理费用		20
借：资产减值损失	30	
贷：年初未分配利润		30
借：无形资产	1200	
贷：资本公积		1200
借：管理费用	120	
年初未分配利润	50	
贷：无形资产(或累计摊销)		170
借：长期股权投资	196	
贷：投资收益		196
借：投资收益	196	
少数股东损益	84	
年初未分配利润	832	
贷：提取盈余公积		40
年末未分配利润		1072

借：实收资本 10000
　　资本公积 1200
　　盈余公积 138
　　年末未分配利润 1072
　　商誉 600
　　贷：长期股权投资 [9000+(180−50)×70%+(400−120)×70%]9287
　　　　少数股东权益 {[10800+1200+(180−50)+(400−120)]×30%}3723
借：营业收入(或其他业务收入) 50
　　贷：营业成本(或其他业务成本) (600÷30)20
　　　　管理费用 30
借：固定资产 (600−400−20)180
　　贷：投资性房地产 180

2017年

(金融资产+长期股权投资+合报调整/抵销分录)

甲股份有限公司(以下简称甲公司)2×16年发生的有关交易和事项如下：

(1)1月2日，甲公司支付3600万元银行存款，取得丙公司30%的股权，当日丙公司可辨认净资产公允价值为14000万元。有关可辨认资产、负债的公允价值与账面价值相同，甲公司取得该股权后，向丙公司董事会分派出一名成员，参与丙公司的日常经营决策。

2×16年丙公司实现净利润2000万元，持有以公允价值计量且其变动计入其他综合收益的金融资产当年市场价格下跌300万元，但尚未达到丙公司确定的应对其计提减值准备的标准。

2×16年12月31日丙公司引用新投资者，新投资者向丙公司投入4000万元，新投资者加入后，甲公司持有丙公司的股权比例降至25%，但仍能够对丙公司施加重大影响。

(2)6月30日，甲公司将原作为办公用房的一栋房产对外出租，该房产原值为3000万元，至租赁期开始日已计提折旧1200万元，未计提减值。房产公允价值为1680万元。2×16年12月31日，周边租赁市场租金水平上升，甲公司采用公允价值后续计量，当日根据租金折现法估计，甲公司估计该房产的公允价值为1980万元。

(3)8月20日。甲以一项土地使用权为对价。自母公司购入其持有的一项对乙公司60%的股权(甲公司的母公司自2×14年2月起持有乙公司股权)，另以银行存款向母公司支付补价3000万元。当日甲公司土地使用权成本为12000万元，累计摊销1200万元，未计提减值损失，公允价值为19000万元。乙公司可辨认净资产的公允价值为3800万元，所有者权益账面价值为8000万元(含原吸收合并时产生的商誉1200)。取得乙公司60%股权当日，甲公司与母公司办理完成了相关资产的所有权转让及乙公司工商登记手续，甲公司能够对乙公司实际控制。

其他相关资料：除上述交易或事项外，甲公司2×16年未发生其他可能影响其他综合收益的交易或事项。本题中不考虑所得税等相关税费影响以及其他因素。

要求：

(1)就甲公司2×16年发生的有关交易和事项，分别说明是否影响甲公司2×16年利润表中列报的其他综合收益，并编制与所发生交易或事项相关的会计分录。

(2)计算甲公司2×16年利润表中其他综合收益总额。

【答案】

(1)事项(1)影响其他综合收益。

借：长期股权投资 4200

　贷：银行存款 3600

　　营业外收入 600

借：长期股权投资 (2000×30%)600

　贷：投资收益 600

借：其他综合收益 (300×30%)90

　贷：长期股权投资 90

增资后，甲公司享有丙公司净资产的份额=(14000+2000−300+4000)×25% =4925(万元)；增资前，甲公司享有丙公司净资产的份额=(14000+2000−300)×30% =4710(万元)，因股权稀释导致增加的净资产份额=4925−4710=215(万元)。

借：长期股权投资——其他权益变动 215

　贷：资本公积——其他资本公积 215

事项(2)不影响其他综合收益。

借：投资性房地产 1680

　累计折旧 1200

　公允价值变动损益 120

　贷：固定资产 3000

借：投资性房地产 (1980−1680)300

　贷：公允价值变动损益 300

事项(3)不影响其他综合收益。

借：长期股权投资 (8000×60%)4800

　累计摊销 1200

　资本公积 9000

　贷：无形资产 12000

　　银行存款 3000

(2)影响其他综合收益的金额为−90万元。

2016年

(金融资产+长期股权投资+合报调整/抵销分录)

甲股份有限公司(以下简称“甲公司”)及其子公司2×13、2×14、2×15年进行的有关资本运作、销售等交易或事项如下：

(1)2×13 年 9 月，甲公司与乙公司控股股东 P 公司签订协议，约定以发行甲公司股份为对价购买 P 公司持有的乙公司 60%股权。协议同时约定：评估基准日为 2×13 年 9 月 30 日，以该基准日经评估的乙公司股权价值为基础，甲公司以每股 9 元的价格发行本公司股份作为对价。

乙公司全部权益(100%)于 2×13 年 9 月 30 日的公允价值为 18 亿元，甲公司向 P 公司发行 1.2 亿股，交易完成后，P 公司持有股份占甲公司全部发行在外普通股股份的 8%。上述协议分别经交易各方内部决策机构批准并于 2×13 年 12 月 20 日经监管机构核准。甲公司于 2×13 年 12 月 31 日向 P 公司发行 1.2 亿股，当日甲公司股票收盘价为每股 9.5 元(公允价值)；交易各方于当日办理了乙公司股权过户登记手续，甲公司对乙公司董事会进行改组。改组后乙公司董事会由 7 名董事组成，其中甲公司派出 5 名，对乙公司实施控制；当日，乙公司可辨认净资产公允价值为 18.5 亿元(有关可辨认资产、负债的公允价值与账面价值相同)；乙公司 2×13 年 12 月 31 日账面所有者权益构成为：实收资本 40000 万元、资本公积 60000 万元、盈余公积 23300 万元、未分配利润 61700 万元。

该项交易中，甲公司以银行存款支付法律、评估等中介机构费用 1200 万元。

协议约定，P 公司承诺本次交易完成后的 2×14、2×15 和 2×16 年三个会计年度乙公司实现的净利润分别不低于 10000 万元、12000 万元和 20000 万元。乙公司实现的净利润低于上述承诺利润的，P 公司将按照出售股权比例，以现金对甲公司进行补偿。各年度利润补偿单独计算，且已经支付的补偿不予退还。

2×13 年 12 月 31 日，甲公司认为乙公司在 2×14 年至 2×16 年期间基本能够实现承诺利润，发生业绩补偿的可能性较小。

(2)2×14 年 4 月，甲公司自乙公司购入一批 W 商品并拟对外出售，该批商品在乙公司的成本为 200 万元，售价为 260 万元(不含增值税，与对第三方的售价相同)，截至 2×14 年 12 月 31 日，甲公司已对外销售该批商品的 40%，但尚未向乙公司支付货款。乙公司按照预计信用损失法对应收账款提坏账准备，对于 1 年以内的应收账款，乙公司估计其预计信用损失比例为其余额的 5%，对于 1-2 年的应收账款，乙公司估计其预计信用损失比例为其余额的 20%。

(3)乙公司 2×14 年实现净利润 5000 万元，较原承诺利润少 5000 万元。2×14 年末，根据乙公司利润实现情况及市场预期，甲公司估计乙公司未实现承诺利润是暂时性的，2×15 年、2×16 年仍能够完成承诺利润；经测试该时点商誉未发生减值。2×15 年 2 月 10 日，甲公司收到 P 公司 2×14 年业绩补偿款 3000 万元。

(4)2×14 年 12 月 31 日，甲公司向乙公司出售一栋房屋，该房屋在甲公司的账面价值为 800 万元，出售给乙公司的价格是 1160 万元。乙公司取得后作为管理用房，预计未来仍可使用 12 年，采用年限平均法计提折旧，预计净残值为零。

截至 2×15 年 12 月 31 日，甲公司原自乙公司购入的 W 商品累计已有 80%对外出售，货款仍未支付。

乙公司 2×15 年实现净利润 12000 万元，2×15 年 12 月 31 日账面所有者权益构成为：实收资本 40000 万元、资本公积 60000 万元、盈余公积 25000 万元、未分配利润 77000 万元。

其他有关资料：

本题中甲公司与乙公司、P 公司在并购交易发生前不存在关联关系；本题中有关公司均按净利润的 10% 提取法定盈余公积，不计提任意盈余公积；不考虑相关税费和其他因素。

要求：

(1)判断甲公司合并乙公司的类型，说明理由。如为同一控制下企业合并，计算确定该项交易中甲公司对乙公司长期股权投资的成本；如为非同一控制下企业合并，确定该项交易中甲公司的企业合并成本，计算应确认商誉的金额；编制甲公司取得乙公司 60% 股权的相关会计分录。

(2)对于因乙公司 2×14 年未实现承诺利润，说明甲公司应进行的会计处理及理由，并编制相关会计分录。

(3)编制甲公司 2×15 年合并财务报表与乙公司相关的调整抵销会计分录。

【答案】

(1)判断甲公司合并乙公司的类型，说明理由。如为同一控制下企业合并，计算确定该项交易中甲公司应确定对乙公司长期股权投资的成本；如为非同一控制下企业合并，确定该项交易中甲公司的企业合并成本，计算应确认的商誉金额；编制甲公司取得乙公司 60% 股权的相关会计分录。

甲公司对乙公司的合并属于非同一控制下企业合并。

理由：甲公司与乙公司、P 公司在本次并购交易前不存在关联关系。

甲公司对乙公司的企业合并成本 =12000×9. 5 =114000(万元)。

应确认商誉 =114000−185000×60% =3000(万元)。

借：长期股权投资　　114000

　　贷：股本　　12000

　　　　资本公积　　102000

借：管理费用　　1200

　　贷：银行存款　　1200

(2)对于因乙公司 2×14 年未实现承诺利润，说明甲公司应进行的会计处理及理由，并编制相关会计分录。

甲公司应将预期可能取得的补偿款计入预期获得年度(2×14 年)损益。

理由：该部分金额是企业合并交易中的或有对价，因不属于购买日 12 个月内可以对企业合并成本进行调整的因素，应当计入预期取得当期损益。

2×14 年末补偿金额确定时：

借：交易性金融资产　　3000

　　贷：投资收益　　3000

2×15 年 2 月收到补偿款时：

借：银行存款　　3000

　　贷：交易性金融资产　　3000

(3)编制甲公司 2×15 年合并财务报表与乙公司相关的调整抵销会计分录。

2×14 年内部出售房屋：

借：年初未分配利润　　(1160−800)360

　　贷：固定资产　　360

借：固定资产　　30

　　贷：管理费用　　30

2×14 年内部出售商品：

借：应付票据及应付账款　　260

　　贷：应收票据及应收账款　　260

借：应收票据及应收账款　　13

　　贷：年初未分配利润　　(260×5%)13

借：应收票据及应收账款　　(260×20%−13)39

　　贷：信用减值损失　　39

借：年初未分配利润　　36

　　贷：营业成本　　36

借：营业成本　　12

　　贷：存货　　12

借：少数股东权益　　14.4

　　贷：年初未分配利润　　(60×60%×40%)14.4

借：少数股东损益　　(60×40%×40%)9.6

　　贷：少数股东权益　　9.6

将成本法调整为权益法：

借：长期股权投资　　10200

　　贷：投资收益　　7200

　　　　年初未分配利润　　3000

2×15 年将母公司的长期股权投资与子公司的所有者权益进行抵销：

借：实收资本　　40000

　　资本公积　　60000

　　盈余公积　　25000

　　年末未分配利润　　77000

　　商誉　　3000

　　贷：长期股权投资　　124200

　　　　少数股东权益　　80800

借：投资收益　　7200

　　少数股东损益　　4800

　　年初未分配利润　　(61700+5000−500)66200

　　贷：提取盈余公积　　1200

　　　　年末未分配利润　　77000

（权益法转成本法，商誉的计算，合报分录编制及长投转金融资产的处理）

甲公司为一上市的集团公司，原持有乙公司 30% 股权，能够对乙公司施加重大影响。甲公司 20×3 年及 20×4 年发生的相关交易事项如下：

(1)20×3 年 1 月 1 日，甲公司从乙公司的控股股东——丙公司处受让乙公司 50% 股权，受让价格为 13000 万元，款项已用银行存款支付，并办理了股东变更登记手续。购买日，乙公司可辨认净资产的账面价值为 18000 万元，公允价值为 20000 万元（含原未确认的无形资产公允价值 2000 万元），除原未确认入账的无形资产外，其他各项可辨认资产及负债的公允价值与账面价值相同。上述无形资产系一项商标权，自购买日开始尚可使用 10 年，预计净残值为零，采用直线法摊销。

甲公司受让乙公司 50% 后，共计持有乙公司 80% 股权，能够对乙公司实施控制。甲公司受让乙公司 50% 股权时，所持乙公司 30% 股权的账面价值为 5400 万元，其中投资成本 4500 万元，损益调整 870 万元，其他权益变动 30 万元；公允价值为 6200 万元。

(2)20×3 年 1 月 1 日，乙公司个别财务报表中所有者权益的账面价值为 18000 万元，其中实收资本 15000 万元，资本公积 100 万元，盈余公积为 290 万元，未分配利润 2610 万元。20×3 年度，乙公司个别财务报表实现净利润 500 万元，因其他债权投资的公允价值变动产生的其他综合收益 60 万元。

(3)20×4 年 1 月 1 日，甲公司向丁公司转让所持乙公司股权 70%，转让价格为 20000 万元，款项已经收到，并办理了股东变更登记手续。出售日，甲公司所持乙公司剩余下 10% 股权的公允价值为 2500 万元。转让乙公司 70% 股权后，甲公司不能对乙公司实施控制、共同控制和重大影响。

其他相关资料：

甲公司与丙公司、丁公司于交易发生前无任何关联方关系。甲公司受让乙公司 50% 股权后，甲公司与乙公司无任何关联方交易。

乙公司按照净利润的 10% 计提法定盈余公积，不计提任意盈余公积 20×3 年度及20×4年度，乙公司未向股东分配利润。

不考虑相关税费及其他因素。

要求：

(1)根据资料(1)，计算甲公司 20×3 年度个别报表中受让乙公司 50% 股权后长期股权投资的初始投资成本，并编制与取得该股权相关的会计分录。

(2)根据资料(1)，计算甲公司 20×3 年度合并财务报表中因购买乙公司发生的合并成本及应列报的商誉。

(3)根据资料(1)，计算甲公司 20×3 年度合并财务报表中因购买乙公司 50% 股权应确认的投资收益。

(4)根据资料(1)和(2)编制甲公司 20×3 年度合并资产负债表和合并利润表相关的调整及抵销分录。

(5)根据上诉资料，计算甲公司20×4年度个别财务报表中因处置70%股权应确认的投资收益，并编制相关会计分录。

(6)根据上诉资料，计算甲公司20×4年度合并财务报表中因处置70%股权应确认的投资收益。

【答案】

(1)根据资料(1)，计算甲公司20×3年度个别报表中受让乙公司50%股权后长期股权投资的初始投资成本，并编制与取得该股权相关的会计分录。

长期股权投资的初始投资成本=5400+13000=18400(万元)。

借：长期股权投资　13000
　贷：银行存款　13000

(2)根据资料(1)，计算甲公司20×3年度合并财务报表中因购买乙公司发生的合并成本及应列报的商誉。

合并成本=6200+13000=19200(万元)。

商誉=6200+13000-20000×80%=3200(万元)。

(3)根据资料(1)，计算甲公司20×3年度合并财务报表中因购买乙公司50%股权应确认的投资收益。

应确认的投资收益=6200-5400+30=830(万元)。

(4)根据资料(1)和(2)编制甲公司20×3年度合并资产负债表和合并利润表相关的调整及抵销分录。

借：无形资产　2000
　贷：资本公积　2000

借：管理费用　200
　贷：无形资产　200

借：长期股权投资　800
　贷：投资收益　800

借：资本公积　30
　贷：投资收益　30

借：长期股权投资　288
　贷：投资收益　[(500-200)×80%]240
　　其他综合收益　(60×80%)48

借：实收资本　15000
　资本公积　(2000+100)2100
　其他综合收益　60
　盈余公积　(290+50)340
　年末未分配利润　(2610+500-200+50)2860
　商誉　3200
　贷：长期股权投资　19488

少数股东权益　4072

借：投资收益　240

少数股东损益　60

年初未分配利润　2610

贷：提取盈余公积　50

年末未分配利润　2860

或(不做权益法模拟核算时)

借：实收资本　15000

资本公积　2100

其他综合收益　60

盈余公积　340

商誉　3200

少数股权损益　60

年初未分配利润　2610

贷：提取盈余公积　50

长期股权投资　19200

少数股东权益　4072

其他综合收益　48

(5)根据上述资料，计算甲公司20×4年度个别财务报表中因处置70%股权应确认的投资收益，并编制相关会计分录。

应确认的投资收益=20000−16100+30+2500−2300=4130(万元)。

借：银行存款　20000

贷：长期股权投资　16100

投资收益　3900

借：资本公积　30

贷：投资收益　30

借：其他权益工具投资(或交易性金融资产)　2500

贷：长期股权投资　2300

投资收益　200

或：

借：银行存款　20000

资本公积　30

其他权益工具投资(或交易性金融资产)　2500

贷：长期股权投资　18400

投资收益　4130

(6)根据上述资料，计算甲公司20×4年度合并财务报表中因处置70%股权应确认的投资收益。

应确认的投资收益＝20000＋2500－（18000＋2000＋500＋60－200）×80%－3200＋60×80%＝3060（万元）。

分析：合并报表中确认的投资收益＝[（处置股权取得的对价＋剩余股权公允价值）－（原有子公司自购买日开始持续计算的可辨认净资产公允价值×原持股比例＋商誉）]＋其他综合收益、其他所有者权益变动×原持股比例＝（20000＋2500）－[（18000＋2000＋500＋60－200）×80%＋3200]＋60×80%＝3060（万元）。

2014 年

（权益法转成本法的会计处理、商誉的计算、合报调整/抵销分录的编制）

甲公司为生产加工企业，其在20×6年度发生了以下与股权投资相关的交易：

（1）甲公司在若干年前参与设立了乙公司并持有其30%的股权，将乙公司作为联营企业，采用权益法核算。20×6年1月1日，甲公司自A公司（非关联方）购买了乙公司60%的股权并取得了控制权，购买对价为3000万元，发生与合并直接相关费用100万元，上述款项均以银行存款转账支付。

20×6年1月1日，甲公司原持有对乙公司30%长期股权投资的账面价值为600万元（长期股权投资账面价值的调整全部为乙公司实现净利润，乙公司不存在其他综合收益及其他影响权益变动的因素）；当日乙公司净资产账面价值为2000万元，可辨认净资产公允价值为3000万元，乙公司100%股权的公允价值为5000万元，30%股权的公允价值为1500万元，60%股权的公允价值为3000万元。

（2）20×6年6月20日，乙公司股东大会批准20×5年度利润分配方案，提取盈余公积10万元，分配现金股利90万元，以未分配利润200万元转增股本。

（3）20×6年1月1日，甲公司与B公司出资设立丙公司，双方共同控制丙公司。丙公司注册资本2000万元，其中甲公司占50%。甲公司以公允价值为1000万元的土地使用权出资，B公司以公允价值为500万元的机器设备和500万元现金出资。该土地使用权系甲公司于10年前以出让方式取得，原值为500万元，期限为50年，按直线法摊销，预计净残值为零，至投资设立丙公司时账面价值为400万元，后续仍可使用40年。

丙公司20×6年实现净利润220万元。

（4）20×6年1月1日，甲公司自C公司购买丁公司40%的股权，并派人参与丁公司生产经营决策，购买对价为4000万元，以银行存款转账支付。购买日，丁公司净资产账面价值为5000万元，可辨认净资产公允价值为8000万元，3000万元增值均来自于丁公司的一栋办公楼。该办公楼的原值为2000万元，预计净残值为零，预计使用寿命为40年，采用年限平均法计提折旧，自甲公司取得丁公司股权之日起剩余使用寿命为20年。丁公司20×6年实现净利润900万元，实现其他综合收益200万元。

其他资料：

本题中不考虑所得税等税费及其他相关因素。

要求：

（1）根据资料（1），计算甲公司在进一步取得乙公司60%股权后，个别财务报表中对乙公司长期股权投资的账面价值，并编制相关会计分录；计算甲公司合并财务报表中与乙公司投资相关的商誉金额，计算该交易对甲公司合并财务报表损益的影响。

(2)根据资料(2)，针对乙公司20×5年利润分配方案，说明甲公司个别财务报表中的相关会计处理，并编制相关会计分录。

(3)根据资料(3)，编制甲公司对丙公司出资及确认20×6年投资收益相关的会计分录。

(4)根据资料(4)，计算甲公司对丁公司的初始投资成本，并编制相关会计分录。计算甲公司20×6年因持有丁公司股权应确认的投资收益金额，并编制调整长期股权投资账面价值相关的会计分录。

【答案】

(1)甲公司个别财务报表中长期股权投资的账面价值=600+3000=3600(万元)。

会计分录如下：

借：长期股权投资　3000

　贷：银行存款　3000

借：管理费用　100

　贷：银行存款　100

甲公司合并财务报表中的商誉计算过程如下：

商誉=甲公司原持有股权于购买日的公允价值+新增的购买成本-应享有乙公司可辨认净资产公允价值的份额=(1500+3000)-3000×90%=4500-2700=1800(万元)。

该交易对甲公司合并财务报表的损益影响=-100+(1500-600)=800(万元)。

(2)自20×6年1月1日起，甲公司对乙公司持股90%并采用成本法核算。对乙公司宣告分配的现金股利按照应享有的份额确认投资收益。

对乙公司提取盈余公积和以未分配利润转增股本，不属于分配现金股利或利润，甲公司不进行会计处理。

甲公司应确认的投资收益为81万元(90×90%)，会计分录如下：

借：应收股利——乙公司　81

　贷：投资收益　81

(3)借：长期股权投资　1000

　　累计摊销　(500-400)100

　　贷：无形资产　500

　　　资产处置损益　600

丙公司调整后的净利润=220-(1000-400)+(1000-400)/40=-365(万元)。

借：投资收益　182.5

　贷：长期股权投资　(365×50%)182.5

(4)①甲公司购买丁公司40%股权的初始投资成本为4000万元。

会计分录如下：

借：长期股权投资——投资成本　4000

　贷：银行存款　4000

②购买日办公楼的账面价值＝2000/40×20＝1000（万元）；购买日办公楼的公允价值＝1000+3000＝4000（万元）；基于购买日公允价值对该办公楼年折旧额的调整＝（4000－1000）/20＝150（万元）。则甲公司应确认投资收益＝（丁公司的净利润－基于公允价值的折旧调整）×甲公司的持股比例＝（900－150）×40%＝750×40%＝300（万元）。

会计分录如下：

借：长期股权投资——损益调整　300

　　贷：投资收益　300

借：长期股权投资——其他综合收益　（200×40%）80

　　贷：其他综合收益　80

或：

借：长期股权投资——损益调整　300

　　　　　　　　——其他综合收益　（200×40%）80

　　贷：投资收益　300

　　　　其他综合收益　80

2013年

（长投及合报的分录的编制、内部交易的抵销、商誉的计算）

甲上市公司（以下简称“甲公司”）20×1年至20×3年发生的有关交易或事项如下：

（1）20×1年8月30日，甲公司公告购买丁公司持有的乙公司60%股权。购买合同约定，以20×1年7月31日经评估确定的乙公司净资产价值52000万元为基础，甲公司以每股6元的价格定向发行6000万股本公司股票作为对价，收购乙公司60%股权。12月26日，该交易取得证券监管部门核准；12月30日，双方完成资产交接手续；12月31日，甲公司向乙公司董事会派出7名成员，能够控制乙公司的财务和经营决策；该项交易后续不存在实质性障碍。

12月31日，乙公司可辨认净资产以7月31日评估值为基础进行调整后的公允价值为54000万元（有关可辨认资产、负债的公允价值与账面价值相同）。当日，乙公司股本为10000万元，资本公积为20000万元，盈余公积为9400万元、未分配利润为14600万元；甲公司股票收盘价为每股6.3元。

20×2年1月5日，甲公司办理完毕相关股份登记，当日甲公司股票收盘价为每股6.7元，乙公司可辨认净资产公允价值为54000万元；1月7日，完成该交易相关验资程序，当日甲公司股票收盘价为每股6.8元，期间乙公司可辨认净资产公允价值未发生变化。该项交易中，甲公司为取得有关股权以银行存款支付评估费100万元、法律费300万元，为发行股票支付券商佣金2000万元。

甲、乙公司在该项交易前不存在关联关系。

（2）20×2年3月31日，甲公司支付2600万元取得丙公司30%股权并能对丙公司施加重大影响。当日，丙公司可辨认净资产的账面价值为8160万元，可辨认净资产公允价值为9000万元，其中，有一项无形资产公允价值为840万元，账面价值为480万元，该无形资产预计仍可使用5年，预计净残值为零，采用直线法摊销；一项固定资产公允价值为1200万元，账面价值为720万元，预计仍可使用6年，预计净残值为零，采用年限平均法计提折旧。

假定上述固定资产或无形资产均自甲公司取得丙公司30%股权后的下月开始计提折旧或摊销。

丙公司20×2年实现净利润2400万元，其他综合收益减少120万元，假定有关利润和其他综合收益在年度中均匀实现。

(3)20×2年6月20日，甲公司将本公司生产的A产品出售给乙公司，售价为300万元，成本为216万元。乙公司将取得的A产品作为管理用固定资产，取得时即投入使用，预计使用5年，预计净残值为零，采用年限平均法计提折旧。至20×2年年底，甲公司尚未收到乙公司购买A产品价款。甲公司对该项应收账款计提了坏账准备17.55万元。

(4)乙公司20×2年实现净利润6000万元，其他综合收益增加400万元。乙公司20×2年12月31日股本为10000万元，资本公积为20000万元，其他综合收益为400万元，盈余公积为10000万元，未分配利润为20000万元。

(5)甲公司20×2年向乙公司销售A产品形成的应收账款于20×3年结清。其他有关资料：甲、乙公司均为增值税一般纳税人，适用的增值税税率均为13%，本题不考虑除增值税外其他相关税费；售价均不含增值税；本题中有关公司均按净利润的10%提取法定盈余公积，不提取任意盈余公积。

要求：

(1)确定甲公司合并乙公司的购买日，并说明理由；计算该项合并中应确认的商誉，并编制相关会计分录。

(2)确定甲公司对丙公司投资应采用的核算方法，并说明理由；编制甲公司确认对丙公司长期股权投资的会计分录；计算甲公司20×2年持有丙公司股权应确认的投资收益，并编制甲公司个别财务报表中对该项股权投资账面价值调整相关的会计分录。

(3)编制甲公司20×2年12月31日合并乙公司财务报表相关的调整和抵销分录。

(4)编制甲公司20×3年12月31日合并乙公司财务报表时，抵销上年双方未实现内部交易对年初未分配利润影响的会计分录。

【答案】

(1)甲公司合并乙公司的购买日是20×1年12月31日。

理由：甲公司自20×1年12月31日起对乙公司实施控制，后续不存在实质性障碍。

商誉=6000×6.3-54000×60%=5400(万元)。

借：长期股权投资　37800

　贷：股本　6000

　　资本公积——股本溢价　31800

借：管理费用　400

　资本公积——股本溢价　2000

　贷：银行存款　2400

(2)甲公司对丙公司投资应采用权益法核算。

理由：甲公司取得丙公司30%股权并能对丙公司施加重大影响。

借：长期股权投资——投资成本　2600
　贷：银行存款　2600
借：长期股权投资——投资成本　（9000×30% −2600）100
　贷：营业外收入　100

甲公司投资后丙公司20×2年调整后的净利润=2400×9/12−（840−480）÷5×9/12−（1200−720）÷6×9/12=1686（万元），甲公司20×2年持有丙公司股权应确认的投资收益=1686×30%=505.8（万元）。

借：长期股权投资——损益调整　505.8
　贷：投资收益　505.8
借：其他综合收益　（120×9/12×30%）27
　贷：长期股权投资——其他综合收益　27

（3）①合并报表中调整长期股权投资

借：长期股权投资　（6000×60%）3600
　贷：投资收益　3600
借：长期股权投资　（400×60%）240
　贷：其他综合收益　240

②抵销分录

借：股本　10000
　资本公积　20000
　其他综合收益　400
　盈余公积　10000
　未分配利润——年末　20000
　商誉　5400
　贷：长期股权投资　（37800+3600+240）41640
　　少数股东权益　[（10000+20000+400+10000+20000）×40%]24160
借：投资收益　3600
　少数股东损益　2400
　年初未分配利润　14600
　贷：提取盈余公积　600
　　年末未分配利润　20000
借：营业收入　300
　贷：营业成本　216
　　固定资产——原价　84
借：固定资产——累计折旧　（84÷5×6/12）8.4
　贷：管理费用　8.4
借：应付票据及应付账款　339
　贷：应收票据及应收账款　339

借：应收票据及应收账款——坏账准备　17.55
　贷：信用减值损失　17.55

(4)借：未分配利润——年初　84
　　贷：固定资产——原价　84

借：固定资产——累计折旧　8.4
　贷：未分配利润——年初　8.4

借：信用减值损失　17.55
　贷：未分配利润——年初　17.55

2019年 预测题

预测1

（合报大综合题，核心14笔分录）

2015年1月1日，甲公司以1000万元银行存款为对价，购买乙公司30%股权。当日乙公司可辨认净资产公允价值与账面价值相等，为3240万元。2015年，乙公司实现净利润500万元，其他综合收益增加300万元，资本公积增加100万元。

2016年1月1日，甲公司以1500万元银行存款作为对价，再次购买乙公司30%股权，实现非同一控制下控股合并。当日乙公司可辨认净资产公允价值为4500万元，账面价值为4140万元，差额360万元是存货A和一项管理用固定资产所引起的，其中存货A账面价值为100万元，公允价值为160万元，且存货A于2016年对外出售40%，还有60%留存乙公司。固定资产账面价值为500万元，公允价值为800万元，该固定资产在购买日的剩余年限为5年，以平均年限法折旧，无预计净残值。甲公司于2015年购入的30%股权在2016年1月1日的公允价值为1500万元。

2016年期间，甲公司与乙公司之间发生了两笔内部交易。第一笔：乙公司向甲公司销售库存商品B，乙公司确认营业成本80万元，营业收入120万元。截至2016年末，甲公司已将该批库存商品的25%对外售出。第二笔为：9月份，甲公司向乙公司出售一项管理用专利，该专利在甲公司的账面价值为200万元，售价320万元，该专利在内部交易日的剩余使用寿命为4年，以平均年限法摊销，无预计净残值。

乙公司在2016年共实现净利润800万元，提取盈余公积80万元，对外宣告发放现金股利100万元。甲公司在2016年共实现净利润2000万元，提取盈余公积200万元。

其他资料：甲公司在2016年1月1日的股东权益项目明细如下，股本为10000万元，资本公积为3000万元，盈余公积为800万元，未分配利润为2500万元，合计16300万元。乙公司2016年1月1日股东权益项目明细如下：股本为2000万元，资本公积为1000万元，盈余公积为240万元，未分配利润为900万元，合计4140万元。

要求：

请根据以上信息，编制2015年和2016年的全部分录(单位：万元)。

【答案】

分析：根据以上资料，首先可以计算确定甲、乙公司在2016年12月31日的股东权益明细。因为甲公司当年实现净利润2000万元，其中计提200万元盈余公积。所以甲公司的股东权益明细如下：股本为10000万元，资本公积为3000万元，盈余公积为1000万元(800+200)，未分配利润为4300万元(2500+2000-200)，合计18300万元(16300+2000)。乙公司当年实现净利润800万元，其中计提盈余公积80万，宣告发放股利100万，故乙公司的股东权益明细如下：股本为2000万元，资本公积为1000万元，盈余公积为320万元(240+80)，未分配利润为1520万元(900+800-80-100)，合计4840万元(4140+800-100)(根据权责发生制，100万元的现金股利已经不在未分配利润科目中，借：利润分配——未分配利润100贷：应付股利100)。

(1)2015年的相关分录如下：

①1月1号：

	借方	贷方
借：长期股权投资——投资成本	1000	
贷：银行存款		1000

分析：权益法下，初始投资成本为1000万元，投资日享有被投资方可辨认净资产公允价值份额为972万元(3240×30%)，前者大于后者，差额28万元为乙公司商誉。但在权益法下，不确认商誉，全部计入长投成本。

②12月31号：

	借方	贷方
借：长期股权投资——损益调整	(500×0.3)150	
贷：投资收益		150
借：长期股权投资——其他综合收益	(300×0.3)90	
贷：其他综合收益		90
借：长期股权投资——其他权益变动	(100×0.3)30	
贷：资本公积——其他资本公积		30

分析：以上分录为权益法下后续计量常规分录。

(2)2016年的相关分录如下：

①2016年1月1日(购买日)：

甲公司个别财务报表分录：

	借方	贷方
借：长期股权投资	2770(倒轧)	
贷：长期股权投资——投资成本		1000
——损益调整		150
——其他综合收益		90
——其他权益变动		30
银行存款		1500

分析：以上分录为非同一控制下分步实现企业合并、权益法转成本法(30%+30%)的分录。在个别财务报表中，此时成本法下的长投金额=原股权账面价值(权益法下长投的各明细科目账面价值之和)+新股权所付对价的公允价值(银行存款1500万)，不能将“其他综合收

益(90 万元)”和“资本公积(30 万元)”结转为投资收益。

购买日合并财务报表分录(4 笔)：

第 1 笔：

借：长期股权投资 (1500−1270)230

贷：投资收益 230

第 2 笔：

借：其他综合收益 90

资本公积 30

贷：投资收益 120

第 3 笔：

借：存货 (160−100)60

固定资产 (800−500)300

贷：资本公积 360

第 4 笔：

借：股本 2000

资本公积 (1000+360)1360

盈余公积 240

未分配利润 900

商誉 300

贷：长期股权投资 (1270+230+1500)3000

少数股东权益 [(2000+1000+360+240+900)×0.4]1800

分析：在集团角度下，权益法转成本法，视同销售。原因可能是要将长投与子公司净资产可辨认公允价值相匹配，以避免对商誉造成影响。子公司在购买日的可辨认净资产公允价值为 4500 万，题中 30%股权的公允价值为 1500 万元，所以子公司在购买日的公允价值(含可辨认和商誉)为 1500/30%＝5000 万元。所以子公司商誉应为 500 万元，60%的股权所对应的商誉金额应该为 300 万元。如不使持股比例为 60%的长期股权投资＝3000 万元，则商誉不会等于 300 万元(3000−4500×0.6)。

所以在合报中应将权益法视同销售。第 1 笔分录是将权益法下长投由账面价值调整为公允价值，是视同销售分录。第 2 笔分录为视同销售时，对其他综合收益和资本公积——其他资本公积的结转。此处产生的两个投资收益不用抵销，因为这两笔投资收益是对购买日之前，甲公司持有乙公司权益法下长投的投资收益的确认。

第 3 笔为非同一控制下，购买日子公司可辨认资产评估增值的调整分录。

第 4 笔分录为投资和权益的抵销分录，并无特别。此处要留意此后商誉金额应保持不变。

②2016 年 12 月 31 日(合报中共有 14 笔分录)：

第 1 笔：

借：长期股权投资 230

贷：投资收益 230

第 2 笔：

借：其他综合收益　　90

　　资本公积　　30

　　贷：投资收益　　120

分析：以上两笔只是照抄 2016 年 1 月 1 号的前两笔分录，并无特别。只需注意，此处不能用“未分配利润——年初”，因为此处合报编制日期为 2016 年 12 月 31 日，并未跨年。

第 3 笔：

借：存货　　60

　　固定资产　　300

　　贷：资本公积　　360

第 4 笔：

借：营业成本　　[(160−100)×0.4]24

　　贷：存货　　24

第 5 笔：

借：管理费用　　[(800−500)/5]60

　　贷：固定资产　　60

分析：以上三笔分录为子公司“公不等于账”的调整分录。第 3 笔为照抄 1 月 1 日第 3 笔分录。第 4 笔为依据题意，当年对外销售 40%，在集团角度下，存货成本为 160 万元，而个报为 100 万元，所以应调增营业成本 24 万元(60×0.4)，同时调减存货。第 4 笔分录为依据题意，当年固定资产计提折旧时，在集团角度下，固定资产为 800 万元，而个报为 500 万元，所以应补提折旧 60 万元[(800−500)/5]。虽然是 1 月进行的合并，但由于不是真实的购买固定资产交易，而只是购买股权，所以不用考虑固定资产应于次月计提折旧的规定，直接补提全年 12 个月折旧。

第 6 笔：

借：营业收入　　120

　　贷：营业成本　　120

第 7 笔：

借：营业成本　　[(120−80)×75%]30

　　贷：存货　　30

第 8 笔：

借：少数股东权益　　(30×0.4)12

　　贷：少数股东损益　　12

分析：以上三笔分录为内部交易调整分录，且为逆流交易，所以是 2 笔通用分录+1 笔特殊分录。

其中，第 6 和第 7 笔为通用分录。即为先全部视同销售，再将未销售的存货修正转回。第 6 笔金额为内部交易时的售价，第 7 笔的金额为留存存货中包含的未实现内部交易损益。

第 8 笔为特殊分录，为逆流所特有。因为上面两笔分录中有损益科目，对子公司的利润的造成的影响，进而会影响少数股东权益，所以要对少数股东权益进行调整。由于是成本增加，所以引起利润下降。因此少数股东权益应在借方，为减少之意。

第 9 笔：

借：资产处置收益 (320-200)120

贷：无形资产 120

第 10 笔：

借：无形资产 [(120/4)×(4/12)]10

贷：管理费用 10

分析：集团内部销售无形资产，涉及无形资产账面价值增加 120 万元(320-200)，进而会造成多提摊销。因此在合报层面应当冲回多计的无形资产账面价值及当年多计提的摊销。由于是顺流，所以无需写特殊分录(不影响少数股东权益金额)。

第 11 笔：

借：长期股权投资 {[(800-24-60)-100]×0.6}369.6

贷：投资收益 369.6

分析：此分录为合报下，长投成本法转权益法分录。800-24-60 为集团角度下所认可的子公司当年净利润。100 为子公司宣告分配的现金股利，也应当减去。如果不在上述分录中减去这 100，则还需额外编制一笔调整分录："借：投资收益(100×0.6)60 贷：长期股权投资(损益调整)60"。

第 12 笔：

借：股本 2000

资本公积 (1000+360)1360

盈余公积 (240+80)320

未分配利润 [900+(800-24-60)-80-100]1436

商誉 300

贷：长期股权投资 (3000+369.6)3369.6

少数股东权益 (1800+246.4)2046.4

分析：此分录为投资与权益的抵销分录。抵消金额为在 1 月 1 日合并财务报表的第 4 笔分录金额基础上加上在 2016 年新增的金额。

第 13 笔：

借：投资收益 [(800-24-60)×0.6]429.6

少数股东损益 [(800-24-60)×0.4]286.4

年初未分配利润 900

贷：提取盈余公积 80

向股东分配利润 100

年末未分配利润 1436

分析：此分录为投资收益的抵销分录。可以发现，此处的投资收益并不与第 11 笔的投资收益相等，相差 100 万元。此处的投资收益与集团角度下子公司当年净利润中，母公司应确认的投资收益相等。第11笔分录中的投资收益=因被投资方实现净利润而确认的投资收益-因被投资方发放现金股利而调减的投资收益：

借：长期股权投资——损益调整　　[(800-24-60)×0.6]429.6

　　贷：投资收益　　429.6

此分录为因被投资方实现净利润而确认投资收益。

借：投资收益　　(100×0.6)60

　　贷：长期股权投资——损益调整　　60

此分录为因被投资方发放现金股利而调减投资收益。

第14笔：

借：应付股利　　(100×0.6)60

　　贷：应收股利　　60

分析：此分录为应收、应付股利的抵销分录。假如不是已宣告但尚未发放的现金股利，而是2016年宣告并已实际发放的现金股利，则第14笔分录如下：

借：分配股利、利润或偿付利息支付的现金　　60

　　贷：取得投资收益收到的现金　　60

预测2

(反向购买)

2014年8月31日甲公司通过A上市公司(以下简称A公司)实现了上市。具体做法是：A上市公司于2014年8月31日通过定向增发本公司普通股对甲公司进行合并，取得甲公司100%股权。假定不考虑所得税影响。甲公司及A公司在进行合并前简化资产负债表如下所示(单位：万元)：

甲公司及A公司在合并前的资产负债表(简表)

项目	A公司	甲公司
流动资产	1000	1500
非流动资产	5000	11500
资产总计	6000	13000
流动负债	518	500
非流动负债	2182	2500
负债合计	2700	3000
股东权益		
股本	1000	2000
资本公积	300	1000
盈余公积	1000	3000
未分配利润	1000	4000
股东权益合计	3300	10000

其他资料：

(1)2014 年 8 月 31 日，A 公司通过定向增发本公司普通股，以 2 股换 1 股的比例自甲公司原股东处取得了甲公司全部股权。A 公司共发行了 4000 万股普通股以取得甲公司全部 2000 万股普通股。

(2)A 公司普通股在 2014 年 8 月 31 日的公允价值为每股 15 元，甲公司普通股当日的公允价值为每股 30 元。A 公司、甲公司每股普通股的面值均为 1 元。

(3)2014 年 8 月 31 日，A 公司除非流动资产(一项无形资产)公允价值较账面价值高 800 万元以外，其他资产、负债项目的公允价值与其账面价值相同。甲公司除流动资产公允价值较账面价值高 100 万元以外，其他资产、负债项目的公允价值与其账面价值相同。

(4)假定 A 公司与甲公司在合并前不存在任何关联方关系。以上业务不考虑其他因素和相关税费的影响。

要求：

(1)确定 2014 年甲公司与 A 公司合并业务的购买方；

(2)确定 2014 年甲公司与 A 公司合并后甲公司原股东持有 A 公司的股权比例；

(3)计算 2014 年甲公司与 A 公司合并业务中的合并成本、合并商誉；

(4)计算购买日合并数据中股票的数量及股本金额、资本公积的金额；

(5)填列购买日简要资产负债表中合并后的数据。

甲公司及 A 公司合并后的资产负债表(简表)

项目	合并数据
流动资产	
非流动资产	
商誉	
资产总计	
流动负债	
非流动负债	
负债合计	
股东权益：	
股本(5000 万股普通股)	
资本公积	
盈余公积	
未分配利润	
股东权益合计	

(6)假设上述合并过程中，甲公司股东只有 90% 参与此项合并，用手中所持股权换取 A 公司增发的股票，则上述(1)－(5)有何影响。

【答案】

分析：

母公司发行股票合并子公司并不稀奇，这往往会涉及免税合并，在同一控制和非同一控制的题目里可能会涉及相关考点。本题的母公司发行股票合并子公司却非常稀奇，因为母公司为了合并这个子公司，股票发超了。母公司原有股票1000万股，为了合并子公司，新发行了4000万股，结果母公司的股票从1000万变成5000万，母公司的老股东的股权比例瞬间从100%掉到了发行后的20%（1000/5000），从大股东变成小股东了。这帮老股东是不是“脑子进水”了？

这种“奇葩”的超发新股购买子公司的行为，叫做反向购买，下面我们来具体分析一下。

本题中，母公司以4000万股新股票换得子公司100%的股权，母公司4000万股的股票实际上是给了子公司的老股东，以此来换取子公司老股东手里的100%子公司的股权。交换完成后，子公司的老股东摇身一变，成了母公司的新股东，因为交换后，子公司的老股东手里就有了母公司4000万股的股票。那么子公司的老股东，拥有母公司多少的股权呢？80%（4000/5000）。所以这帮子公司老股东变成了母公司新股东后，对母公司拥有了绝对的控制权。而母公司的老股东变得只拥有母公司20%的股权，由于这20%的母公司股权，母公司老股东拥有子公司多少股权呢？20%×100%＝20%。记住这一点，这很重要。

交换完成后，母公司拥有了子公司100%的股权，于是一个奇葩的集团成立了。本集团表面上看起来，母公司控制着子公司，因为对子公司100%控股。实际上，子公司的老股东由于拥有了母公司80%的股权，所以集团是由子公司的老股东牢牢控制着的。而且，由于母公司拥有子公司100%的股权，子公司的老股东不仅有了母公司80%的股权，他们还间接控制着子公司，换句话讲，母公司增发股票购买子公司的股票，结果是母公司自己被子公司的老股东控制，子公司的控制权也还在老股东的手里。母公司傻乎乎的增发股票，结果没有实现控制子公司的美梦，自己反而也被子公司的老股东给控制了。

整理一下，最终的情形就是子公司的老股东拥有母公司80%的股权，同时间接拥有子公司80%的股份。

于是，从集团层面上看，表面上母公司拥有子公司100%的股权，实际上子公司拥有母公司80%的股权。这就形成了母子公司的互相控制情形，也就是所谓的反向收购。这合报怎么编？难道同一个集团，一年出两张合报，自说自话么？

天才的中注协给出了解决办法：假设。会计喜欢实质重于形式，所以表面上看怎么样不重要，实质上如何才“要命”。既然实质上是子公司控制了母公司，那么就假设，一开始并不是母公司增发股票合并子公司，而是子公司发行股票购买母公司。

这样一假设，整件事情就变成了另外一个故事。

子公司发行股票购买了母公司100%的股权，发行的这部分股票使得母公司老股东拥有了子公司20%的股权。那到底发行了多少股票呢？

假设发行了X万股股票，于是2000/（2000+X）＝80%，X＝500（万股）。前面这个式子表示，发行后，子公司的老股东只拥有子公司80%的股权。也可以这样算：X/（2000+X）＝20%，解得X＝500（万股）。这个式子表示，发行后，母公司的老股东获得了子公司20%的股权。式子不同，但结果一样。

会计上我们可以用另一个式子来代替上面的式子：

4000/(4000+1000)=2000/(2000+X)

这是教材例题里涉及的式子，简化一下就是80%=2000/(2000+X)，跟上面的式子是一模一样，而且表达的意思也完全一样。

整理一下，此时，子公司增发500万股给了母公司的老股东，母公司获得了子公司20%的股权，同时，子公司获得了母公司100%的股权。

那么子公司增发的500万股(假设出来的)，值多少钱呢？根据当天的公允价值，500×30=15000(万元)。

本题是非同一控制下的合并，往往涉及商誉。商誉=15000-(3300+800)×100%=10900(万元)。式子里15000是子公司500万股股票的公允价值，就是买价。3300万元是母公司的账面价值，800万元是母公司“公不等于账”的差额，相加之后就是母公司可辨认净资产的公允价值，100%是因为子公司100%控股母公司。于是商誉就是10900万元。

这么一假设，事情就又回到了非同一控制下处理的“正轨”上了。那么合报怎么编？

由于形式上还是母公司控制着子公司，所以编合报的时候还是以母公司的名义来编，但实际上合报里是围绕着子公司来编制的。合报里的股东权益填的是子公司的权益，却将母公司的权益全部抵销掉。

甲公司及A公司在合并前的资产负债表(简表)

项目	A公司(母公司)	甲公司(子公司)
流动资产	1000	1500
非流动资产	5000	11500
资产总计	6000	13000
流动负债	518	500
非流动负债	2182	2500
负债合计	2700	3000
股东权益		
股本	1000	2000
资本公积	300	1000
盈余公积	1000	3000
未分配利润	1000	4000
股东权益合计	3300	10000

我们来看着这张表格，来算算合报里该怎么填。

合报里，其实就是打着母公司的名义来填子公司的数据。

合报里的股本：2000+500=2500(万元)，这里股本金额=2500×1=2500(万元)，子公司的股票数量2500万股，每股面值1元，所以是2500万元。合报里的股数是按母公司的股数确定，1000+4000=5000(万股)。1000万股是母公司原本的股数，4000万股是新发行的，价值是2500万股。因此，合并后，合报里每股的价值就变成0.5元了。

合报里的资本公积=1000+500×(30−1)=15500(万元)。原本子公司的资本公积是1000万元，新发行了500万股股票，每股30元，其中500万元计入了股本，剩下的全部计入资本公积——股本溢价。而母公司的资本公积300万元，随着合报里的抵销分录抵销母公司股东权益时，被抵销掉了。

合报的盈余公积3000万元，未分配利润4000万元，这些是照抄子公司的相关数据。

股东权益合计=2500+15500+3000+4000=25000(万元)。

股东权益由于涉及对母公司股权的抵销，所以相对计算复杂一些。后面的合报资产和负债的计算就是简单的相加。

合报的流动资产=1000+1500=2500(万元)子公司和母公司的相加得来。

非流动资产=甲公司账面价值+A公司公允价值=11500+(5000+800)=17300(万元)，这里除了简单账面相加外，还加上了“公不等于账”的800万(题目中给出)。毕竟是非同一控制实现的合并，要用公允价值。当然，这里用的是母公司的公允价值，因为反向购买里，母公司才是“小弟”，真正的“大哥”是子公司。

商誉=500×30−3300−800=10900(万元)，前面计算过的。

资产总计=30700(万元)。

流动负债=518+500=1018(万元)，就是母子公司的相加。

非流动负债=2182+2500=4682(万元)，母子公司两者相加。

负债合计=1018+4682=5700(万元)。

资产−负债=股东权益=30700−5700=25000(万元)，说明计算正确。

以上是对100%控股的反向购买的分析，以及题目1−5问的答案。

拓展1：如果不是100%控股怎么办？根据第6小问，如果是母公司打算购买100%的子公司股权，可是只有90%的子公司老股东同意怎么办？

这时要先看母公司实际增发了多少股票。本来是打算增发4000万股，结果实际只增发了3600万股(4000×90%)。增发之后，子公司老股东拥有母公司多少股权呢？3600/(1000+3600)=78.26%。注意这个时候的情况是，子公司90%的老股东拥有母公司78.26%的股权，子公司剩下的10%的老股东只拥有子公司的股票，并没有参加该反向购买。

所以，从母子公司形成的集团角度来看，这个集团里就只有子公司90%的部分，另外的10%是在集团外的，也就是所谓的少数股东权益。如果是一个正常的集团，这是很容易理解的，母公司拥有子公司90%的股权，另外的10%是少数股权。可是这里是反向购买，合报是围绕着子公司写的，于是就变成了集团里的实际的母公司(也就是这个集团的子公司)的90%在集团里，另外的10%在集团外面。所以反向购买合报里的母公司(顶着集团里子公司的身份)分裂了，大部分在集团里(90%)，小部分在集团外(10%)。

这种情形下，我们要关注的是合报的编制。

首先计算假设子公司增发，应增发多少股票(设为X)。子公司只有90%参与集团，所以增发也只与90%的子公司相关。于是有3600/(3600+1000)=78.26%=2000×90%/(2000×90%+X)，解得X=500(万股)。有时间可以琢磨琢磨，为什么这里也是500万股。会很有意思。因为子公司90%的部分参与了企业合并，发行500万子公司股票，购买了母公司100%股权。

所以这个反向收购形成的集团里，子公司拥有母公司100%的股权。在集团角度下，合报的股东权益里，母公司的股东权益被全部抵销，子公司的股东权益90%归入集团，10%归入少数股东权益。因为形式上看，集团母公司发3600万股权拥有了子公司90%的股权。

分析完毕后，开始计算相关数值。

首先是商誉，子公司发行500万股收购母公司100%股权，商誉怎么算?

500×30-3300-800=10900(万元)。500×30是买价，3300是母公司的账面价值，800是母公司可辨认净资产公不等于账的差额。所以式子就是"买价-母公司可辨认净资产的公允价值"。(资产负债表里的数字都是可辨认资产的，只有不可辨认的资产才无法在资产负债表里准确计量。)

至于合报里的资产和负债，和前面100%控股的时候是完全一样的。不同的地方主要在股东权益部分。

股本：2000×90%+500×1=2300(万元)，股数是3600+1000=4600(万股)。每股0.5元。2000×90%是子公司参与集团的股本，500×1是新发行的500万股，每股1块钱。股数是按形式上母公司的股数来计算的。毕竟子公司发行500万股的情形只是个假设。

资本公积：1000×90%+500×(30-1)=15400(万元)。

盈余公积：3000×90%=2700(万元)。

未分配利润：4000×90%=3600(万元)。

这里由于只有90%的子公司在集团里，所以合报里还有一个少数股东权益。

少数股东权益：(2000+1000+3000+4000)×10%=1000(万元)。

股东权益的总和=2300+15400+2700+3600+1000=25000(万元)，与之前100%购买子公司股权时一致。

所以合报里除了股东权益里加了一项"少数股东权益"，导致其他项目的金额发生了改变以外，合报里的资产和负债项目的金额是保持不变的。

合报的流动资产=1000+1500=2500(万元)，子公司和母公司的相加得来。

非流动资产=甲公司账面价值+A公司公允价值=11500+(5000+800)=17300(万元)——这里除了简单账面相加外，还加上了"公不等于账"的800万元(题目中给出)。毕竟是非同一控制实现的合并，要用公允价值。当然，这里用的是母公司的公允价值，因为反向购买里，母公司才是"小弟"，真正的"大哥"是子公司。

商誉=500×30-3300-800=10900(万元)，前面计算过的。

资产总计=30700(万元)。

流动负债=518+500=1018(万元)，就是母子公司的相加。

非流动负债=2182+2500=4682(万元)，母子公司两者相加。

负债合计=1018+4682=5700(万元)。

拓展 2：如果本题考虑所得税因素（税率 25%），会如何？

如果考虑所得税，主要看引起所得税的情形有哪些。反向收购属于免税合并，因为是拿自己的股票换子公司的股票。非同一控制下的免税合并，会计基础是按公允价值，计税基础却是看账面价值。于是“公不等于账”的部分就产生了暂时性差异。本题是非流动资产（一项无形资产）产生的“公不等于账”800 万元。在会计分录里会增加无形资产 800 万元，这就导致资产类会计基础大于计税基础 800 万元，产生了应纳税暂时性差异，确认的递延所得税负债＝800×25%＝200（万元）。

那么在确认商誉的时候就应该考虑这笔所得税的影响，商誉＝500×30－（3300＋800－800×25%）＝11100（万元）。

同时，负债类增加“递延所得税负债”项目，金额是 800×25%＝200（万元）。

此时，资产总计＝2500（流动资产）＋17300（非流动资产）＋11100（调整后商誉）＝30900（万元）。

负债总计＝1018（流动负债）＋4682（原非流动负债）＋200（新增的递延所得税负债项目金额）＝5900（万元）。

股东权益＝资产－负债＝30900－5900＝25000（万元），股东权益保持不变。只是资产和负债各增加 200 万元而已。

专题二　金融工具

考点梳理

押题点 1　金融资产的分类和初始计量

一、分类

金融资产的分类与金融资产的计量密切相关。企业应当根据其管理金融资产的业务模式和金融资产的合同现金流量特征，将金融资产划分为以下三类：

（1）以摊余成本计量的金融资产。

（2）以公允价值计量且其变动计入其他综合收益的金融资产。

（3）以公允价值计量且其变动计入当期损益的金融资产。

二、初始计量

企业初始确认金融资产时，应当按照公允价值计量。对于以公允价值计量且其变动计入当期损益的金融资产，相关交易费用应当直接计入当期损益；对于其他类别的金融资产，相关交易费用应当计入初始确认金额。

企业取得金融资产所支付的价款中包含的已宣告但尚未发放的现金股利或债券利息，应当单独确认为应收项目进行处理。

三、相关科目(见表 4)

表 4　金融资产的相关科目

会计科目	核算范围
债权投资	以“收取合同现金流量”为目标，且合同现金流量仅为“本金+利息”(摊余成本计量)
其他债权投资	以“收取合同现金流量”和“出售”为目标，且合同现金流量仅为“本金+利息”(双重计量)
其他权益工具投资	非交易性的权益工具投资，且被指定为以公允价值计量且其变动计入其他综合收益的金融资产
交易性金融资产	不属于以上分类的股票、债券、基金、衍生品投资，以公允价值计量且其变动计入当期损益(公允价值变动损益)

押题点② 后续计量

一、金融资产后续计量原则

金融资产的后续计量与金融资产的分类密切相关。企业应当按照以下原则对金融资产进行后续计量：

(1)以公允价值计量且其变动计入当期损益的金融资产，应当按照公允价值计量，且不扣除将来处置该金融资产时可能发生的交易费用。

(2)以摊余成本计量的金融资产，应当采用实际利率法，按摊余成本计量。

(3)以公允价值计量且其变动计入其他综合收益的金融资产，应当按公允价值计量，且不扣除将来处置该金融资产时可能发生的交易费用。

二、实际利率法及摊余成本

(一)实际利率法

实际利率法，是指按照金融资产或金融负债(含一组金融资产或金融负债)的实际利率计算其摊余成本及各期利息收入或利息费用的方法。

(1)实际利率，是指将金融资产或金融负债在预期存续期间或适用的更短期间内的未来现金流量，折现为该金融资产或金融负债当前账面价值所使用的利率。

(2)企业在初始确认以摊余成本计量的金融资产或金融负债时，就应当计算确定实际利率，并在相关金融资产或金融负债预期存续期间或适用的更短期间内保持不变。

(二)摊余成本

金融资产或金融负债的摊余成本，是指该金融资产或金融负债的初始确认金额经下列调整后的结果：

(1)扣除已偿还的本金。

(2)加上或减去采用实际利率法将该初始确认金额与到期日金额之间的差额进行摊销形成的累计摊销额。

(3)扣除计提的累计信用减值准备(仅适用于金融资产)。

本期计提的利息(确定的利息收入)=期初摊余成本×实际利率

本期期初摊余成本即为上期期末摊余成本。

期末摊余成本=期初摊余成本+本期计提的利息-本期收回的利息和本金-本期计提的减值准备

三、金融资产相关利得或损失的处理

(一)对于按照公允价值进行后续计量的金融资产，其公允价值变动形成的利得或损失，除与套期保值有关外，应当按照下列规定处理：

(1)以公允价值计量且其变动计入当期损益的金融资产公允价值变动形成的利得或损失，应当计入当期损益。

(2)以公允价值计量且其变动计入其他综合收益的金融资产公允价值变动形成的利得或损失，除减值损失和外币货币性金融资产形成的汇兑差额外，应当直接计入所有者权益(其他综合收益)，在该金融资产终止确认时转出，计入当期损益，直接指定的，则转入留存收益。

以公允价值计量且其变动计入其他综合收益的金融资产(其他债权投资)形成的汇兑差额，应当计入当期损益(财务费用)。

采用实际利率法计算的其他债权投资的利息，应当计入当期损益。非交易性权益工具投资的现金股利，应当在被投资单位宣告发放股利时计入当期损益。

(二)以摊余成本计量的金融资产，在发生减值、摊销或终止确认时产生的利得或损失，应当计入当期损益。

四、以公允价值计量且其变动计入当期损益的金融资产的会计处理(见表5)

表5 以公允价值计量且其变动计入当期损益的金融资产的会计处理

阶段	核算要点
初始计量	按公允价值计量
	相关交易费用计入当期损益(投资收益)
	已宣告但尚未发放的现金股利或已到付息期但尚未领取的利息，应当确认为应收项目
后续计量	资产负债表日按公允价值计量，公允价值变动计入当期损益(公允价值变动损益)，持有期间产生的应收股利或应收利息确认为投资收益
处置	处置时，售价与账面价值的差额计入投资收益
	持有交易性金融资产期间公允价值变动损益不再转入投资收益

五、以摊余成本计量的金融资产的会计处理(见表6)

表6 以摊余成本计量的金融资产的会计处理

阶段	核算要点
初始计量	按公允价值和交易费用之和计量(其中，交易费用在“债权投资——利息调整”科目核算)
	实际支付款项中包含已到付息期尚未领取的利息，应单独确认为应收项目
后续计量	采用实际利率法，按摊余成本计量
处置	处置时，售价与账面价值的差额计入投资收益

六、以公允价值计量且其变动计入其他综合收益的金融资产的会计处理(见表7)

表7　以公允价值计量且其变动计入其他综合收益的金融资产的会计处理

阶段		核算要点
初始计量	其他债权投资	按公允价值和交易费用之和计量(其中，交易费用在“其他债权投资——利息调整”科目核算)
		实际支付的款项中包含的利息，应单独确认为应收利息
	其他权益工具投资	按公允价值和交易费用之和计量，实际支付的款项中包含的已宣告尚未发放的现金股利应作为应收股利
后续计量		资产负债表日按公允价值计量，公允价值变动计入其他综合收益(不考虑减值因素)，持有期间产生的应收股利确认为投资收益
债权投资重分类为其他债权投资		按公允价值计量，公允价值与账面价值的差额计入其他综合收益
处置		处置时，其他债权投资的售价与账面价值的差额计入投资收益，其他权益工具投资的售价与账面价值的差额计入留存收益
		将其他债权投资持有期间产生的其他综合收益转入投资收益，将其他权益工具投资持有期间产生的其他综合收益转入留存收益

押题点3 金融资产重分类

企业改变其管理金融资产的业务模式时，应当按照规定对所有受影响的相关金融资产进行重分类。企业对所有金融负债均不得进行重分类。所以，金融资产(即非衍生债权资产)可以在摊余成本计量、以公允价值计量且其变动计入其他综合收益和以公允价值计量且其变动计入当期损益之间进行重分类。企业管理金融资产业务模式的变更是一种极其少见的情形。

企业对金融资产进行重分类，应当自重分类日起采用未来适用法进行相关会计处理，不得对以前已经确认的利得、损失(包括减值损失或利得)或利息进行追溯调整。

押题点4 金融资产转移

一、金融资产转移概述

金融资产转移，是指企业(转出方)将金融资产让与或交付给该金融资产发行方以外的另一方(转入方)。

二、金融资产转移的确认和计量

(一)金融资产整体转移和部分转移的区分

企业应当将金融资产转移区分为金融资产整体转移和部分转移，并分别按照会计准则有关规定处理。

(二)符合终止确认条件的情形

1. 符合终止确认条件的判断

企业已将金融资产所有权上几乎所有风险和报酬转移给了转入方，应当终止确认相关金融资产。

以下情形表明企业已将金融资产所有权上几乎所有的风险和报酬转移给了转入方：

(1)不附任何追索权方式出售金融资产。

(2)附回购协议的金融资产出售，回购价为回购时该金融资产的公允价值。

(3)附重大价外看跌期权(或重大价外看涨期权)的金融资产出售。企业将金融资产出售，同时与购买方之间签订看跌(或看涨)期权合约，但从合约条款判断，由于该期权为重大价外期权，致使到期时或到期前行权的可能性极小，此时可以认定企业已经转移了该项金融资产所有权上几乎所有的风险和报酬，因此，应当终止确认该金融资产。

2. 符合终止确认条件时的计量

金融资产部分转移满足终止确认条件的，应当将所转移金融资产整体的账面价值，在终止确认部分和未终止确认部分(在此种情况下，所保留的部分资产应当视同未终止确认金融资产的一部分)之间，按照各自的相对公允价值进行分摊。

(三)不符合终止确认条件的情形

1. 不符合终止确认条件的判断

企业保留了金融资产所有权上几乎所有风险和报酬，不应当终止确认相关金融资产。

以下情形通常表明企业保留了金融资产所有权上几乎所有的风险和报酬：

(1)采用附追索权方式出售金融资产。

(2)将信贷资产或应收款项整体出售，同时保证对金融资产购买方可能发生的信用损失等进行全额补偿。

(3)附回购协议的金融资产出售，回购价固定或是原售价加合理回报。

(4)附总回报互换协议的金融资产出售，该互换使市场风险又转回给了金融资产出售方。

(5)附重大价内看跌期权(或重大价内看涨期权)的金融资产出售。

2. 不符合终止确认时的计量

金融资产转移不满足终止确认条件的，应当继续确认该金融资产，所收到的对价确认为一项金融负债。此类金融资产转移实质上具有融资性质，不能将金融资产与所确认的金融负债相互抵销。

历年真题

2018 年

(其他权益工具投资+交易性金融资产购入、持有和处置)

20×7 年 7 月 10 日，甲公司与乙公司签订股权转让合同，以 2600 万元的价格受让乙公司所持丙公司 2% 股权。同日，甲公司向乙公司支付股权转让款 2600 万元；丙公司的股东变更手续办理完成。受让丙公司股权后，甲公司将其指定为以公允价值计量且其变动计入其他综合收益的金融资产。

20×7 年 8 月 5 日，甲公司从二级市场购入丁公司发行在外的股票 100 万股(占丁公司发行在外有表决权股份的 1%)，支付价款 2200 万元，另支付交易费用 1 万元。根据丁公司股票的合同现金流量特征及管理丁公司股票的业务模式，甲公司将购入的丁公司股票作为以公允价值计量且其变动计入当期损益的金融资产核算。

20×7 年 12 月 31 日，甲公司所持上述丙公司股权的公允价值为 2800 万元，所持上述丁公司股票的公允价值为 2700 万元。

20×8 年 5 月 6 日，丙公司股东会批准利润分配方案，向全体股东共计分配现金股利 500 万元。20×8 年 7 月 12 日，甲公司收到丙公司分配的股利 10 万元。

20×8 年 12 月 31 日，甲公司所持上述丙公司股权的公允价值为 3200 万元，所持上述丁公司股票的公允价值为 2400 万元。

20×9 年 9 月 5 日，甲公司将所持丙公司 2% 股权予以转让，取得款项 3300 万元。20×9 年 12 月 4 日，甲公司将所持上述丁公司股票全部出售，取得款项 2450 万元。

其他资料：

(1) 甲公司对丙公司和丁公司不具有控制、共同控制或重大影响；(2) 甲公司按实现净利润的 10% 计提法定盈余公积，不计提任意盈余公积；(3) 不考虑税费及其他因素。

要求：

(1) 根据上述资料，编制甲公司与购入、持有及处置丙公司股权相关的全部会计分录。

(2) 根据上述资料，编制甲公司与购入、持有及处置丁公司股票相关的全部会计分录。

(3) 根据上述资料，计算甲公司处置所持丙公司股权及丁公司股票对其 20×9 年度净利润和 20×9 年 12 月 31 日所有者权益的影响。

【答案】

(1) 编制甲公司与购入、持有及处置丙公司股权相关的全部会计分录。

借：其他权益工具投资　2600
　　贷：银行存款　2600

借：其他权益工具投资　200
　　贷：其他综合收益　200

借：应收股利　10
　　贷：投资收益　10

借：银行存款　10
　　贷：应收股利　10

借：其他权益工具投资　400
　　贷：其他综合收益　400

借：银行存款　3300
　　其他综合收益　600
　　贷：其他权益工具投资　3200
　　　　盈余公积　70
　　　　利润分配——未分配利润　630

(2) 编制甲公司与购入、持有及处置丁公司股票相关的全部会计分录。

借：交易性金融资产　2200
　　投资收益　1

贷：银行存款　2201

借：交易性金融资产　500

　贷：公允价值变动损益　500

借：公允价值变动损益　300

　贷：交易性金融资产　300

借：银行存款　2450

　贷：投资收益　50

　　交易性金融资产　2400

(3)根据上述资料，计算甲公司处置所持丙公司股权及丁公司股票对其20×9年度净利润和20×9年12月31日所有者权益的影响。

对20×9年度净利润的影响=2450-2400=50(万元)。

对20×9年12月31日所有者权益的影响=50+(3300-3200)=150(万元)。

2013年

(股票与债券的分录及减值)

甲公司为上市金融企业，20×7年至20×9年期间有关投资如下：

(1)20×7年1月1日，按面值购入100万份乙公司公开发行的分次付息、一次还本债券，款项已用银行存款支付，该债券每份面值100元，票面年利率5%，每年年末支付利息，期限5年，甲公司将该债券投资分类为以公允价值计量且其变动计入其他综合收益的金融资产。

20×7年6月1日，自公开市场购入1000万股丙公司股票，每股20元，实际支付价款20000万元。甲公司将该股票投资指定为以公允价值计量且其变动计入其他综合收益的金融资产。

(2)20×7年10月，受金融危机影响，丙公司股票价格开始下跌，20×7年12月31日丙公司股票收盘价为每股16元。20×8年，丙公司股票价格持续下跌，20×8年12月31日收盘价为每股10元。

20×7年11月，受金融危机影响，乙公司债券价格开始下跌。20×7年12月31日乙公司债券价格为每份90元。20×8年，乙公司债券价格持续下跌，20×8年12月31日乙公司债券价格为每份50元。甲公司在20×8年12月31日发现该项债券投资的信用风险自初始确认后已显著增加但尚未实际发生信用减值(即处于金融工具减值的第二阶段)，经测算确定该项债券投资存在预期信用损失1000万元。

(3)20×9年宏观经济形势好转，20×9年12月31日，丙公司股票收盘价上升至每股18元，乙公司债券价格上升至每份85元。甲公司在20×9年12月31日经测算确定其预期信用损失比其当前减值准备的账面金额少600万元。

本题不考虑所得税及其他相关税费。

要求：

(1)编制甲公司取得乙公司债券和丙公司股票时的会计分录。

(2)计算甲公司20×7年因持有乙公司债券和丙公司股票对当年损益或权益的影响金额，并编制相关会计分录。

(3)针对甲公司持有的乙公司债券和丙公司股票，编制其在20×8年12月31日的相关会计分录。

(4)针对甲公司持有的乙公司债券和丙公司股票，编制其在20×9年12月31日的相关会计分录。

【答案】

(1)①取得乙公司债券的会计分录：

借：其他债权投资——成本　10000
　贷：银行存款　10000

②取得丙公司股票的会计分录：

借：其他权益工具投资——成本　20000
　贷：银行存款　20000

(2)①持有乙公司债券影响当期损益的金额=10000×5%=500(万元)，会计分录为：

借：应收利息　500
　贷：投资收益　500

借：银行存款　500
　贷：应收利息　500

持有乙公司债券影响所有者权益(其他综合收益)的金额=100×90−10000=−1000(万元)，会计分录为：

借：其他综合收益　1000
　贷：其他债权投资——公允价值变动　1000

②持有丙公司股票影响所有者权益(其他综合收益)的金额=1000×16−20000=−4000(万元)，会计分录为：

借：其他综合收益　4000
　贷：其他权益工具投资——公允价值变动　4000

(3)①持有的乙公司债券确认公允价值变动和的预期信用损失的会计分录为：

借：其他综合收益　4000
　贷：其他债权投资——公允价值变动　4000

借：信用减值损失　1000
　贷：其他综合收益　1000

②以公允价值计量且其变动计入其他综合收益的非交易权益工具投资不计提减值准备。

借：其他综合收益　6000
　贷：其他权益工具投资——公允价值变动　6000

(4)①持有的乙公司债券的相关会计分录为：

借：其他债权投资——公允价值变动　3500
　贷：其他综合收益　3500

借：其他综合收益　600
　　贷：信用减值损失　600
②持有丙公司股票的相关会计分录为：
借：其他权益工具投资——公允价值变动　8000
　　贷：其他综合收益　8000

2019年 预测题

预测 1

（以公允价值计量且其变动计入当期损益的金融资产全过程，复杂版）

A 公司关于交易性金融资产的会计信息如下：

时间	会计信息
2015 年 3 月 20 日	购入股票 200 万股，支付价款 1656.1 万元，其中印花税 2.4 万元、手续费 3.7 万元，以及 3 月 18 日宣告派发的现金股利 50 万元
2015 年 4 月 15 日	收到 3 月 18 日宣告派发的现金股利 50 万元
2015 年 12 月 31 日	股票收盘价每股 5 元
2016 年 1 月 15 日	全部出售，售价每股 9.36 元，支付印花税 2.4 万元，手续费 1.8 万元

要求：

编制 A 公司的相关会计分录。

【答案】

2015 年 3 月 20 日
借：交易性金融资产——成本　1600
　　投资收益　(2.4+3.7)6.1
　　应收股利　50
　　贷：银行存款　1656.1
股票持仓成本=1600/200=8(元/股)。

2015 年 4 月 15 日
借：银行存款　50
　　贷：应收股利　50

2015 年 12 月 31 日
借：公允价值变动损益　[(8−5)×200]600
　　贷：交易性金融资产——公允价值变动　600

2016 年 1 月 15 日
借：银行存款　(9.36×200−2.4−1.8)1867.8
　　交易性金融资产——公允价值变动　600
　　贷：交易性金融资产——成本　1600

投资收益 867.8

拓展1：购入股票到出售，累计应确认的投资收益是多少？

会计角度：867.8−6.1=861.7(万元)。

财管角度：(50+9.36×200)−(1656.1+2.4+1.8)=261.7(万元)。

拓展2：出售股票，影响2016年的利润总额的金额是多少？

影响2016年的利润总额的金额是867.8万元。

预测2

(初始计量+累计投资收益)

A公司债权投资的相关资料如下：

A公司债权投资的相关资料

A公司购入债权投资(年末分期付息)	相关数据
发行日	2014年1月1日
面值	1000万元
票面利率	5%
期限	5年
购买日	2016年1月1日
支付价款(不含费用)	900万元
另付交易费用	1.5万元

要求：

(1)计算债券入购价值。

(2)计算持有该债券至到期累计应确认的投资收益金额。

【答案】

(1)入账价值=1000−98.5=901.5(万元)。

借：债权投资——成本 1000

贷：债权投资——利息调整 98.5

银行存款 901.5

(2)累计应确认的投资收益金额为248.5万元。

三种算法：

第一种，极简算法(现金流角度)：

累计应确认的投资收益

=现金净流入

=现金流入合计−现金流出合计

=(到期按面值收回本金+各期利息)−购入成本

=[1000+1000×5%×(5−2)]−(900+1.5)

=248.5(万元)

题目中没有直接告知实际利率，而此方法刚好可以避开实际利率，直接计算收益。因此，碰到此类题目，强烈推荐这种方法。真题中，2009 年曾在单选题中考过。

第二种，直接算法(会计角度，超麻烦算法)

先求实际利率再按年编制会计分录，最后合计投资收益金额。此方法费时费力，不建议使用。但也是一种方法，所以，仍然展示如下：

先求实际利率：

901.5＝1000×5%×(P/A，I，3)+1000×(P/F，I，3)

用插值法，求得实际利率 I＝8.88%

编制各期期末会计分录：

2016 年 12 月 31 日

借：应收利息　(1000×5%)50

　　债权投资——利息调整　30.053

　　贷：投资收益　(901.5×8.88%)80.053

期末摊余成本＝901.5+80.053−50＝931.553(万元)。

2017 年 12 月 31 日

借：应收利息　50

　　债权投资——利息调整　32.722

　　贷：投资收益　(931.553×8.88%)82.722

期末摊余成本＝931.553+82.722−50＝964.275(万元)。

2018 年 12 月 31 日

借：应收利息　50

　　债权投资——利息调整　(98.5−30.053−32.722)35.725

　　贷：投资收益　85.725(倒挤)

借：银行存款　1000

　　贷：债权投资——成本　1000

计算累计投资收益

累计确认投资收益＝80.053+82.722+85.725＝248.5(万元)。

第三种算法，依然是会计思维，但是不用算实际利率，很好的思路。

2014 年 1 月 1 日发行到 2016 年 1 月 1 日购买以后过去 2 年，剩余还有 3 年。

2016 年 1 月 1 日

借：债权投资——成本　1000

　　贷：银行存款　901.5

　　　　债权投资——利息调整　98.5

债券的入账价值＝摊余成本＝901.5(万元)。

1000×5%×3＝150(万元)

2016 年 1 月 1 日到到期日合并利息调整分录：

借：应收利息　150(三年全部利息)

债权投资——利息调整 98.5(三年全部摊销额)

贷：投资收益 248.5(倒轧，累计投资收益)

借：银行存款 150

贷：应收利息 150

债权投资累计应确认的投资收益金额=248.5(万元)。

预测 3

(债权投资减值的转回)

A 公司于 2015 年 1 月 1 日从证券市场上购入 B 公司于 2014 年 1 月 1 日发行的 5 年期债券、票面年利率为 5%、每年 1 月 5 日支付上年度的利息，到期日为 2019 年 1 月 1 日。购入债券面值 10000 万元，实际支付价款为 10053.5 万元(其中包含 2014 年已到付息期但尚未领取的债权利息)，另支付相关费用 100 万元。A 公司将其划分为以摊余成本计量的金融资产，购入债券的实际利率为 6%。假定按年计提利息，2015 年 12 月 31 日，预期该债券的未来现金流量现值为 9300 万元(已经发生信用减值)。2016 年 12 月 31 日，与该债券相关的信用风险显著减少，预期收取的未来现金流量现值为 9500 万元。(计算的金额，小数点保留一位即可。)

要求：

编制 A 公司 2015 年 1 月 1 日到 2016 年 12 月 31 日的相关分录。

【答案】

2015 年 1 月 1 日

借：债权投资——成本 10000

应收利息 (10000×5%)500

贷：银行存款 10153.5

债权投资——利息调整 346.5

【注意】 题目已给出实际利率 6%。如未给出，可按下式用插值法求出：

10000×5%+10000×5%×(P/A，I，4)+10000×(P/F，I，4)= 10153.5

2015 年 1 月 5 日

借：银行存款 500

贷：应收利息 500

2015 年 12 月 31 日

借：应收利息 500

债权投资——利息调整 79.2

贷：投资收益 (9653.5×6%)579.2

期末摊余成本=期初摊余成本+实际利息-名义利息

摊余成本=9653.5+(579.2-500)= 9732.7>最新估值 9300 万元

借：信用减值损失 (9732.7-9300)432.7

贷：债权投资减值准备 432.7

减值后新摊余成本变为 9300 万元(发生信用减值按摊余成本计算利息收入)。

2016年1月5日

借：银行存款　　500

　　贷：应收利息　　500

2016年12月31日

借：应收利息　　500

　　债权投资——利息调整　　58

　　贷：投资收益　　(9300×6%)558

此时债券的摊余成本为9300+9300×6%-10000×5%=9300+58=9358(万元)。

2016年12月31日，与该债券相关的信用风险显著减少，预期收取的未来现金流量现值为9500万元，因此应转回的信用减值损失金额=9500-9358=142(万元)。

借：债权投资减值准备　　142

　　贷：信用减值损失　　142

预测4

(综合，交易性金融资产+其他债权投资和其他权益工具投资+债权投资)

为提高闲置资金的使用效率，A公司2016年度进行了以下投资：

(1)1月1日，购入B公司于当日发行且可上市交易的债券100万张，支付价款9500万元，另支付手续费90.12万元。该债券期限为5年，每张面值为100元，实际年利率为7%，票面年利率为6%，于每年12月31日支付当年度利息。A公司有充裕的现金，管理层管理该债券的业务模式是以收取合同现金流量为目标。

12月31日，A公司收到2016年度利息600万元。根据B公司公开披露的信息，A公司估计所持有B公司债券的本金能够收回，未来年度每年能够自B公司取得利息400万元，信用风险显著增加。当日市场年利率为5%。

(2)4月10日，购买C公司首次公开发行的股票100万股，共支付价款800万元。A公司取得C公司股票后，对C公司不具有控制、共同控制或重大影响。C公司股票的限售期为1年，A公司拟长期持有C公司股票以获取稳定的分红。12月31日，C公司股票的公允价值为每股12元。

(3)5月15日，从二级市场购买F公司股票200万股，共支付价款920万元。取得F公司股票时，F公司已宣告每10股派发现金股利0.6元，但尚未实际发放。A公司取得F公司股票后，对F公司不具有控制、共同控制或重大影响。A公司管理层拟随时出售F公司股票。12月31日，F公司股票公允价值为每股4.2元。

相关年金现值系数如下：(P/A，5%，5)=4.3295；(P/A，6%，5)=4.2124；(P/A，7%，5)=4.1002；(P/A，5%，4)=3.5460；(P/A，6%，4)=3.4651；(P/A，7%，4)=3.3872。相关复利现值系数如下：(P/F，5%，5)=0.7835；(P/F，6%，5)=0.7473；(P/F，7%，5)=0.7130；(P/F，5%，4)=0.8227；(P/F，6%，4)=0.7921；(P/F，7%，4)=0.7629。

本题中不考虑所得税及其他因素。

要求：

(1)判断A公司取得B公司债券时应划分的金融资产类别，并说明理由，并编制A公司取得B公司债券时的会计分录。

(2)计算A公司2016年度因持有B公司债券应确认的收益，并编制相关会计分录。

(3)判断A公司持有的B公司债券2016年12月31日是否应当计提减值准备，如应计提减值准备，计算减值准备金额并编制相关会计分录。

(4)判断A公司取得C公司股票时应划分的金融资产类别，并说明理由，并编制A公司2016年12月31日确认所持有C公司股票公允价值变动的会计分录。

(5)判断A公司取得F公司股票时应划分的金融资产类别，并说明理由，并计算A公司2016年度因持有F公司股票应确认的损益。

【答案】

(1)应划分为以摊余成本计量的金融资产。理由：该债券的合同现金流量为本金和以未偿付本金金额为基础的利息的支付，且A公司管理层管理该债券的业务模式是以收取合同现金流量为目标。

借：债权投资——成本　10000

　贷：银行存款　9590.12

　　债权投资——利息调整　409.88

(2)2016年12月31日

借：应收利息　600

　债权投资——利息调整　71.31

　贷：投资收益　(9590.12×7%)671.31

借：银行存款　600

　贷：应收利息　600

(3)依据公式：期末摊余成本=期初摊余成本+实际利息-名义利息

此时的摊余成本=9590.12+9590.12×7%-10000×6%=9661.43(万元)。

该金融工具不是购入或源生的已发生信用减值的金融资产，因此不需要重新计算经信用调整的实际利率，但需要按当前实际利率重新估值。

预期将取得的未来现金流量现值=400×(P/A，7%，4)+10000×(P/F，7%，4)=8983.88(万元)。

所以，应计提的信用减值损失=9661.43-8983.88=677.55(万元)。

【注意】在估值时不能使用题目中的市场利率5%。如果是购入或源生的已发生信用减值的金融资产，则需按照经信用调整的实际利率，并始终按整个存续期预期信用损失确认损失准备。

所以题目中故意多给一个条件，“市场利率5%”，是一个陷阱。

借：信用减值损失　677.55

　贷：债权投资减值准备　677.55

(4)对于买入的C公司股票，应指定为以公允价值计量且其变动计入其他综合收益的金融资产。理由：A 公司对 C 公司不具有控制、共同控制或重大影响，不能划分为长期股权投资，且 A 公司拟长期持有 C 公司股票以获取稳定的分红，属于非交易性权益工具投资。

2016 年 4 月 10 日

借：其他权益工具投资——成本　800

　　贷：银行存款　800

2016 年 12 月 31 日

借：其他权益工具投资——公允价值变动　(12×100−800)400

　　贷：其他综合收益　400

(5)对于买入的 F 公司股票，应划分为以公允价值计量且其变动计入当期损益的金融资产。理由：A 公司对 F 公司不具有控制，共同控制或重大影响，不能划分为长期股权投资，且合同现金流量并非本金和以未偿付本金金额为基础的利息的支付，A 公司管理层拟随时出售 F 公司股票。

2016 年 5 月 15 日

借：交易性金融资产——成本　908

　　应收股利　(0.6×200/10)12

　　贷：银行存款　920

股票持仓成本=908/200=4.54(元/股)。

2016 年 12 月 31 日

借：公允价值变动损益　[(4.54−4.2)×200]68

　　贷：交易性金融资产——公允价值变动　68

专题三　差错更正

考点梳理

押题点　前期差错及其更正

一、前期差错概述

前期差错，是指由于没有运用或错误运用下列两种信息，而对前期财务报表造成省略或错报：

(1)编报前期财务报表时预期能够取得并加以考虑的可靠信息。

(2)前期财务报告批准报出时能够取得的可靠信息。

前期差错通常包括计算错误、应用会计政策错误、疏忽或曲解事实以及舞弊产生的影响等。

二、前期差错更正的会计处理

前期差错的重要程度，应根据差错的性质和金额加以具体判断。

（一）对于不重要的前期差错

采用未来适用法更正。

（二）重要的前期差错的会计处理

企业应当采用追溯重述法更正重要的前期差错，但确定前期差错累积影响数不切实可行的除外。

追溯重述法，是指在发现前期差错时，视同该项前期差错从未发生过，从而对财务报表相关项目进行更正的方法。

确定前期差错影响数不切实可行的，可以从可追溯重述的最早期间开始调整留存收益的期初余额，财务报表其他相关项目的期初余额也应当一并调整，也可以采用未来适用法。

企业应当在重要的前期差错发现当期的财务报表中，调整前期比较数据。

对于年度资产负债表日至财务报告批准报出日之间发现的报告年度的会计差错及报告年度前不重要的前期差错，应按照《企业会计准则第 29 号——资产负债日后事项》的规定进行处理。

三、前期差错更正的披露

企业应当在附注中披露与前期差错更正有关的下列信息：

（1）前期差错的性质。

（2）各个列报前期财务报表中受影响的项目名称和更正金额。

（3）无法进行追溯重述的，说明该事实和原因以及对前期差错开始进行更正的时点、具体更正情况。

在以后期间的财务报表中，不需要重复披露在以前期间的附注中已披露的前期差错更正的信息。

历年真题

2017 年

（金融资产分类、售后回租、投资性房地产转换自用房地产、会计估计变更的差错更正）

甲公司为境内上市公司，2×16 年度，甲公司经注册会计师审计前的净利润为 35000 万元。其 2×16 年度财务报告于 2×17 年 4 月 25 日经董事会批准对外报出。注册会计师在对甲公司 2×16 年度财务报表审计时，对下列有关交易或事项的会计处理提出质疑：

（1）2×16 年 1 月 1 日，甲公司以 1000 万元购买了乙公司资产支持计划项目发行的收益凭证，根据合同约定，该收益凭证期限为三年，预计年收益率 6%，当年收益于下年 1 月底前支付；收益凭证到期时按照资产支持计划所涉及资产的实际现金流量情况支付全部或部分本金；发行方不保证偿还全部本金和支付按照预计收益率计算的收益。甲公司计划持有该收益凭证至到期。该收益凭证于 2×16 年 12 月 31 日的公允价值为 980 万元，2×16 年度，甲公司的会计处理如下：

借：债权投资——成本　　1000

　　贷：银行存款　　1000

借：应收利息　　60

　　贷：投资收益　　60

(2)2×16年6月20日，甲公司与乙公司签订售后租回协议，将其使用的一栋办公楼出售给丁公司，出售价格为12500万元，款项已经收存银行。根据协议约定，甲公司于2×16年7月1日起向丁公司租赁该办公楼，租赁期限为5年，每半年支付租赁费用250万元，该办公楼的原价为8500万元，2×16年7月1日的公允价值为11000万元；截至2×16年7月1日该办公楼已提折旧1700万元，预计该办公楼尚可使用40年。该办公楼所在地按市场价格确定的租赁费用为每年180万元。2×16年，甲公司的会计处理如下：

借：固定资产清理　　6800

　　累计折旧　　1700

　　贷：固定资产　　8500

借：银行存款　　12500

　　贷：固定资产清理　　12500

借：固定资产清理　　5700

　　贷：资产处置损益　　5700

借：管理费用　　250

　　贷：银行存款　　250

(3)甲公司自2×16年1月1日起将一项尚可用40年的出租土地使用权转为自用并计划在该土地使用权上建造厂房。转换日，该土地使用权的公允价值为2000万元，账面价值为1800万元，截至2×16年12月31日，甲公司为建造厂房实际发生除土地使用权外的支出1800万元，均以银行存款支付。

该土地使用权于2×06年1月1日取得，成本为950万元，预计可用50年，取得后立即出租给其他单位。甲公司对该出租土地使用权采用公允模式进行后续计量。2×16年，甲公司的会计处理如下：

借：在建工程　　3800

　　贷：投资性房地产——成本　　950

　　　　　　　　　　——公允价值变动　　850

　　　　银行存款　　1800

　　　　公允价值变动损益　　200

(4)2×16年10月8日，经甲公司董事会批准，将以成本模式进行后续计量的出租房产的预计使用年限由50年变更为60年，并从2×16年1月1日开始按新的预计使用年限计提折旧。该出租房产的原价为50000万元，甲公司对该出租房产采用年限平均法计提折旧，预计净残值为0，截至2×15年12月31日已计提10年折旧。2×16年，甲公司的会计处理如下：

借：其他业务成本　　800

　　贷：投资性房地产累计折旧　　800

其他相关资料：

第一，假定注册会计师对质疑事项提出的调整建议得到甲公司接受。

第二，本题不考虑所得税等相关税费以及其他因素。

要求：

(1)对注册会计师质疑的交易或事项，分别判断甲公司的会计处理是否正确，并说明理由；对不正确的会计处理，编制更正的会计分录(无需通过“以前年度损益调整”或“利润分配——未分配利润”科目，直接使用相关会计科目，也无需编制提取盈余公积、结转利润分配的会计分录)。

(2)计算甲公司2×16年度经审计后的净利润。

【答案】

(1)事项(1)：甲公司的会计处理不正确。理由：虽然甲公司计划将该债券持有至到期，但是该项债券投资到期时回收金额不固定，根据金融资产业务模式和合同现金流特征，应将该项债券投资作为交易性金融资产核算；此外预计的利息收益需待实际确定时才能进行确认。更正的处理：

借：交易性金融资产 1000

　　贷：债权投资 1000

借：公允价值变动损益 20

　　贷：交易性金融资产 20

借：投资收益 60

　　贷：应收利息 60

事项(2)：甲公司的会计处理不正确。理由：售后租回形成经营租赁，且售价高于公允价值的，售价与公允价值的差额计入递延收益，而公允价值与账面价值的差额则计入当期损益。更正分录：

借：资产处置损益 1500

　　贷：递延收益 1500

借：递延收益 150

　　贷：管理费用 150

事项(3)：甲公司会计处理不正确。理由：出租土地使用权转为自用，应确认为无形资产，而不是在建工程；同时在土地使用权上建造厂房，建造期间土地使用权的摊销额应计入工程成本。更正分录：

借：无形资产 2000

　　贷：在建工程 1950

　　　　累计摊销 50

事项(4)：甲公司的会计处理不正确。理由：甲公司将预计使用年限由50年变更为60年，属于会计估计变更，采用未来适用法，不需要进行追溯，甲公司2×16年少确认了折旧149.24万元。2×16年前9个月计提折旧的金额=50000÷50÷12×9=750(万元)。2×16年后3个月计提折旧的金额=(50000−50000÷50×10−50000÷50÷12×9)÷(60×12−10×12−9)×3=199.24(万元)。2×16年一共需要计提折旧的金额=750+199.24=949.24(万元)。甲公司少确认了折旧149.24万元(949.24−800)。更正分录如下：

借：其他业务成本　　149.24

　贷：投资性房地产累计折旧　　149.24

(2)甲公司2×16年度经审计后的净利润=35000-20-60-1500+150-149.24=33420.76(万元)。

2016年

(职工薪酬的差错更正)

甲股份有限公司(以下简称“甲公司”)2×15年更换年审会计师事务所，新任注册会计师在对其2×15年度财务报表进行审计时，对以下事项的会计处理存在质疑：

(1)自2×14年开始，甲公司每年年末均按照职工工资总额的10%计提相应资金计入应付职工薪酬，计提该资金的目的在于解决后续拟实施员工持股计划的资金来源，但有关计提金额并不对应于每一位在职员工。甲公司计划于2×18年实施员工持股计划，以2×14年至2×17年四年间计提的资金在二级市场购买本公司股票，授予员工持股计划范围内的管理人员，员工持股计划范围内的员工与原计提时在职员工的范围很可能不同。如员工持股计划未能实施，员工无权取得该部分计入职工薪酬的提取金额。该计划下，甲公司2×14年计提了3000万元。2×15年年末，甲公司就当年度应予计提的金额进行了以下会计处理：

借：管理费用　　3600

　贷：应付职工薪酬　　3600

(2)为调整产品结构，去除冗余产能，2×15年甲公司推出一项鼓励员工提前离职的计划。该计划范围内涉及的员工共有1000人，平均距离退休年龄还有5年。甲公司董事会于10月20日通过决议，该计划范围内的员工如果申请提前离职，甲公司将每人一次性地支付补偿款30万元。根据计划公布后与员工达成的协议，其中的800人会申请离职。截至2×15年12月31日，该计划仍在进行当中。甲公司进行了以下会计处理：

借：长期待摊费用　　24000

　贷：预计负债　　24000

借：营业外支出　　4800

　贷：长期待摊费用　　4800

(3)2×15年甲公司销售快速增长，对当年度业绩起到了决定性作用。根据甲公司当年制定并开始实施的利润分享计划，销售部门员工可以分享当年度净利润的3%作为奖励。2×16年2月10日，根据确定的2×15年年度利润，董事会按照利润分享计划，决议发放给销售部门员工奖励620万元。甲公司于当日进行了以下会计处理：

借：利润分配——未分配利润　　620

　贷：应付职工薪酬　　620

其他有关资料：

甲公司按照净利润的10%提取法定盈余公积，不计提任意盈余公积。不考虑所得税等相关税费因素的影响。甲公司2×15年年度报告于2×16年3月20日对外报出。

要求：

判断甲公司对事项(1)至事项(3)的会计处理是否正确并说明理由；对于不正确的会计处

理，编制更正的会计分录(无需通过“以前年度损益调整”科目，不考虑当期盈余公积的计提)。

【答案】

事项(1)：甲公司该项会计处理不正确。理由：该部分金额不是针对特定员工需要对象化支付的费用，即不是当期为了获取员工服务实际发生的费用，准则规定不能予以计提。涉及员工持股计划拟授予员工的股份，应当根据其授予条件等分析是获取的哪些期间的职工服务，并将与股份支付相关的费用计入相应期间。更正分录：

借：应付职工薪酬　　6600

　贷：盈余公积　　300

　　利润分配——未分配利润　　2700

　　管理费用　　3600

事项(2)：甲公司该项交易的会计处理不正确。理由：该项计划原则上应属于会计准则规定的辞退福利，有关一次性支付的辞退补偿金额应于计划确定时作为应付职工薪酬，相关估计应支付的金额全部计入当期损益，而不能在不同年度间分期摊销。更正分录：

借：管理费用　　24000

　贷：应付职工薪酬　　24000

借：预计负债　　24000

　贷：长期待摊费用　　24000

借：长期待摊费用　　4800

　贷：营业外支出　　4800

事项(3)：甲公司该项会计处理不正确。理由：利润分享计划下员工应分享的部分应作为职工薪酬并计入有关成本费用，因涉及的是销售部门，甲公司应计入2×15年销售费用。

借：销售费用　　620

　贷：利润分配——未分配利润　　620

2015年

(债券、股票的差错更正)

注册会计师在对甲股份有限公司(以下简称“甲公司”)20×4年财务报表进行审计时，对其当年度发生的下列交易事项的会计处理提出疑问，希望能与甲公司财务部门讨论：

(1)1月2日，甲公司自公开市场以2936.95万元购入乙公司于当日发行的公司债券30万张，该债券每张面值为100元，票面年利率为5.5%；该债券为5年期，分期付息(于下一年度的1月2日支付上一年利息)、到期还本。甲公司拟长期持有该债券以获得本息流入。因现金流充足，甲公司预计不会在到期前出售。甲公司根据其管理该债券的业务模式和该债券的合同现金流量特征，将该债券分类为以摊余成本计量的金融资产。甲公司对该交易事项的会计处理如下(会计分录中的金额单位为万元，下同)：

借：债权投资——成本　　3000

　贷：银行存款　　2936.95

　　财务费用　　63.05

借：应收利息　　165
　　贷：投资收益　　165

(2)7 月 20 日，甲公司取得当地财政部门拨款 1860 万元，用于资助甲公司 20×4 年 7 月开始进行的一项研发项目的前期研究。该研发项目预计周期为两年，预计将发生研究支出 3000 万元。项目自 20×4 年 7 月开始启动，至年末累计发生研究支出 1500 万元(全部以银行存款支付)。甲公司对该交易事项的会计处理如下：

借：银行存款　　1860
　　贷：其他收益　　1860
借：研发支出——费用化支出　　1500
　　贷：银行存款　　1500
借：管理费用　　1500
　　贷：研发支出——费用化支出　　1500

(3)甲公司持有的乙公司 200 万股股票于 20×3 年 2 月以 12 元/股购入，且对乙公司不具有重大影响，甲公司将其指定为以公允价值计量且其变动计入其他综合收益的金融资产。20×3年 12 月 31 日，乙公司股票市价为 14 元/股。自 20×4 年 3 月开始，乙公司股票价格持续下跌。至 20×4 年 12 月 31 日，已跌至 4 元/股。甲公司对该交易或事项的会计处理如下：

借：信用减值损失　　2000
　　贷：其他权益工具投资　　2000

(4)8 月 26 日，甲公司与其全体股东协商，由各股东按照持股比例同比例增资的方式解决生产线建设资金需求。8 月 30 日，股东新增投入甲公司资金 3200 万元，甲公司将该部分资金存入银行存款账户。9 月 1 日，生产线工程开工建设，并于当日及 12 月 1 日分别支付建造承包商工程款 600 万元和 800 万元。甲公司将尚未动用增资款项投资货币市场，月收益率 0.4%。甲公司对该交易事项的会计处理如下：

借：银行存款　　3200
　　贷：资本公积　　3200
借：在建工程　　1400
　　贷：银行存款　　1400
借：银行存款　　38.40
　　贷：在建工程　　38.40

其中，冲减在建工程的金额=2600×0.4%×3+1800×0.4%×1=38.40(万元)。

其他有关资料：(P/A，5%，5)=4.3295，(P/A，6%，5)=4.2124，(P/F，5%，5)=0.7835；(P/F，6%，5)=0.7473。本题中有关公司均按净利润的 10% 计提法定盈余公积，不计提任意盈余公积。甲公司采用总额法核算政府补助，对于用于弥补以后期间将发生的费用或亏损的与收益相关的政府补助，甲公司认为相关递延收益按已发生成本占预计总成本的比例进行摊销更为合理。不考虑相关税费及其他因素。

要求：

判断甲公司对有关交易事项的会计处理是否正确，对于不正确的，说明理由并编制更正的会计分录(无须通过“以前年度损益调整”科目)。

【答案】

事项(1)，甲公司的会计处理不正确。理由：购入折价发行的债券，应该将折价金额计入债权投资的初始成本，且后续采用实际利率法对该折价金额进行摊销。更正分录为：

借：财务费用　　63.05

　　贷：债权投资——利息调整　　63.05

利用插值法计算实际利率，假设实际利率为6%，则该债券预计未来现金流量的现值=165×(P/A，6%，5)+3000×(P/F，6%，5)=165×4.2124+3000×0.7473=2936.95(万元)，与该债券当前账面价值相等，因此该债券的实际利率为6%。本期应分摊的利息调整金额=2936.95×6%−165=11.22(万元)。

借：债权投资——利息调整　　11.22

　　贷：投资收益　　11.22

事项(2)，甲公司的会计处理不正确。理由：与收益相关的政府补助，用于弥补以后期间将发生的费用或亏损的，应该先计入递延收益，然后在费用发生的期间转入当期其他收益(与日常活动相关)。更正分录为：

借：其他收益　　(1860×1500/3000)930

　　贷：递延收益　　930

事项(3)，甲公司的会计处理不正确。理由：新准则不允许对指定为以公允价值计量且其变动计入其他综合收益的非交易性金融资产计提减值。更正分录为：

借：其他综合收益　　2000

　　贷：信用减值损失　　2000

事项(4)，甲公司的会计处理不正确。理由：采用增资的方式筹集资金，此时应该是将取得的现金增加股本金额，同时闲置资金的利息收益应该冲减财务费用。更正分录为：

借：在建工程　　38.40

　　贷：财务费用　　38.40

2014年

(政府补助、金融资产、职工薪酬等的差错更正)

甲股份有限公司(以下简称“甲公司”)的注册会计师在对其20×3年财务报表进行审计时，就以下事项的会计处理与甲公司管理层进行沟通：

(1)20×3年12月，甲公司收到财政部门拨款2000万元，系对甲公司20×3年执行国家计划内政策价差的补偿。甲公司A商品单位售价为5万元/台，成本为2.5万元/台，但在纳入国家计划内政策体系后，甲公司对国家规定范围内的用户销售A商品的售价为3万元/台，国家财政给予2万元/台的补贴。20×3年甲公司共销售政策范围内A商品1000件。甲公司对该事项的会计处理如下(会计分录中的金额单位为万元，下同)：

借：应收账款　　3000

　　贷：主营业务收入　　3000

借：主营业务成本　　2500
　　贷：库存商品　　2500
借：银行存款　　2000
　　贷：其他收益　　2000

(2)20×3 年，甲公司尝试通过中间商扩大 B 商品市场占有率。甲公司与中间商签订的合同分为两类。第一类合同约定：甲公司按照中间商要求发货，中间商按照甲公司确定的售价 3000 元/件对外出售，双方按照实际售出数量定期结算，未售出商品由甲公司收回，中间商就所销售 B 商品收取提成费 200 元/件；该类合同下，甲公司 20×3 年共发货 1000 件，中间商实际售出 800 件。

第二类合同约定：甲公司按照中间商要求的时间和数量发货，甲公司出售给中间商的价格为 2850 元/件，中间商对外出售的价格自行确定，未售出商品由中间商自行处理；该类合同下，甲公司 20×3 年共向中间商发货 2000 件。甲公司向中间商所发送 B 商品数量、质量均符合合同约定，成本为 2400 元/件。甲公司对上述事项的会计处理如下：

借：应收账款　　870
　　贷：主营业务收入　　870
借：主营业务成本　　720
　　贷：库存商品　　720
借：销售费用　　20
　　贷：应付账款　　20

(3)20×3 年 6 月，董事会决议将公司生产的一批 C 商品作为职工福利发放给部分员工。该批 C 商品的成本为 3000 元/件，市场售价为 4000 元/件。受该项福利计划影响的员工包括：中高层管理人员 200 人、企业正在进行的某研发项目相关人员 50 人，甲公司向上述员工每人发放 1 件 C 商品。研发项目已进行至后期开发阶段，甲公司预计能够形成无形资产，至 20×3 年 12 月 31 日，该研发项目仍在进行中。甲公司进行的会计处理如下：

借：管理费用　　75
　　贷：库存商品　　75

(4)20×3 年 7 月，甲公司一未决诉讼结案。法院判定甲公司承担损失赔偿责任 3000 万元。该诉讼事项源于 20×2 年 9 月一竞争对手提起的对甲公司的起诉，编制 20×2 年财务报表期间，甲公司曾在法院的调解下，与原告方达成初步和解意向。按照该意向，甲公司需向对方赔偿 1000 万元，甲公司据此在 20×2 年确认预计负债 1000 万元。20×3 年，原告方控股股东变更，新的控股股东认为原调解决定不合理，不再承认原初步和解相关事项，向法院请求继续原法律程序。因实际结案时需赔偿金额与原确认预计负债的金额差别较大，甲公司于 20×3年进行了以下会计处理：

借：以前年度损益调整　　2000
　　贷：预计负债　　2000
借：盈余公积　　200
　　利润分配——未分配利润　　1800

贷：以前年度损益调整　2000

(5)甲公司于20×2年8月取得200万股乙公司股票，成本为6元/股，指定为以公允价值计量且其变动计入其他综合收益的金融资产。20×2年12月31日，乙公司股票收盘价为5元/股。20×3年因股票市场整体行情低迷，乙公司股价在当年度持续下跌，至20×3年12月31日已跌至2.5元/股。20×4年1月，乙公司股价有所上涨。甲公司在其20×3年财务报表中对该事项进行了以下会计处理：

借：其他综合收益　500

　贷：其他权益工具投资——公允价值变动　500

其他资料：

假定本题中有关事项均具有重要性，不考虑相关税费及其他因素。甲公司按照净利润的10%提取法定盈余公积，不提取任意盈余公积。

要求：

判断甲公司对事项(1)至事项(5)的会计处理是否正确，并说明理由。对于甲公司会计处理不正确的，编制更正20×3年度财务报表相关项目的会计分录。

【答案】

(1)甲公司对事项(1)的会计处理不正确。

理由：甲公司自财政部门取得的款项不属于政府补助，该款项与具有明确商业实质的交易相关，不是公司自国家无偿取得的现金流入，应作为企业正常销售价款的一部分。

借：其他收益　2000

　贷：营业收入(主营业务收入)　2000

(2)甲公司对事项(2)的会计处理不完全正确。

理由：第一类合同本质上属于收取手续费方式的委托代销，在中间商未对外实际销售前，与所转移商品控制权并未实际转移，不能确认收入，也不能确认与未售商品相关的手续费。

借：存货(发出商品)　(200×0.24)48

　贷：营业成本(主营业务成本)　48

借：营业收入(主营业务收入)　(200×0.3)60

　贷：应收账款　60

借：应付账款　(200×0.02)4

　贷：销售费用　4

(3)甲公司对事项(3)的会计处理不正确。

理由：以自产产品用于职工福利，应按照产品的售价确认收入，同时确认应付职工薪酬。同时，应按照员工服务的受益对象进行分配，服务于研发项目人员相关的部分应计入所研发资产的成本。

借：开发支出(研发支出——资本化支出)　(50×0.4)20

　　管理费用　(200×0.4)80

　贷：应付职工薪酬　100

借：应付职工薪酬　100

贷：营业收入(主营业务收入)　　100

借：营业成本(主营业务成本)　　75

贷：管理费用　　75

(4)甲公司对事项(4)的会计处理不正确。

理由：甲公司在编制20×2年财务报表时，按照当时初步和解意向确认的1000万元预计负债不存在会计差错。后因情况变化导致法院判决结果与原预计金额存在的差额属于新发生情况，所承担损失的金额与原预计负债之间的差额应计入发生当期损益，不应追溯调整以前期间。

借：营业外支出　　2000

贷：盈余公积　　200

利润分配——未分配利润　　1800

(5)甲公司对事项(5)的会计处理正确。

2019年 预测题

预测

(售后回购、债务重组、日后调整事项等与差错更正相结合)

甲公司为一家机械设备制造企业，按照当年实现净利润的10%提取法定盈余公积。

20×1年3月上旬，新华会计师事务所对甲公司20×0年度财务报表进行审计时，现场审计人员关注到其20×0年以下交易或事项的会计处理：(假定甲公司20×0年度财务报表于20×1年3月31日批准对外公布。本题不考虑增值税、所得税及其他因素。)

(1)10月20日，甲公司向丁公司销售M型号钢材一批，售价为1000万元，成本为800万元，钢材已发出，款项已收到。根据销售合同约定，甲公司有权在未来一年内按照当时的市场价格自丁公司回购同等数量、同等规格的钢材。截至12月31日，甲公司尚未行使回购的权利。据采购部门分析，该型号钢材市场供应稳定。

甲公司会计处理：20×0年，确认其他应付款1000万元，同时将发出钢材的成本结转至发出商品。

(2)12月30日，甲公司与辛银行签订债务重组协议。协议约定，如果甲公司于次年6月30日前偿还全部长期借款本金8000万元，辛银行将豁免甲公司20×0年度利息400万元以及逾期罚息140万元。根据内部资金筹措及还款计划，甲公司预计在20×1年5月还清上述长期借款。

甲公司会计处理：20×0年，确认债务重组收益400万元，未计提140万元逾期罚息。

(3)12月31日，因合同违约被诉案件尚未判决，经咨询法律顾问后，甲公司认为很可能败诉，如果败诉，赔偿的金额为800万元。20×1年2月5日，经法院判决，甲公司应支付赔偿金500万元。当事人双方均不再上诉。

甲公司会计处理：20×0年末，确认预计负债和营业外支出800万元；法院判决后未调整

20×0 年度财务报表。

要求：

根据资料，逐项判断甲公司会计处理是否正确，并简要说明判断依据。对于不正的会计处理，编制相应的调整分录(可不通过“以前年度损益调整”科目核算)。

【答案】

事项(1)：会计处理不正确。理由：甲公司在销售时点已转移了钢材的控制权，符合收入的确认条件。调整处理如下：

借：其他应付款　1000
　　贷：主营业务收入(或以前年度损益调整——调整营业收入)　1000
借：主营业务成本(或以前年度损益调整——调整营业成本)　800
　　贷：发出商品　800

事项(2)：会计处理不正确。理由：该债务重组的发生以偿还本金为前提，所以在目前不应当确认债务重组收益；支付逾期罚息构成甲公司 20×0 年底的现时义务。调整分录如下：

借：营业外收入(或以前年度损益调整——调整营业外收入)　400
　　贷：长期借款(或应付利息)　400
借：营业外支出(或以前年度损益调整——调整营业外支出)　140
　　贷：其他应付款　140

事项(3)：会计处理不正确。理由：20×0 年末确认预计负债和营业外支出 800 万元正确；法院判决后属于日后调整事项，需要调整 20×0 年度财务报表原先确认的与该案件相关的预计负债。调整分录如下：

借：预计负债　800
　　贷：营业外支出(或以前年度损益调整——调整营业外支出)　300
　　　　其他应付款　500

专题四 收入、费用和利润

考点梳理

押题点1 收入

一、识别与客户订立的合同

本准则所称的合同，是指双方或多方之间订立有法律约束力的权利义务的协议。合同有书面形式、口头形式以及其他形式。企业应当在履行了合同中的履约义务，即在客户**取得相关商品控制权时**确认收入。

当企业与客户之间的合同同时满足下列条件时，企业应当在客户取得相关商品控制权时确认收入。

(1)合同各方已批准该合同并承诺将履行各自义务。

(2)该合同明确了合同各方与所转让商品或提供劳务(以下简称“转让商品”)相关的权利和义务。

(3)该合同有明确的与所转让商品相关的支付条款。

(4)该合同具有商业实质，即履行该合同将改变企业未来现金流量的风险、时间分布或金额。

(5)企业因向客户转让商品而有权取得的对价很可能收回。

在合同开始日即满足前款条件的合同，企业在后续期间无需对其进行重新评估，除非有迹象表明相关事实和情况发生重大变化。合同开始日通常是指合同生效日。在合同开始日不符合本准则规定的合同，企业应当对其进行持续评估，并在其满足本准则第五条规定时按照该条的规定进行会计处理。企业只有在不再负有向客户转让商品的剩余义务，且已向客户收取的对价无需退回时，才能将已收取的对价确认为收入；否则，应当将已收取的对价作为负债进行会计处理。

二、合同的变更处理

合同变更，是指经合同各方批准对原合同范围或价格作出的变更。企业应当区分下列三种情形对合同变更分别进行会计处理。

(1)合同变更增加了可明确区分的商品及合同价款，且新增合同价款反映了新增商品单独售价的，应当将该合同变更部分作为一份单独的合同进行会计处理。

(2)合同变更不属于本条(1)规定的情形，且在合同变更日已转让的商品与未转让的商品之间可明确区分的，应当视为原合同终止，同时，将原合同未履约部分与合同变更部分合并为新合同进行会计处理。

(3)合同变更不属于本条(1)规定的情形，且在合同变更日已转让的商品与未转让的商品之间不可明确区分的，应当将该合同变更部分作为原合同的组成部分进行会计处理，在合同变更日重新计算履约进度，并调整当期收入和相应成本等。

三、识别合同的履约义务

履约义务，是指合同中企业向客户转让可明确区分商品的承诺。单独进行收入确认、计量的商品和服务，至少应当是可明确区分的。

(一)明确可区分商品

企业向客户承诺的商品同时满足下列条件的，应当作为可明确区分商品：

(1)客户能够从该商品本身或从该商品与其他易于获得资源一起使用中受益。

(2)企业向客户转让该商品的承诺与合同中其他承诺可单独区分。

下列情形通常表明企业向客户转让该商品的承诺与合同中其他承诺不可单独区分：

(1)企业需提供重大的服务以将该商品与合同中承诺的其他商品整合成合同约定的组合产出转让给客户。

(2)该商品将对合同中承诺的其他商品予以重大修改或定制。

(3)该商品与合同中承诺的其他商品具有高度关联性。

企业向客户转让一系列实质相同且转让模式相同的、可明确区分商品的承诺，也应当作为单项履约义务。转让模式相同，是指每一项可明确区分商品均满足在某一时段内履行履约义务的条件，且采用相同方法确定其履约进度。

(二)时点履约义务与时段履约义务

满足下列条件之一的，属于在某一时段内履行履约义务；否则，属于在某一时点履行履约义务：

(1)客户在企业履约的同时即取得并消耗企业履约所带来的经济利益。

(2)客户能够控制企业履约过程中在建的商品。

(3)企业履约过程中所产出的商品具有不可替代用途，且该企业在整个合同期间内有权就累计至今已完成的履约部分收取款项。

对于在某一时点履行的履约义务，企业应当在客户取得相关商品控制权时点确认收入。

需要强调的是，即使是属于在某一时点履行的履约义务，也并非是按收款时间，也不是按发货时间、发票开具时间等确认收入，而是在客户取得相关商品控制权时点确认收入。应根据以上迹象判断客户实质上取得商品控制权的时点。

(三)履约进度的确定

对于在某一时段内履行的履约义务，企业应当在该段时间内按照履约进度确认收入，但是，履约进度不能合理确定的除外。企业应当考虑商品的性质，采用产出法或投入法确定恰当的履约进度。产出法是根据已转移给客户的商品对于客户的价值确定履约进度。投入法是根据企业为履行履约义务的投入确定履约进度。

当履约进度不能合理确定时，企业已经发生的成本预计能够得到补偿的，应当按照已经发生的成本金额确认收入，直到履约进度能够合理确定为止。

四、确定交易价格

合同一般都有明确的固定金额交易价格，但是，当交易金额是可变对价时、合同具有重大融资成分时、合同存在应付客户对价时、合同存在非现金对价时，交易价格并不明显。

可变对价是指对价金额可能因折扣、退款、返利、积分、价格折让、绩效奖金、罚款而改变，如果企业获取对价的权利以某一未来事件的发生或不发生为条件，已承诺的对价也可能改变。例如：附带退货权的产品销售、提前完工将收取的固定金额业绩奖金。

根据事实与情况的不同，企业应当以期望值或最可能发生金额来估计可变对价的最佳估计数，但包含可变对价的交易价格，应当不超过在相关不确定性消除时累计已确认收入极可能不会发生重大转回的金额。企业在评估累计已确认收入是否极可能不会发生重大转回时，应当同时考虑收入转回的可能性及其比重。每一资产负债表日，企业应当重新估计应计入交易价格的可变对价金额。

合同中存在重大融资成分的，企业应当按照假定客户在取得商品控制权时即以现金支付的应付金额确定交易价格。该交易价格与合同对价之间的差额，应当在合同期间内采用实际利率法摊销。

客户支付非现金对价的，企业应当按照非现金对价的公允价值确定交易价格。非现金对价的公允价值不能合理估计的，企业应当参照其承诺向客户转让商品的单独售价间接确定交易价格。非现金对价的公允价值因对价形式以外的原因而发生变动的，应当作为可变对价。

五、进行价格分摊

合同中包含两项或多项履约义务的，企业应当在合同开始日，按照各单项履约义务所承诺商品的单独售价的相对比例，将交易价格分摊至各单项履约义务。单独售价，是指企业向客户单独销售商品的价格。企业不得因合同开始日之后单独售价的变动而重新分摊交易价格。

对于合同折扣，企业应当在各单项履约义务之间按比例分摊。有确凿证据表明合同折扣仅与合同中一项或多项(而非全部)履约义务相关的，企业应当将该合同折扣分摊至相关一项或多项履约义务。合同折扣仅与合同中一项或多项(而非全部)履约义务相关，且企业采用余值法估计单独售价的，应当首先按照前款规定在该一项或多项(而非全部)履约义务之间分摊合同折扣，然后采用余值法估计单独售价。

六、确认收入

企业应当在履行了合同中的履约义务，即在客户取得相关商品控制权时确认收入。取得相关商品控制权，是指能够主导该商品的使用并从中获得几乎全部的经济利益。

在判断客户是否已取得商品控制权时，企业应当考虑下列迹象：

(1)企业就该商品享有现时收款权利，即客户就该商品负有现时付款义务。

(2)企业已将该商品的法定所有权转移给客户，即客户已拥有该商品的法定所有权。

(3)企业已将该商品实物转移给客户，即客户已实物占有该商品。

(4)企业已将该商品所有权上的主要风险和报酬转移给客户，即客户已取得该商品所有权上的主要风险和报酬。

(5)客户已接受该商品。

(6)其他表明客户已取得商品控制权的迹象。

押题点2 费用

一、费用的确认

费用是指企业在日常活动中发生的、会导致所有者权益减少的、与向所有者分配利润无关的经济利益的总流出。

二、期间费用

期间费用包括管理费用、销售费用和财务费用。

(一)管理费用

管理费用是指企业为组织和管理企业生产经营所发生的管理费用。

【注意】企业在筹建期间内发生的开办费、行政管理部门等发生的固定资产修理费应计入管理费用。

(二)销售费用

销售费用是指企业在销售商品和材料、提供劳务的过程中发生的各种费用。

【注意】商品流通企业采购商品过程中发生的采购费用应计入存货成本，不计入销售费用。

(三)财务费用

财务费用是指企业为筹集生产经营所需资金等而发生的筹资费用。

押题点3 利润

营业利润计算公式新增研发费用、信用减值损失、其他收益、净敞口套期收益/损失、资产处置收益/损失。

历年真题

2018 年

（收入的确认+履约进度+时段/点义务）

甲公司是一家投资控股型的上市公司，拥有从事各种不同业务的子公司。

(1)甲公司的子公司——乙公司是一家建筑承包商，专门从事办公楼设计和建造业务。20×7 年 2 月 1 日，乙公司与戍公司签订办公楼建造合同，按照戍公司的特定要求在戍公司的土地上建造一栋办公楼。根据合同的约定，建造该办公楼的价格为 8000 万元，乙公司分三次收取款项，分别于合同签订日、完工进度达到 50%、竣工验收日收取合同造价的 20%、30%、50%。

工程于 20×7 年 2 月开工，预计于 20×9 年底完工。乙公司预计建造上述办公楼的总成本为 6500 万元，截至 20×7 年 12 月 31 日止，乙公司累计实际发生的成本为 3900 万元。乙公司按照累计实际发生的成本占预计总成本的比例确定履约进度。

(2)甲公司的子公司——丙公司是一家生产通信设备的公司。20×7 年 1 月 1 日，丙公司与已公司签订专利许可合同，许可已公司在 5 年内使用自己的专利技术生产 A 产品。根据合同的约定，丙公司每年向已公司收取由两部分金额组成的专利技术许可费：一是固定金额 200 万元，于每年末收取；二是按照已公司 A 产品销售额的 2% 计算的提成，于第二年初收取。根据以往年度的经验和做法，丙公司可合理预期不会实施对该专利技术产生重大影响的活动。

20×7 年 12 月 31 日，丙公司收到已公司支付的固定金额专利技术许可费 200 万元。20×7 年度，已公司销售 A 产品 80000 万元。

其他有关资料：

第一，本题涉及的合同均符合企业会计准则关于合同的定义，均经合同各方管理层批准。

第二，乙公司和丙公司估计，因向客户转让商品或提供服务而有权取得的对价很可能收回。

第三，不考虑货币时间价值，不考虑税费及其他因素。

要求：

(1)根据资料(1)，判断乙公司的建造办公楼业务是属于在某一时段内履行履约义务还是属于在某一时点履行履约义务，并说明理由。

(2)根据资料(1)，计算乙公司 20×7 年度的合同履约进度，以及应确认的收入和成本。

(3)根据资料(2)，判断丙公司授予知识产权许可属于在某一时段内履行履约义务还是属于在某一时点履行履约义务，并说明理由；说明丙公司按照已公司 A 产品销售额的 2% 收取的提成应于何时确认收入。

(4)根据资料(2)，编制丙公司 20×7 年度与收入确认相关的会计分录。

【答案】

(1)属于在某一时段内履行履约义务。理由：满足下列条件之一的，属于在某一时段内履行履约义务：客户在企业履约的同时即取得并消耗企业履约所带来的经济利益；客户能够控制企业履约过程中在建的商品；企业履约过程中所产出的商品具有不可替代用途，且该企业在整个合同期间内有权就累计至今已完成的履约部分收取款项。本题中，由于乙公司在戊公司的土地上建造办公楼，戊公司能够控制乙公司在建的办公楼，因此，属于在某一时段内履行履约义务。

(2)合同履约进度=3900/6500=60%。

应确认的收入=8000×60%=4800(万元)。

应确认的成本=6500×60%=3900(万元)。

(3)授予知识产权许可是属于在某一时点履行履约义务。理由：授予知识产权许可同时满足下列条件时，应当作为在某一时段内履行的履约义务确认相关收入；否则，应当作为在某一时点履行的履约义务确认相关收入：合同要求或客户能够合理预期企业将从事对该项知识产权有重大影响的活动；该活动对客户将产生有利或不利影响；该活动不会导致向客户转让商品。本题中，由于丙公司合理预期不会实施对许可己公司使用的专利技术产生重大影响的活动，授予的专利技术属于在某一时点履行履约义务。

企业向客户授予知识产权许可，并约定按客户实际销售或使用情况收取特许权使用费的，应在下列两项孰晚的时点确认收入：一是客户后续销售或使用行为实际发生；二是企业履行相关履约义务。本题中，丙公司按照己公司A产品销售额的2%收取的提成应于每年末确认收入。

(4)根据资料(2)，编制丙公司20×7年度与收入确认相关的会计分录。

借：应收账款 1000
　贷：其他业务收入(或营业收入) 1000

借：银行存款 200
　贷：应收账款 200

借：应收账款 1600
　贷：其他业务收入(或营业收入) 1600

2016年

(各类综合业务所涉及收入的确认和计量)

甲股份有限公司(以下简称“甲公司”)为一家从事贵金属进口、加工生产及相关产品销售的企业，其2×15年发生了下列交易或事项：

(1)为促进产品销售，甲公司于2×15年推出贵金属产品以旧换新业务。甲公司在销售所生产的黄金饰品时，承诺客户在购买后任一时点，若购买的黄金饰品不存在不可修复的瑕疵，可按其原购买价格换取甲公司在售的其他黄金饰品。具体为，所换取新的黄金饰品价格低于原已售饰品价格的，差额不予退还；所换取新的黄金饰品价格高于原已售饰品价格的，客户补付差额。

2×15年，甲公司共销售上述承诺范围内的黄金饰品2300件，收取价款4650万元，相关产品成本为3700万元。

该以旧换新政策系甲公司2×15年首次推向市场，以前年度没有类似的销售政策。2×15年黄金的市场价格处于上升通道，根据有关预测数据，未来期间黄金价格会持续保持小幅上升趋势。

(2)为了进一步树立公司产品的品牌形象，甲公司2×15年聘请专业设计机构为本公司品牌设计了卡通形象摆件，并自市场上订制后发放给经销商供展示使用。为此，甲公司支付设计机构200万元设计费，共订制黄金卡通形象摆件200件，订制价为每件3.5万元。2×15年11月，甲公司收到所订制的摆件并在年底前派发给经销商。

甲公司在将订制的品牌卡通形象摆件发放给主要经销商供其摆放宣传后，按照双方约定，后续不论经销商是否退出，均不要求返还。

(3)按照国家有关部门要求，2×15年甲公司代国家进口某贵金属100吨，每吨进口价为1200万元，同时按照国家规定将有关进口贵金属按照进口价格的80%出售给政府指定的下游企业，收取货款96000万元。

2×15年年末，甲公司收到国家有关部门按照上述进口商品的进销差价支付的补偿款24000万元。

要求：

根据资料(1)至资料(3)，逐项说明甲公司2×15年应进行的会计处理并说明理由(包括应如何确认及相关理由，并编制会计分录)。

【答案】

事项(1)：甲公司应当确认所售产品的收入并结转有关成本。会计分录：

借：库存现金(银行存款) 4650

　　贷：主营业务收入(营业收入) 4650

借：主营业务成本(营业成本) 3700

　　贷：库存商品 3700

理由：甲公司对于2×15年推出的以旧换新政策下的产品销售，考虑到有关价款已取得、未来黄金价格在上涨的趋势下，发生以旧换新的比率相对较小，同时有关销售政策规定未来换取新产品的价格不能低于原所售产品价格等因素，可以认为所售产品的控制权已发生转移，满足销售商品的收入确认条件。

事项(2)：甲公司对于品牌形象设计费及卡通摆件订制费应当作为期间费用核算。会计分录：

借：销售费用 200

　　贷：银行存款 200

借：预付账款 700

　　贷：银行存款 700

借：销售费用 700

　　贷：预付账款 700

理由：对于发放给经销商的黄金卡通形象摆件和设计费，因其主要目的在于推广公司品牌，且无法证明未来期间可能带来经济利益流入，亦不会自经销商收回，不符合资产的定义，应当作为当期销售费用核算。

事项(3)：甲公司一方面应确认进口商品的收入并结转成本，同时对于自国家有关部门取得的 24000 万元补偿款应确认为营业收入。会计分录：

借：库存商品　　120000
　　贷：银行存款　　120000
借：银行存款　　96000
　　其他应收款　　24000
　　贷：主营业务收入　　120000
借：主营业务成本　　120000
　　贷：库存商品　　120000

理由：甲公司自国家有关部门取得的补偿款并非属于政府向公司单方面的经济资源流入，其本质上是国家代下游客户向甲公司支付的购货款，不属于政府补助。

2019年 预测题

预测

(识别单项履约义务、主要责任人与代理人、附质量保证条款的销售、可变对价)

大王集团是一家多元化生产经营企业，是大海市优秀民营企业，为 A+H 股上市公司，2018 年起执行修订的收入会计准则。旗下子公司分别经营百货零售、设备制造、软件开发、新能源汽车、互联网电子商务、白色家电等业务。2018 年，旗下子公司分别发生以下经济业务(假设均不考虑增值税，未说明成本的无需结转销售成本)：

(1)甲公司主营真空镀膜机器的生产销售，按受手机显示屏厂家的设计要求定制真空镀膜机器。2018 年 1 月 1 日，甲公司与手机显示屏厂家 A 公司签订真空镀膜机器合同，价款 1230 万元。合同约定，A 公司支付预付款 246 万元，每月按加工进度支付进度款。至 2018 年年末，该定制设备累计加工进度为 70%，预计 2019 年 3 月定制设备将加工完成。2018 年 1 月 1 日 A 公司支付预付款 246 万元。假设 A 公司每月按加工进度支付了进度款。

(2)乙公司为互联网电子商务公司“馋了不”，向各大餐饮公司和消费者提供网上订餐、送餐业务，至 2017 年末，BJ 市的签约餐饮公司门店已达 300 余家，累计服务消费者人数达 600 万人次。2018 年，乙公司共销售签约客户“西施豆腐”餐饮公司快餐盒饭 150000 盒，“西施豆腐”餐饮公司制定的每盒售价为 18 元，乙公司与“西施豆腐”餐饮公司的结算价为 16 元/盒。

(3)丙公司为百货零售业，2018 年 1 月推出顾客购货赠送购物券的促销活动。规定在 2018 年 1 月 1 日~1 月 31 日期间购物每满 300 元(含税)奖励金额为 100 元的购物券，可在 1 年内在本超市兑换任何商品。2018 年 1 月销售额 8000 万元，共发出购物券 2500 万元，根据经验估计，将有 80%的顾客会使用购物券进行消费。

(4)丁公司为新能源动力汽车生产商，2018 年 2 月 18 日，向 SZ 市政府销售新能源动力汽车60辆，每辆单价20万元，款项已收。合同约定丁公司免费提供两次保养，根据经验数据，该款车型的每次保养的市场价格为4000元。根据政府有关文件，丁公司每销售一辆新能源动力汽车，可获得政府10万元的价格补贴(不属于政府补助)。

(5)戊公司为财务管理软件公司，2018年4月1日，向B公司销售管理财务软件一套，价款36万元，合同约定向B公司免费提供1年期软件维护服务，并长期提供免费更新服务。从第二年起，软件维护按市场价收费，每年24000元。

(6)辛公司为大型机械生产商，2018年1月1日，同陕西织布局签订分期收款的设备购销合同，陕西织布局购买大型设备一台，成本为2678万元，即时现金付款的单位售价为3170万元(不含增值税)。合同约定分4年付款，每年年末支付款项1000万元。2018年1月1日，该设备已发出，2018年1月12日，陕西织布局收到设备并经检测、验收，符合合同约定质量要求。假设不考虑纳税差异，双方约定的利率为10%。2018年12月31日，陕西织布局支付款项1000万元。

要求：

(1)根据资料(1)，判断甲公司的履约义务是属于在某一时段内履行的履约义务，还是属于在某一时点履行的履约义务，并说明理由。编制相关会计分录。

(2)根据资料(2)，判断乙公司属于主要责任人还是代理人，并说明理由。编制有关会计分录。

(3)根据资料(3)，判断丙公司的销售额是否为可变对价，并说明理由。计算2018年1月应确认的收入，并编制有关会计分录。

(4)根据资料(4)，判断丁公司新能源动力汽车销售及提供免费保养服务是否可明确区分，并说明理由。计算2018年2月应确认的收入，并编制有关会计分录。

(5)根据资料(5)，判断戊公司销售财务管理软件及提供软件维护是否属于可明确区分的履约义务。判断软件销售收入是在某一时点确认还是在一段时间内确认，并说明理由。编制会计分录。

(6)根据资料(6)，指出辛公司收入确认的时间及金额，并说明理由。编制2018年有关会计分录。

【答案】

(1)甲公司的履约义务属于在某一时段内履行的履约义务。理由：甲公司生产的该设备为定制设备，具有不可替代用途，且根据合同约定，甲公司有权就履约进度收取款项。

2018年1月1日：

借：银行存款　　246

　　贷：合同负债　　246

2018年应确认的收入=1230×70%=861(万元)。

借：银行存款　　615

　　合同负债　　246

　　贷：主营业务收入　　861

(2)乙公司属于代理人。理由：企业在向客户转让商品前，不能够控制该商品。具体表现在：乙公司不承担向客户转让商品的主要责任；乙公司在转让商品之前或之后不承担该商品的存货风险；乙公司无权自主决定所交易商品的价格。

借：银行存款　270
　贷：应付账款　240
　　主营业务收入　30

(3)丙公司的销售额为可变对价。理由：推出顾客购货赠送购物券的促销活动，顾客可在1年内在本超市兑换任何商品，根据经验估计，将有80%的顾客会使用购物券进行消费。

预计消费者将享受的购物券消费金额=2500×80% =2000(万元)。

2018年1月应确认的收入=8000×(8000÷10000)=6400(万元)。

借：银行存款　8000
　贷：主营业务收入　6400
　　合同负债　1600

(4)丁公司新能源动力汽车销售及提供免费保养服务属于可明确区分的履约义务。理由：客户能够从产品本身或其他易于获得的资源一起使用中获益。

每辆汽车两次保养的单独售价总额=2×4000=8000(元)。

2018年2月应确认的汽车销售收入=60×200000×(200000÷208000)/10000=1153.85(万元)。

借：银行存款　1200
　贷：主营业务收入　1153.85
　　合同负债　46.15

借：其他应收款——价格补贴　600
　贷：主营业务收入　600

(5)戊公司销售财务管理软件及提供软件维护属于可明确区分的履约义务。软件销售收入应在某一时点确认。理由：该知识产权(软件)具有重大单独功能，戊公司实施的活动(维护、更新)不会对客户从该知识产权中获益的能力产生重大影响。

1年期软件维护服务单独售价为24000元。

销售管理财务软件应确认的收入=360000×(360000÷384000)=337500(元)。

2018年4月1日：

借：银行存款　36
　贷：主营业务收入　33.75
　　合同负债　2.25

(6)辛公司收入确认的时间为2018年1月12日。理由：陕西织布局已实物占有该商品，且经过检测符合合同要求，表明已接受该商品，辛公司取得收款权利，同时陕西织布局产生付款义务，陕西织布局已取得商品控制权(或辛公司商品控制权已转移)。

辛公司收入确认的金额为3170万元。理由：该设备的即时现金付款对价为3170万元，合同对价为4000万元，具有重大融资成分，应当按照假定客户在取得商品控制权时即以现金支付的应付金额确定交易价格。该交易价格与合同对价之间的差额，应当在合同期间内采用实际利率法摊销。

2018年1月12日：

借：长期应收款 4000

　　贷：主营业务收入 3170

　　　　未实现融资收益 830

2018年12月31日：

借：银行存款 1000

　　贷：长期应收款 1000

借：未实现融资收益 （3170×10%）317

　　贷：财务费用 317

专题五 所得税

考点梳理

押题点1 资产、负债的计税基础及暂时性差异

所得税会计的一般程序：

所得税会计核算的关键在于确定资产、负债的计税基础。资产、负债的计税基础的确定，与税收法规的规定密切关联。企业在取得资产、负债时，应当确定其计税基础。

一、资产的计税基础

资产的计税基础，指企业收回资产账面价值的过程中，计算应纳税所得额时按照税法可以自应税经济利益中抵扣的金额。

资产的计税基础=未来可税前列支的金额

某一资产负债表日的计税基础=成本-以前期间已税前列支的金额

（一）固定资产

账面价值=实际成本-会计累计折旧-固定资产减值准备

计税基础=实际成本-税法累计折旧

（二）无形资产

（1）对于内部研究开发形成的无形资产，企业会计准则规定有关研究开发支出区分两个阶段，研究阶段的支出应当费用化计入当期损益，而开发阶段符合资本化条件以后发生的支出应当资本化作为无形资产的成本；税法规定，企业为开发新技术、新产品、新工艺发生的研究开发费用，未形成无形资产计入当期损益的，在按照规定据实扣除的基础上，按照研究开发费用的50%加计扣除；形成无形资产的，按照无形资产成本的150%摊销。

【注意】

（1）如果会计摊销方法、摊销年限和预计净残值均符合税法规定，那么每期纳税调减的金额均为会计计入费用（研究阶段的支出、开发阶段不符合资本化条件的支出及形成无形资

产后的摊销额）的50%，形成无形资产的计税基础=账面价值×150%。

（2）按照《关于提高研究开发费用税前加计扣除比例的通知》财税〔2018〕99号的有关规定，企业开展研发活动中实际发生的研发费用，未形成无形资产计入当期损益的，在按规定据实扣除的基础上，在2018年1月1日至2020年12月31日期间，再按照实际发生额的75%在税前加计扣除；形成无形资产的，在上述期间按照无形资产成本的175%在税前摊销。

因此，在考试时，内部研发支出加计扣除或加计摊销的比例到底是50%还是75%，应以考题给定的条件为准，考题中是会明确给定该比例的。备考时重在掌握其会计处理思路，不必纠结于具体的比例。

（2）无形资产在后续计量时，会计与税法的差异主要产生于对无形资产是否需要摊销、无形资产摊销方法、摊销年限、预计净残值的不同以及无形资产减值准备的计提。

①对于使用寿命有限的无形资产：

账面价值=实际成本-会计累计摊销-无形资产减值准备

计税基础=实际成本-税法累计摊销

②对于使用寿命不确定的无形资产：

账面价值=实际成本-无形资产减值准备

计税基础=实际成本-税法累计摊销

（三）以公允价值计量的金融资产

1. 以公允价值计量且其变动计入当期损益的金融资产

账面价值：期末按公允价值计量，公允价值变动计入当期损益（公允价值变动损益）

计税基础：取得时的成本

2. 以公允价值计量且其变动计入其他综合收益的金融资产

账面价值：期末按公允价值计量，公允价值变动（非减值损失）计入其他综合收益，发生的减值损失计入信用减值损失。

计税基础：不考虑减值因素的摊余成本

（四）其他资产

因企业会计准则规定与税收法规规定不同，企业持有的其他资产，可能造成其账面价值与计税基础之间存在差异。

1. 采用公允价值模式进行后续计量的投资性房地产

账面价值：期末按公允价值计量

计税基础：以历史成本为基础确定（与固定资产或无形资产相同）

2. 将国债作为债权投资

账面价值：期末摊余成本=期初摊余成本+本期计提利息（期初摊余成本×实际利率）-本期收回本金和利息-本期计提的减值准备

计税基础：在不计提减值情况下与账面价值相等

二、负债的计税基础

负债的计税基础，是指负债的账面价值减去未来期间计算应纳税所得额时按照税法规定可予抵扣的金额。

负债的计税基础=账面价值-未来期间按照税法规定可予税前扣除的金额

(一)企业因销售商品提供售后服务等原因确认的预计负债

按照《企业会计准则第13号——或有事项》的规定，企业应将预计提供售后服务发生的支出满足有关确认条件时，在销售当期确认为费用，同时确认预计负债。

但税法规定，销售产品有关的支出可于实际发生时税前扣除。由于该类事项产生的预计负债在期末的计税基础为其账面价值与未来期间可税前扣除的金额之间的差额，因此其计税基础为0。

因其他事项确认的预计负债，应按照税法规定的计税原则确定其计税基础。某些情况下，因有些事项确认的预计负债，如果税法规定无论是否实际发生均不允许税前扣除，即未来期间按照税法规定可予抵扣的金额为0，其账面价值与计税基础相同。

(二)预收账款(或合同负债)

(1)预收款项(或合同负债)计入当期应纳税所得额(如房地产开发企业)，计税基础为0。

(2)预收款项(或合同负债)未计入当期应纳税所得额，计税基础与账面价值相等。

(三)应付职工薪酬

一般情况下，其计税基础与账面价值相等。

【注意】以现金结算的股份支付形成的应付职工薪酬，在未来实际支付时可予税前扣除，其计税基础为0。

(四)递延收益

(1)对于确认为递延收益的政府补助，如果按税法规定，该政府补助为免税收入，则并不构成收到当期的应纳税所得额，未来期间会计上确认为收益时，也同样不作为应纳税所得额，因此，不会产生递延所得税影响。

(2)对于确认为递延收益的政府补助，如果按税法规定，应作为收到当期的应纳税所得额计缴企业所得税，则该递延收益的计税基础为0。资产负债表日，该递延收益的账面价值与其计税基础0之间将产生可抵扣暂时性差异。如期末递延收益账面价值为100万元，则产生100万元的可抵扣暂时性差异。

(五)其他负债

其他负债如企业应交的罚款和滞纳金等，在尚未支付之前按照会计规定确认为费用，同时作为负债反映。税法规定，行政性的罚款和滞纳金不得税前扣除，其计税基础为账面价值减去未来期间计税时可予税前扣除的金额0之间的差额，即计税基础等于账面价值。

三、暂时性差异

暂时性差异，是指资产或负债的账面价值与其计税基础之间的差额。根据暂时性差异对未来期间应纳税所得额影响的不同，分为应纳税暂时性差异和可抵扣暂时性差异。

某些不符合资产、负债的确认条件，未作为财务报告中资产、负债列示的项目，如果按照税法规定可以确定其计税基础，该计税基础与其账面价值之间的差额也构成暂时性差异。

(一)应纳税暂时性差异

应纳税暂时性差异，是指在确定未来收回资产或清偿负债期间的应纳税所得额时，将导致产生应税金额的暂时性差异。

应纳税暂时性差异通常产生于以下情况：

(1)资产的账面价值大于其计税基础。

(2)负债的账面价值小于其计税基础。

(二)可抵扣暂时性差异

可抵扣暂时性差异，是指在确定未来收回资产或清偿负债期间的应纳税所得额时，将导致产生可抵扣金额的暂时性差异。

可抵扣暂时性差异一般产生于以下情况：

(1)资产的账面价值小于其计税基础。

(2)负债的账面价值大于其计税基础。

(三)特殊项目产生的暂时性差异

1. 未作为资产、负债确认的项目产生的暂时性差异

某些交易或事项发生以后，因为不符合资产、负债的确认条件而未体现为资产负债表中的资产或负债，但按照税法规定能够确定其计税基础的，其账面价值与计税基础之间的差异也构成暂时性差异。如企业发生的符合条件的广告费和业务宣传费支出，除另有规定外，不超过当期销售收入15%的部分准予扣除；超过部分准予在以后纳税年度结转扣除。该类费用在发生时按照会计准则规定即计入当期损益，不形成资产负债表中的资产，但按照税法规定可以确定其计税基础的，两者之间的差额也形成暂时性差异(可抵扣暂时性差异)。

【注意】根据《企业所得税法实施条例》第四十二条规定："除国务院财政、税务主管部门另有规定外，企业发生的职工教育经费支出，不超过工资薪金总额2.5%的部分，准予扣除，超过部分准予在以后纳税年度结转扣除。"注意这里的工资薪金总额指的是实际发放的工资薪金总额的合理部分。该类费用(职工教育经费支出)与"符合条件的广告费和业务宣传费支出"的会计处理相同，也会产生可抵扣暂时性差异。

2. 可抵扣亏损及税款抵减产生的暂时性差异

按照税法规定可以结转以后年度的未弥补亏损及税款抵减，虽不是因资产、负债的账面价值与计税基础不同产生的，但与可抵扣暂时性差异具有同样的作用，均能减少未来期间的应纳税所得额和应交所得税，会计处理上视同可抵扣暂时性差异，在符合确认条件的情况下，应确认与其相关的递延所得税资产。

押题点② 递延所得税资产和递延所得税负债的确认与计量

一、递延所得税资产的确认和计量

(一)一般原则

资产、负债的账面价值与其计税基础不同产生可抵扣暂时性差异的，在估计未来期间能够取得足够的应纳税所得额用以利用该可抵扣暂时性差异时，应当以很可能取得用来抵扣可抵扣暂时性差异的应纳税所得额为限，确认相关的递延所得税资产。

(1)递延所得税资产的确认应以未来期间很可能取得的应纳税所得额为限。

(2)按照税法规定可以结转以后年度的未弥补亏损和税款抵减，应视同可抵扣暂时性差异处理。在预计可利用未弥补亏损或税款抵减的未来期间内能够取得足够的应纳税所得额

时，除准则中规定不予确认的情况外，应当以很可能取得的应纳税所得额为限，确认相应的递延所得税资产，同时减少确认当期的所得税费用。

与可抵扣亏损和税款抵减相关的递延所得税资产，其确认条件与可抵扣暂时性差异产生的递延所得税资产相同。

(3)企业合并中，按照会计准则规定确认的合并中取得各项可辨认资产、负债的入账价值与其计税基础之间形成可抵扣暂时性差异的，应确认相应的递延所得税资产，并调整合并中应予确认的商誉等。

(4)与直接计入所有者权益的交易或事项相关的可抵扣暂时性差异，相应的递延所得税资产应计入所有者权益。

【注意】 *若产生的可抵扣暂时性差异影响其他综合收益，则递延所得税资产对应科目为其他综合收益。如因以公允价值计量且其变动计入其他综合收益的金融资产期末公允价值下降而应确认的递延所得税资产。*

(二)不确认递延所得税资产的特殊情况

某些情况下，如果企业发生的某项交易或事项不是企业合并，并且交易发生时既不影响会计利润也不影响应纳税所得额，且该项交易中产生的资产、负债的初始确认金额与其计税基础不同，产生可抵扣暂时性差异的，所得税准则中规定在交易或事项发生时不确认相应的递延所得税资产。其原因在于，如果确认递延所得税资产，则需调整资产、负债的入账价值，对实际成本进行调整将有违会计核算中的历史成本原则，影响会计信息的可靠性，该种情况下不确认相应的递延所得税资产。

因该项交易不是企业合并，递延所得税资产不能对应商誉；因该项交易或事项发生时既不影响会计利润，也不影响应纳税所得额，所以递延所得税资产不能对应“所得税费用”科目，从而不会影响留存收益，交易发生时产生暂时性差异的业务也不会涉及股本(或实收资本)、资本公积和其他综合收益，因此递延所得税资产不能对应所有者权益。若确认递延所得税资产，为使会计等式平衡，则只能增加负债的价值或减少其他资产的价值，这种会计处理违背历史成本计量属性，因此不确认递延所得税资产。

(三)递延所得税资产的计量

(1)适用税率的确定。确认递延所得税资产时，应估计相关可抵扣暂时性差异的转回时间，采用转回期间适用的所得税税率为基础计算确定。无论相关的可抵扣暂时性差异转回期间如何，递延所得税资产均不予折现。

(2)递延所得税资产的减值。资产负债表日，企业应当对递延所得税资产的账面价值进行复核。如果未来期间很可能无法取得足够的应纳税所得额用以利用可抵扣暂时性差异带来的利益，应当减记递延所得税资产的账面价值。递延所得税资产的账面价值减记以后，继后期间根据新的环境和情况判断能够产生足够的应纳税所得额用以利用可抵扣暂时性差异，使得递延所得税资产包含的经济利益能够实现的，应相应恢复递延所得税资产的账面价值。

二、递延所得税负债的确认和计量

(一)一般原则

除所得税准则中明确规定可不确认递延所得税负债的情况以外，企业对于所有的应纳税暂时性差异均应确认相关的递延所得税负债。除直接计入所有者权益的交易或事项以及企业合并中取得资产、负债相关的以外，在确认递延所得税负债的同时，应增加利润表中的所得税费用。

(二)不确认递延所得税负债的情况

有些情况下，虽然资产、负债的账面价值与其计税基础不同，产生了应纳税暂时性差异，但出于各方面考虑，所得税准则中规定不确认相应的递延所得税负债，主要包括：

1. 商誉的初始确认

商誉=合并成本-被购买方可辨认净资产公允价值的份额

若对商誉所产生的暂时性差异确认递延所得税负债，则会减少被购买方可辨认净资产公允价值，增加商誉，由此进入不断循环状态。

【注意】非同一控制下控股合并，在合并报表中不区分应税合并和免税合并，被购买方的可辨认资产和负债的计税基础维持原被购买方的计税基础，而账面价值应反映购买日的公允价值，由此产生的暂时性差异应确认递延所得税资产或递延所得税负债，其对应科目为商誉。

2. 对于采用权益法核算的长期股权投资，其计税基础与账面价值产生的有关暂时性差异是否应确认相关的所得税影响，应当考虑该项投资的持有意图：

(1)在准备长期持有的情况下，对于采用权益法核算的长期股权投资账面价值与计税基础之间的差异，投资企业一般不确认相关的所得税影响。

(2)在持有意图由长期持有转变为拟近期出售的情况下，因长期股权投资的账面价值与计税基础不同产生的有关暂时性差异，均应确认相关的所得税影响。

(三)递延所得税负债的计量

递延所得税负债应以相关应纳税暂时性差异转回期间适用的所得税税率计量。无论应纳税暂时性差异的转回期间如何，递延所得税负债的确认不要求折现。

押题点③ 所得税费用的确认和计量

一、当期所得税

当期所得税，是指企业按照税法规定计算确定的针对当期发生的交易和事项，应交纳给税务部门的所得税金额，即应交所得税，应以适用的税收法规为基础计算确定。

应交所得税=应纳税所得额×所得税税率

应纳税所得额=税前会计利润+纳税调整增加额-纳税调整减少额

二、递延所得税

递延所得税，是指按照所得税准则规定当期应予确认的递延所得税资产和递延所得税负债，即递延所得税资产及递延所得税负债当期发生额的综合结果，但不包括计入所有者权益的交易或事项的所得税影响。

递延所得税资产、递延所得税负债的发生额对应所得税费用的，属于递延所得税费用。

递延所得税费用=当期递延所得税负债的增加额+当期递延所得税资产的减少额-当期递延所得税负债的减少额-当期递延所得税资产的增加额

如果某项交易或事项按照企业会计准则规定应计入所有者权益，由该交易或事项产生的递延所得税资产或递延所得税负债及其变化亦应计入所有者权益，不构成利润表中的递延所得税费用(或收益)。

三、所得税费用

计算确定了当期所得税及递延所得税以后，利润表中应予确认的所得税费用为两者之和，即：

所得税费用=当期所得税+递延所得税费用

计入当期损益的所得税费用或收益不包括企业合并和直接在所有者权益中确认的交易或事项产生的所得税影响。与直接计入所有者权益的交易或者事项相关的当期所得税和递延所得税，应当计入所有者权益。

押题点④ 利润总额与所得税费用的调整

会计准则要求企业在会计报表附注中就所得税费用(或收益)与会计利润的关系进行说明，该说明相当于在利润表中已列示所得税费用的基础上，以当期会计利润为起点，考虑会计与税收规定之间的差异，计算得到所得税费用的调节过程。自会计利润到所得税费用之间的调整包括两个方面：一是未包括在利润总额的计算中，但包含在当期或递延所得税计算中的项目；二是未包括在当期或递延所得税计算中，但包含在利润总额中的项目。具体调整项目一般包括：(1)与税率相关的调整；(2)税法规定的非应税收入，不得税前扣除的成本费用后和损失等永久性差异；(3)本期未确认递延所得税资产的可抵扣暂时性差异或可抵扣亏损的影响、使用前期未确认递延所得税资产的可抵扣亏损影响；(4)对以前期间所得税进行汇算清缴的结果与以前期间确认金额不同调整报告期间所得税费用等。

历年真题

2018年

(固定资产+投资性房地产+金融工具+所得税)

甲公司适用的企业所得税税率为25%。经当地税务机关批准，甲公司自20×1年2月取得第一笔生产经营收入所属纳税年度起，享受“三免三减半”的税收优惠政策，即20×1年至20×3年免交企业所得税，20×4年至20×6年减半按照12.5%的税率交纳企业所得税。甲公司20×3年至20×7年有关会计处理与税收处理不一致的交易或事项如下：

(1)20×2年12月10日，甲公司购入一台不需要安装即可投入使用的行政管理用A设备，成本为6000万元。该设备采用年数总和法计提折旧，预计使用5年，预计无净残值。税法规定，固定资产按照年限平均法计提的折旧准予在税前扣除。假定税法规定的A设备预计使用年限及净残值与会计规定相同。

(2)甲公司拥有一栋五层高的B楼房，用于本公司行政管理部门办公。迁往新建的办公楼后，甲公司20×7年1月1日与乙公司签订租赁协议，将B楼房租赁给乙公司使用。租赁合同约定，租赁期为3年，租赁期开始日为20×7年1月1日；年租金为240万元，于每月月末分期支付。B楼房转换为投资性房地产前采用年限平均法计提折旧，预计使用50年，预计无净残值；转换为投资性房地产后采用公允价值模式进行后续计量。转换日，B 楼房原价为 800 万元，已计提折旧为 400 万元，公允价值为 1300 万元。20×7 年 12 月 31 日，B 楼房的公允价值为 1500 万元。税法规定，企业的各项资产以历史成本为计量基础；固定资产按照年限平均法计提的折旧准予在税前扣除。假定税法规定的 B 楼房使用年限及净残值与其转换为投资性房地产前的会计规定相同。

(3) 20×7 年 7 月 1 日，甲公司以 1000 万元的价格购入国家同日发行的国债，款项已用银行存款支付。该债券的面值为 1000 万元，期限为 3 年，年利率为 5%（与实际利率相同），利息于每年 6 月 30 日支付，本金到期一次支付。甲公司根据其管理该国债的业务模式和该国债的合同现金流量特征，将购入的国债分类为以摊余成本计量的金融资产。税法规定，国债利息收入免交企业所得税。

(4) 20×7 年 9 月 3 日，甲公司向符合税法规定条件的公益性社会团体捐赠现金 600 万元。税法规定，企业发生的公益性捐赠支出不超过年度利润总额 12% 的部分准予扣除。

其他资料如下：

第一，20×7 年度，甲公司实现利润总额 4500 万元。

第二，20×3 年初，甲公司递延所得税资产和递延所得税负债无余额，无未确认递延所得税资产的可抵扣暂时性差异和可抵扣亏损。除上面所述外，甲公司 20×3 年至20×7年无其他会计处理与税收处理不一致的交易或事项。

第三，20×3 年至 20×7 年各年末，甲公司均有确凿证据表明未来期间很可能获得足够的应纳税所得额用来抵扣可抵扣暂时性差异。

第四，不考虑除所得税外的其他税费及其他因素。

要求：

(1) 根据资料(1)，分别计算甲公司 20×3 年至 20×7 年各年 A 设备应计提的折旧，并填写完成下列表格。

单位：万元

项目	20×3 年 12 月 31 日	20×4 年 12 月 31 日	20×5 年 12 月 31 日	20×6 年 12 月 31 日	20×7 年 12 月 31 日
账面价值					
计税基础					
暂时性差异					

(2) 根据资料(2)，编制甲公司 20×7 年与 B 楼房转换为投资性房地产及其后续公允价值变动相关的会计分录。

(3) 根据资料(3)，编制甲公司 20×7 年与购入国债及确认利息相关的会计分录。

(4) 根据上述资料，计算甲公司 20×3 年至 20×6 年各年末的递延所得税资产或负债余额。

(5) 根据上述资料，计算甲公司 20×7 年的应交所得税和所得税费用，以及 20×7 年末递延所得税资产或负债余额，并编制相关会计分录。

【答案】

(1) 20×3 年 A 设备应计提的折旧 = 6000×5/(1+2+3+4+5) = 2000（万元）。

20×4 年 A 设备应计提的折旧=6000×4/(1+2+3+4+5)=1600(万元)。

20×5 年 A 设备应计提的折旧=6000×3/(1+2+3+4+5)=1200(万元)。

20×6 年 A 设备应计提的折旧=6000×2/(1+2+3+4+5)=800(万元)。

20×7 年 A 设备应计提的折旧=6000×1/(1+2+3+4+5)=400(万元)。

单位：万元

项目	20×3 年 12 月 31 日	20×4 年 12 月 31 日	20×5 年 12 月 31 日	20×6 年 12 月 31 日	20×7 年 12 月 31 日
账面价值	4000	2400	1200	400	0
计税基础	4800	3600	2400	1200	0
暂时性差异	800	1200	1200	800	0

(2)借：投资性房地产　1300

　　累计折旧　400

　　贷：固定资产　800

　　　　其他综合收益　900

借：投资性房地产　200

　　贷：公允价值变动损益　200

(3)借：债权投资　1000

　　贷：银行存款　1000

借：应收利息　25

　　贷：投资收益　25

(4)20×3 年末的递延所得税资产余额=400×12.5%+400×25%=150(万元)。

20×4 年末的递延所得税资产余额=400×12.5%+800×25%=250(万元)。

20×5 年末的递延所得税资产余额=400×12.5%+800×25%=250(万元)。

20×6 年末的递延所得税资产余额=800×25%=200(万元)。

(5)应交所得税=(4500-800-200-16-25+60)×25%=879.75(万元)。

所得税费用=879.75+800×25%+279-(1300-400)×25%=1133.75(万元)。

递延所得税负债余额=(1500-400+16)×25%=279(万元)。

借：所得税费用　1133.75

　　其他综合收益　[(1300-400)×25%]225

　　贷：递延所得税负债　279

　　　　应交税费　879.75

　　　　递延所得税资产　200

2017 年

(收入的确认、其他债权投资的核算、内部研发无形资产的核算、递延所得税的确认)

甲有限公司(以下简称“甲公司”)为上市公司，该公司 2×16 年发生的有关交易或事项如下：

(1)1 月 2 日，甲公司在天猫开设的专营店上线运行，推出一项新的销售政策，凡在 1 月

10日之前登录甲公司专营店并注册为会员的消费者，只需支付500元会员费，即可享受在未来两年内在该公司专营店购物全部7折的优惠，该会员费不退且会员资格不可转让。1月2日至10日，该政策共吸引30万名消费者成为甲公司天猫专营店会员，有关消费者在申请加入成为会员时已全额支付会员费。由于甲公司在天猫开设的专营店刚刚开始运营，甲公司无法预计消费者的消费习惯及未来两年可能的消费金额。税法规定，计算所得税时按会计准则规定确认收入的时点作为计税时点。

(2)2月20日，甲公司将闲置资金3000万美元用于购买某银行发售的外汇理财产品。理财产品合同规定：该理财产品存续期为364天，预期年化收益率为3%，不保证本金及收益，持有期间内每月1日可开放赎回。甲公司计划将该投资持有至到期。当日美元对人民币的汇率为1美元=6.5元人民币。

2×16年12月31日，根据银行发布的理财产品价值信息，甲公司持有的美元理财产品价值为3100美元，当日美元对人民币的汇率为1美元=6.70元人民币。

税法规定对于外币交易的折算采用交易发生时的即期汇率，但对与以公允价值计量的金融资产，持有期间内的公允价值变动不计入应纳税所得额。

(3)甲公司生产的乙产品中标参与国家专项扶持计划，该产品正常市场价格为1.2万/台，甲公司的生产成本为0.8万元/台。按照规定，甲公司参与该国家专项扶持计划后，将乙产品销售给目标消费者的价格为1万元/台，国家财政另外给予甲公司补助款0.2万元/台。

2×16年，甲公司按照该计划共销售乙产品2000台，销售价款及国家财政补助款均已收到。

税法规定，有关政府补助收入在取得时计入应纳税所得额。

(4)9月30日，甲公司自外部购入一项正在进行中的研发项目，支付价款900万元，甲公司预计该项目前期研发已经形成一定的技术雏形，预计能够带来的经济利益流入足以补偿外购成本，甲公司组织自身研发团队在该项目基础上进一步研发，当年度共研发支出400万元，通过银行存款支付。甲公司发生的有关支出均符合资本化条件，至20×16年末，该项目仍处于研发过程中。税法规定，企业自行研发的项目，按照会计准则规定资本化的部分，其计税基础为资本化金额的150%；按照会计准则规定费用化的部分，当期可予税前扣除的金额为费用化金额的150%。

其他有关资料：

第一，本题中不考虑除所得税外其他相关税费的影响，甲公司适用的所得税税率为25%，假定甲公司在未来期间能够产生足够的应纳税所得额用以抵扣可抵扣暂时性差异。

第二，甲公司以人民币为记账本位币，外币业务采用业务发生时的即期汇率折算。

要求：

就甲公司20×16年发生的有关交易或事项，分别说明其应当进行的会计处理并说明理由；分别说明有关交易或事项是否产生资产、负债的账面价值与计税基础的暂时性差异，是否应确认相关递延所得税，并分别编制与有关交易或事项相关的会计分录。

【答案】

事项(1)，会计处理：甲公司对于收取的会员费在收取时点应当作为合同负债处理，在两年内逐期摊销计入收入。理由：该款项虽然不退，但其赋予了消费者在未来两年内消费打七折的权利，甲公司负有在未来两年内履行该承诺的义务，且由于甲公司无法有效估计消费者的消费习惯和金额，可以按照时间分期摊销计入损益。会计分录：

借：银行存款　15000
　　贷：合同负债　15000
借：合同负债　7500
　　贷：主营业务收入　7500

由于税法规定计算所得税时按照会计准则规定确认收入的时点作为计税时点，所以税会确认收入的时点一致，不确认递延所得税。

事项(2)，会计处理：甲公司应将购买的外汇理财产品作为以公允价值计量且其变动计入当期损益的金融资产核算。理由：该理财产品不保证本金及收益，因此不能通过合同现金流量测试。会计分录：

借：交易性金融资产　(3000×6.5)19500
　　贷：银行存款——美元　19500
借：交易性金融资产　(3100×6.7−3000×6.5)1270
　　贷：公允价值变动损益　1270

该会计处理与税收处理不同，会产生应纳税暂时性差异1270万元，应确认相关递延所得税负债，并计入所得税费用。

借：所得税费用　(1270×25%)317.5
　　贷：递延所得税负债　317.5

事项(3)，会计处理：甲公司收到的国家财政补助款作为收入确认；理由：因为该项补助的受益者并不是企业，而是该项产品的消费者，因此甲公司正常确认收入。会计分录：

借：银行存款　2400
　　贷：主营业务收入　2400
借：主营业务成本　1600
　　贷：库存商品　1600

收到的国家财政补助款账面价值与计税基础相同，不产生暂时性差异，不需要确认递延所得税。

事项(4)，会计处理：甲公司购入的研发项目作为研发支出(资本化支出)核算，发生的研发支出计入研发支出(资本化支出)；理由：预计能够带来的经济利益流入足以补偿外购的成本，且后续支出符合资本化条件。会计分录：

购买时：

借：研发支出——资本化支出　900
　　贷：银行存款　900

支出时：

借：研发支出——资本化支出　400
　　贷：银行存款　400

研发支出账面价值=900+400=1300(万元)，计税基础=1300×150% =1950(万元)，因此账面价值小于计税基础，产生暂时性差异，但是不需要确认递延所得税。

2016 年

（长期股权投资和无形资产的所得税处理）

甲股份有限公司(以下简称“甲公司”)2×15 年发生的有关交易或事项中，会计处理与所得税处理存在差异的包括以下几项：

(1)1 月 1 日，甲公司以 3800 万元取得对乙公司 20% 股权，并自取得当日起向乙公司董事会派出 1 名董事，能够对乙公司财务和经营决策施加重大影响。取得股权时，乙公司可辨认净资产的公允价值与账面价值相同，均为 16000 万元。

乙公司 2×15 年实现净利润 500 万元，当年取得的作为其他权益工具投资核算的股票投资 2×15 年年末市价相对于取得成本上升 200 万元。甲公司与乙公司 2×15 年未发生交易。甲公司拟长期持有对乙公司的投资。税法规定，我国境内设立的居民企业间股息、利免税。

(2)甲公司 2×15 年发生研发支出 1000 万元，其中按照会计准则规定费用化的部分为 400 万元，资本化形成无形资产的部分为 600 万元。该研发形成的无形资产于 2×15 年 7 月 1 日达到预定用途，预计可使用 5 年，采用直线法摊销，预计净残值为零。税法规定，企业为开发新技术、新产品、新工艺发生的研究开发费用，未形成资产计入当期损益的，在据实扣除的基础上，按照研发费用的 50% 加计扣除；形成资产的，未来期间按照无形资产摊销金额的 150% 予以税前扣除。该无形资产摊销方法、摊销年限及净残值的税法规定与会计相同。

(3)甲公司 2×15 年利润总额为 5200 万元。

其他有关资料：

本题中有关公司均为我国境内居民企业，适用的所得税税率均为 25%；预计甲公司未来期间能够产生足够的应纳税所得额用以抵扣可抵扣暂时性差异。甲公司 2×15 年年初递延所得税资产与负债的余额均为零，且不存在未确认递延所得税负债或资产的暂时性差异。

要求：

(1)根据资料(1)、资料(2)，分别确定各交易或事项截至 2×15 年 12 月 31 日所形成资产的账面价值与计税基础，并说明是否应确认相关的递延所得税资产或负债及其理由。

(2)计算甲公司 2×15 年应交所得税，编制甲公司 2×15 年与所得税费用相关的会计分录。

【答案】

(1)事项(1)：

甲公司对乙公司长期股权投资 2×15 年 12 月 31 日的账面价值=3800+500×20% +200×20% =3940(万元)，其计税基础为 3800 万元，该长期股权投资的账面价值与计税基础形成应纳税暂时性差异，但不应确认相关递延所得税负债。

理由：在甲公司拟长期持有该投资的情况下，其账面价值与计税基础形成的暂时性差异将通过乙公司向甲公司分配现金股利或利润的方式消除，在两者适用所得税税率相同的情况下，有关利润在分回甲公司时是免税的，不产生对未来期间的所得税影响。

事项(2)：

该项无形资产在2×15年12月31日的账面价值=600－600/5×6/12=540(万元)，计税基础=540×150%=810(万元)，该无形资产的账面价值与计税基础之间形成的可抵扣暂时性差异270万元，企业不应确认相关的递延所得税资产。

理由：该差异产生于自行研究开发形成无形资产的初始入账价值与其计税基础之间。会计准则规定，有关暂时性差异在产生时(交易发生时)既不影响会计利润，也不影响应纳税所得额，同时亦非产生于企业合并的情况下，不应确认相关暂时性差异的所得税影响。相应地，因初始确认差异所带来的后续影响亦不应予以确认。

(2)应纳税所得额=会计利润5200－100(长期股权投资权益法确认的投资收益)－400×50%(内部研究开发无形资产费用化加计扣除)－600/5×6/12×50%(内部研究开发形成的无形资产按照税法规定加计摊销)=4870(万元)，甲公司2×15年应交所得税金额=4870×25%=1217.5(万元)。

会计分录：

借：所得税费用　　1217.50

　　贷：应交税费——应交所得税　　1217.50

2014年

(投资性房地产的所得税处理)

甲公司为房地产开发企业，对投资性房地产采用公允价值模式进行后续计量。

(1)20×6年1月1日，甲公司以20000万元总价款购买了一栋已达到预定可使用状态的公寓。该公寓总面积为1万平方米，每平方米单价为2万元，预计使用寿命为50年，预计净残值为零。甲公司计划将该公寓对外出租。

(2)20×6年，甲公司出租上述公寓实现租金收入500万元，发生费用支出(不含折旧)100万元。由于市场发生变化，甲公司出售了公寓总面积的20%，取得收入4200万元，所出售公寓于20×6年12月31日办理了房产过户手续。20×6年12月31日，该公寓每平方米的公允价值为2.1万元。

其他资料：

甲公司所有收入与支出均以银行存款结算。

根据税法规定，在计算当期应纳所得税时，持有的投资性房地产可以按照其购买成本、根据预计使用寿命50年按照年限平均法自购买日起至处置时止计算的折旧额在税前扣除，持有期间公允价值的变动不计入应纳税所得额；在实际处置时，处置取得的价款扣除其历史成本减去按照税法规定计提折旧后的差额计入处置或结算期间的应纳税所得额，甲公司适用的所得税税率为25%。

甲公司当期不存在其他收入或成本费用，当期所发生的100万元费用支出可以全部在税前扣除，不存在未弥补亏损或其他暂时性差异。不考虑除所得税外的其他相关税费。

要求：

(1)编制甲公司20×6年1月1日、12月31日与投资性房地产的购买、公允价值变动、出租、出售相关的会计分录。

(2)计算投资性房地产20×6年12月31日的账面价值、计税基础及暂时性差异。

(3)计算甲公司20×6年当期所得税，并编制与确认所得税费用相关的会计分录。

【答案】

(1)①20×6年1月1日，甲公司以20000万元购买公寓：

借：投资性房地产——成本　20000
　　贷：银行存款　20000

②20×6年12月31日：

借：投资性房地产——公允价值变动　1000
　　贷：公允价值变动损益　1000

或(剩余80%部分)：

借：投资性房地产——公允价值变动　(1000×80%)800
　　贷：公允价值变动损益　800

③甲公司实现租金收入和成本：

借：银行存款　500
　　贷：其他业务收入(或主营业务收入)　500

借：其他业务成本(或主营业务成本)　100
　　贷：银行存款　100

④甲公司于20×6年12月31日出售投资性房地产的会计分录如下：

借：银行存款　4200
　　贷：其他业务收入(或主营业务收入)　4200

借：其他业务成本(或主营业务成本)　(20000×20%)4000
　　公允价值变动损益　200(1000×20%)
　　贷：投资性房地产——成本　(20000×20%)4000
　　　　　　　　　　——公允价值变动　(1000×20%)200

或(期末时未确认出售部分公允价值变动损益，则出售时也不涉及转出)：

借：其他业务成本(或主营业务成本)　(20000×20%)4000
　　贷：投资性房地产——成本　(20000×20%)4000

(2)公寓剩余部分的账面价值=21000×80%=16800(万元)。

公寓剩余部分的计税基础=(20000-20000/50)×80%=15680(万元)。

暂时性差异=16800-15680=1120(万元)。

(3)甲公司的当期所得税计算如下：

甲公司20×6年实现的会计利润=1000+500-100+4200-4000-200=1400(万元)；

应纳税所得额=1400-400【税法上允许抵扣的折旧额20000/50】+80【出售部分甲公司账面上结转的成本20000×20%-税法上允许结转的成本(20000-20000/50)×20%】-(1000-200)【税法规定持有期间公允价值的变动不计入应纳税所得额】=280(万元)，则甲公司的当期所得税=应纳税所得额×适用税率=280×25%=70(万元)。所得税相关分录如下：

借：所得税费用 350

贷：应交税费——应交所得税 70

递延所得税负债 （1120×25%）280

2019年

预测题

预测

（应交所得税和所得税费用的计算及暂时性差异的确认）

甲公司为上市公司，系增值税一般纳税人，采用资产负债表债务法进行所得税会计核算，适用的企业所得税税率为25%，甲公司本年度实现利润总额8000万元，涉及企业所得税的相关交易或事项如下：

（1）1月30日，购买一栋公允价值为2400万元的新办公用房后即对外出租，款项已以银行存款支付，不考虑相关税费；将其作为投资性房地产核算并采用公允价值模式进行后续计量，12月31日，该办公用房公允价值为2200万元，税法规定该类办公用房采用年限平均法计提折旧，折旧年限为20年，预计净残值率为5%。

（2）3月5日，购入乙公司股票100万股，支付价款850万元，其中交易费用10万元，将其指定为以公允价值计量且其变动计入其他综合收益的金融资产。11月21日，购入丙公司股票30万股，支付价款245万元，其中交易费用5万元，将其作为以公允价值计量且其变动计入当期损益的金融资产核算。12月31日，乙公司和丙公司股票的价格均为9元/股，税法规定，上述两类资产在持有期间公允价值变动均不计入当期应纳税所得额，在处置时计入处置当期应纳税所得额。

（3）4月10日，收到税务部门按税收优惠政策规定退回的上年度企业所得税200万元（符合税法规定的免税条件），甲公司上年度财务报告于本年度3月10日批准报出。

（4）12月，甲公司按规定对某亏损合同确认了预计负债160万元，按税法规定，该预计负债的相关损失实际发生时允许税前抵扣。

（5）本年度取得国债利息收入60万元，因环境污染被环保部门罚款100万元，因未如期支付某商业银行借款利息支付罚息10万元。

（6）本年年初的暂时性差异及本期转回情况如下（单位：万元）：

项目	可抵扣暂时性差异		应纳税暂时性差异	
	期初	本期转回	期初	本期转回
存货减值准备	900	500		
固定资产	1100	700		
交易性金融资产			200	200
暂时性差异合计	2000	1200	200	200
递延所得税资产/负债余额	500		50	

对上述事项，甲公司均已按企业会计准则的规定进行了处理，预计在未来期间有足够的应纳税所得额用于抵扣可抵扣暂时性差异，假设除上述交易或事项外，没有其他影响企业所得税核算的因素。

要求：

(1)针对事项(1)，计算本年度 12 月 31 日甲公司因投资性房地产形成的暂时性差异。

(2)针对甲公司本年度涉及企业所得税事项形成的暂时性差异，按规定确认递延所得税资产或递延所得税负债时，计算应计入其他综合收益账户的金额。

(3)计算甲公司本年度应交企业所得税金额。

(4)计算甲公司 12 月 31 日递延所得税资产余额。

(5)计算甲公司 12 月 31 日递延所得税负债余额。

(6)计算甲公司本年度应确认的所得税费用。

【答案】

分析：

事项(1)：该房地产购入后立即出租，应直接计入投资性房地产。会计上采用公允价值计量，而税法不认可公允价值模式，正常计提折旧。

1 月 30 日，购入时：

借：投资性房地产——成本　　2400

　　贷：银行存款　　2400

12 月 31 日，确认当年的公允价值变动(从 2400 万元变为 2200 万元)：

借：公允价值变动损益　　200

　　贷：投资性房地产——公允价值变动　　200

所以，投资性房地产在 12 月 31 日的账面价值是 2200 万元。

税法相当于按成本模式计量，因此其计税基础=2400-[2400×(1-5%)/20]×11/12=2400-104.5=2295.5(万元)。

上式中，中括号的内容是计算该投资性房地产成本模式下的年折旧额。“×11/12”，是因为该地上建筑物应从 2 月开始折旧，本年度只需提 11 个月的折旧。

因此，投资性房地产的会计基础 2200 万元小于计税基础 2295.5 万元，产生可抵扣暂时性差异，应确认递延所得税资产，金额=(2295.5-2200)×25%=95.5×25%=23.875(万元)，分录为：

借：递延所得税资产　　(95.5×25%)23.875

　　贷：所得税费用　　23.875

本事项中，由于公允价值下降，导致利润总额减少了 200 万元，相较于税法上的处理，会计上多减了 95.5 万元(200-104.5)，所以在计算应交所得税时，应在利润总额 8000 万元的基础上调增 95.5 万元利润。

事项(2)：乙股票投资应划分为其他权益工具投资。

3 月 5 日，购入时：

借：其他权益工具投资——成本　　850

贷：银行存款 850

取得该金融资产时发生的交易费用应计入成本，每股的价格=850/100=8.5(元/股)。

12月31日，确认公允价值变动：

借：其他权益工具投资——公允价值变动 (9×100-850)50

贷：其他综合收益 50

税法不认可公允价值，所以计税基础仍为850万元，故账面价值(900万元)大于计税基础，产生了应纳税暂时性差异，确认的递延所得税负债=50×25%=12.5(万元)，分录里没有损益类科目，只有“其他综合收益”50万元，所以确认递延所得税的分录里用“其他综合收益”科目。

借：其他综合收益 12.5

贷：递延所得税负债 12.5

丙股票投资应确认交易性金融资产。

11月21日，购入时：

借：交易性金融资产——成本 240

贷：银行存款 240

借：投资收益 5

贷：银行存款 5

取得交易性金融资产时发生的交易费用不入成本，冲减投资收益。

12月31日，确认公允价值变动：

借：交易性金融资产——公允价值变动 (9×30-240)30

贷：公允价值变动损益 30

税法不认可公允价值，所以计税基础仍为240万元。故该资产的账面价值(270万元)大于计税基础，产生应纳税暂时性差异，确认的递延所得税负债=30×25%=7.5(万元)，由于上面的分录里有损益类科目“公允价值变动损益”，所以确认递延所得税的分录中要用“所得税费用”科目，分录为：

借：所得税费用 7.5

贷：递延所得税负债 7.5

本资料里，只有交易性金融资产产生了30万元的损益，计入了8000万元的利润总额，但是税法不认，所以在计算应交所得税时，应从8000万元里调减30万元。

事项(3)：相关会计分录如下：

借：银行存款 200

贷：其他收益 200

由于税法规定该笔收益免税，所以在计算应交所得税时扣减，应调减200万元。

事项(4)：会计上确认了预计负债160万元，税法不认可，导致该负债的账面价值大于计税基础，产生了可抵扣暂时性差异，应确认的递延所得税资产=160×25%=40(万元)。

相关会计分录为：

借：营业外支出 160

贷：预计负债 160

借：递延所得税资产 40

贷：所得税费用 40

本事项的损失160万元，减少了当年利润160万元。而税法不认可预计负债。因此在计算应交所得税时，应在8000万元的基础上调增160万元。

事项(5)：国债利息收入免税，应调减；罚款支出不得税前扣除，应调增。银行利息罚息可以正常税前扣除。所以针对该事项，在计算应交所得税时需要调整的金额=-60+100=40(万元)，即在利润总额8000万元的基础上调增40万元。

事项(6)：对于表格中列明的存货跌价准备的转回和交易性金融资产公允价值的变动(交易性金融资产的暂时性差异一般均是公允价值变动所引起)，税法均不认可，因此在计算应交所得税的时候均需要进行纳税调整：存货跌价准备的转回，导致当年利润总额上升，所以在计算应交所得税时，应纳税调减500万元；交易性金融资产公允价值的下降，导致当年利润总额下降，所以在计算应交所得税时，应纳税调增200万元。

固定资产对应的可抵扣暂时性差异的转回，一般是固定资产折旧等因素引起的，同样需要纳税调减700万元。

(1)投资性房地产产生可抵扣暂时性差异95.5万，确认为递延所得税资产，金额为23.875万元。

(2)根据题意，可知只有事项(2)里的以公允价值计量且其变动计入其他综合收益的金融资产产生的递延所得税负债，计入其他综合收益，金额为12.5万元。所以应记入“其他综合收益”账户的金额为借方12.5万元。

(3)根据对上面各资料的分析，甲公司本年度应交所得税=[8000+95.5-(270-240)-200+160-60+100-500-700+200]×25%=1766.375(万元)。

(4)根据上面资料的分析，甲公司在12月31日递延所得税资产余额应为=500-1200×25%+95.5×25%+160×25%=263.875(万元)。其中“500”为期初余额[事项(6)]，“1200×25%”是由于存货和固定资产导致的减少[事项(6)]，“95.5×25%”是由投资性房地产产生的递延所得税资产[事项(1)]，“160×25%”是由预计负债产生的递延所得税资产[事项(4)]。

(5)甲公司在12月31日递延所得税负债余额=50-200×25%+(900-850)×25%+(270-240)×25%=20(万元)。其中“50”为期初余额[事项(6)]，“200×25%”是由于本期转回交易性金融资产应纳税暂时性差异导致的减少[事项(6)]，“(900-850)×25%”和“(270-240)×25%”是由其他权益工具投资和交易性金融资产产生的递延所得税负债[事项(2)]。

(6)甲公司本年度应确认的递延所得税费用=1200×25%-200×25%-95.5×25%+(270-240)×25%-160×25%=193.625(万元)。所谓递延所得税费用，是指计算递延所得税资产或负债时，连带确认的所得税费用。

综上，甲公司本年度应确认的所得税费用=1766.375+193.625=1960(万元)。

或，甲公司本年度应确认的所得税费用=(8000-200-60+100)×25%=1960(万元)。

专题六 资产减值

考点梳理

押题点1 存货跌价准备的确认和计量

一、存货期末计量及存货跌价准备计提原则

资产负债表日，存货应当按照成本与可变现净值孰低计量。存货成本高于其可变现净值的，应当计提存货跌价准备，计入当期损益。

二、存货的可变现净值

存货的可变现净值，是指在日常活动中，存货的估计售价减去至完工时估计将要发生的成本、估计的销售费用以及相关税费后的金额。

三、存货期末计量和存货跌价准备计提

(一)存货估计售价的确定

有合同按合同价，没合同按一般市场价。

(二)材料存货的期末计量

若材料直接出售：

材料按成本与可变现净值孰低计量。

材料可变现净值=材料估计售价-销售材料估计的销售费用和相关税金

若材料用于生产产品：

产品没有发生减值的，材料按成本计量；

产品发生减值的，材料按成本与可变现净值孰低计量。

材料可变现净值=产品估计售价-至完工估计将要发生的成本-销售产品估计的销售费用和相关税金

(三)计提存货跌价准备的方法

存货跌价准备通常应当按单个存货项目计提。但是，对于数量繁多、单价较低的存货，可以按照存货类别计提存货跌价准备。与在同一地区生产和销售的产品系列相关、具有相同或类似最终用途或目的，且难以与其他项目分开计量的存货，可以合并计提存货跌价准备。

期末对存货进行计量时，如果同一类存货，其中一部分是有合同价格约定的，另一部分则不存在合同价格，在这种情况下，企业应区分有合同价格约定的和没有合同价格约定的存货，分别确定其期末可变现净值，并与其相对应的成本进行比较，从而分别确定是否需计提存货跌价准备。

(四)存货跌价准备转回的处理

企业应在每一资产负债表日，比较存货成本与可变现净值，计算出应计提的存货跌价准备，再与已提数进行比较，若应提数大于已提数，应予补提。企业计提的存货跌价准备，应计入当期损益(资产减值损失)。

借：资产减值损失

　　贷：存货跌价准备

当以前减记存货价值的影响因素已经消失，减记的金额应当予以恢复，并在原已计提的存货跌价准备金额内转回，转回的金额计入当期损益(资产减值损失)。

借：存货跌价准备

　　贷：资产减值损失

【注意】当存货可变现净值小于存货成本时，“存货跌价准备”科目贷方余额=存货成本-存货可变现净值。

(五)存货跌价准备的结转

对已售存货计提了存货跌价准备的，还应结转已计提的存货跌价准备，冲减当期主营业务成本或其他业务成本，实际上是按已售产成品或商品的账面价值结转至主营业务成本或其他业务成本。企业按存货类别计提存货跌价准备的，也应按比例结转相应的存货跌价准备。

结转成本分录为：

借：主营业务成本(或其他业务成本)

　　贷：库存商品(或原材料)

借：存货跌价准备

　　贷：主营业务成本(或其他业务成本)

押题点② 金融资产减值准备的确认和计量

一、金融资产减值准备计提的范围和影响因素

企业应当在资产负债表日对以公允价值计量且其变动计入当期损益的金融资产以外的金融资产的账面价值进行检查，有客观证据表明该金融资产发生减值的，应当计提减值准备。

二、金融资产减值损失的确认和计量(按新准则编写)

(一)金融资产减值损失的确认

企业应当以预期信用损失为基础，对下列项目进行减值会计处理并确认损失准备：

(1)分类为以摊余成本计量的金融资产和以公允价值计量且其变动计入其他综合收益的金融资产(指定为以公允价值计量且其变动计入其他综合收益的非交易性权益工具投资不计提减值准备)。

(2)租赁应收款。

(3)合同资产。

(4)部分贷款承诺和财务担保合同。

损失准备，是指针对按照以摊余成本计量的金融资产、租赁应收款和合同资产的预期信用损失计提的准备，按照以公允价值计量且其变动计入当期损益的金融资产的累计减值金额以及针对贷款承诺和财务担保合同的预期信用损失计提的准备。

预期信用损失，是指以发生违约的风险为权重的金融工具信用损失的加权平均值。

信用损失，是指企业按照原实际利率折现的、根据合同应收的所有合同现金流量与预期收取的所有现金流量之间的差额，即全部现金短缺的现值。其中，对于企业购买或源生的已发生信用减值的金融资产，应按照该金融资产经信用调整的实际利率折现。由于预期信用损失考虑付款的金额和时间分布，因此即使企业预计可以全额收款但收款时间晚于合同约定的到期期限，也会产生信用损失。

金融资产减值损失的会计处理原则见表8。

表8　金融资产减值损失的会计处理原则

项目	情形1	情形2	情形3
特征	初始确认后信用风险并未显著增加的金融工具(包括在报告日信用风险较低的金融工具)	自初始确认后信用风险发生显著增加的金融工具，但未发生信用减值(不存在表明发生信用损失的事件的客观证据)	在报告日发生信用减值(存在表明发生减值的客观证据)的金融工具
损失准备的确认	12个月内预期信用损失	整个存续期内信用损失	整个存续期内预期信用损失
利息收入的计算	按账面总额(即并未扣除预期信用损失准备的金额)计算(总额法)	按账面总额(即并未扣除预期信用损失的金额)计算(总额法)	按账面净额(即账面总额减去预期信用该损失准备的金额)计算(净额法)

(二)金融资产减值损失的计量

(1)对以公允价值计量且其变动计入其他综合收益的金融资产减值准备的计量

对于以公允价值计量且其变动计入其他综合收益的金融资产(债务工具)，企业应当在其他综合收益中确认其损失准备，并将减值损失或利得计入当期损益，且不应减少该金融资产在资产负债表中列示的账面价值。

①发生减值。

借：信用减值损失

　　贷：其他综合收益

②减值测试方式。

如果单项金融资产金额比较大，则需要单独进行减值测试；如果单项金融资产数额金额不大，可以单独进行减值测试，也可采用组合的方式进行减值测试。

单项测试未减值，再进入组合测试。已单项确认减值，不再进行组合测试。

③减值转回。

借：其他综合收益

　　贷：信用减值损失

(2)指定为以公允价值计量且其变动计入其他综合收益的金融资产的非交易性权益工具投资不计提减值准备。

押题点③ 其他资产减值准备的确认和计量

一、其他资产减值迹象的判断

原则：

(1)公允价值下降。

(2)未来现金流量现值下降。

二、其他资产减值准备计提的范围和减值测试

因企业合并形成的商誉和使用寿命不确定的无形资产，无论是否存在减值迹象，都应当至少于每年年度终了进行减值测试。另外，对于尚未达到可使用状态的无形资产，由于其价值通常具有较大的不确定性，也应当至少每年进行减值测试。

三、资产可收回金额的估计

(一)资产可收回金额的基本方法

"公允价值减去处置费用后的净额"与"资产预计未来现金流量现值"两者的较高者，为可收回金额。

(二)资产的公允价值减去处置费用后的净额的估计

资产的公允价值减去处置费用后的净额，通常反映的是资产如果被出售或者处置时可以收回的净现金收入。

如果企业无法可靠估计资产的公允价值减去处置费用后的净额的，应当以该资产预计未来现金流量的现值作为其可收回金额。

四、其他资产减值损失的确认与计量

(一)资产减值损失确认与计量的一般原则

1. 资产减值损失的确认

资产可收回金额确定后，如果可收回金额低于其账面价值的，企业应当将资产的账面价值减记至可收回金额，减记的金额确认为资产减值损失，计入当期损益，同时计提相应的资产减值准备。资产的账面价值是指资产成本扣减累计折旧(或累计摊销)和累计减值准备后的金额。

2. 确认减值损失后折旧摊销的会计处理

资产减值损失确认后，减值资产的折旧或者摊销费用应当在未来期间作相应调整，以使该资产在剩余使用寿命内，系统地分摊调整后的资产账面价值(扣除预计净残值)。

3. 减值准备转回的处理原则

其他资产减值损失一经确认，在以后会计期间不得转回。但是，遇到资产处置、出售、对外投资、以非货币性资产交换方式换出、在债务重组中抵偿债务等情况，同时符合资产终止确认条件的，企业应当将相关资产减值准备予以转销。

【注意】资产减值准则中规范的资产，其减值损失一经确认，在以后会计期间不得转回，但有些不属于该准则所规范的资产减值是可以转回的。资产减值能否转回的判断见表9：

表 9　资产减值能否转回的判断

资产	计提减值比较基础	减值是否可以转回
存货	可变现净值	可以
固定资产	可收回金额	不可以
在建工程	可收回金额	不可以
投资性房地产(成本模式)	可收回金额	不可以
长期股权投资	可收回金额	不可以
无形资产	可收回金额	不可以
开发支出	可收回金额	不可以
商誉	可收回金额	不可以
债权投资	未来现金流量现值	可以
贷款和应收款项	未来现金流量现值	可以
以公允价值计量且其变动计入其他综合收益的金融资产	未来现金流量现值	可以

(二)资产减值损失的账务处理

会计分录为:

借：资产减值损失

　　贷：××资产减值准备

五、资产组的认定及减值处理

(一)资产组的认定

有迹象表明一项资产可能发生减值的，企业应当以单项资产为基础估计其可收回金额。企业难以对单项资产的可收回金额进行估计的，应当以该资产所属的资产组为基础确定资产组的可收回金额。

(二)资产组减值测试

资产组减值测试的原理和单项资产是一致的，即企业需要预计资产组的可收回金额和计算资产组的账面价值，并将两者进行比较，如果资产组的可收回金额低于其账面价值的，表明资产组发生了减值损失，应当予以确认。

1. 资产组账面价值和可收回金额的确定基础

资产组账面价值的确定基础应当与其可收回金额的确定方式相一致。因为这样的比较才有意义，否则如果两者在不同的基础上进行估计和比较，就难以正确估算资产组的减值损失。

资产组的可收回金额，应当按照该资产组的公允价值减去处置费用后的净额与其预计未来现金流量的现值两者之间较高者确定。

资产组的账面价值应当包括可直接归属于资产组与可以合理和一致地分摊至资产组的资产账面价值，通常不应当包括已确认负债的账面价值，但如不考虑该负债金额就无法确定资产组可收回金额的除外。这是因为在预计资产组的可收回金额时，既不包括与该资产组的资产无关的现金流量，也不包括与已在财务报表中确认的负债有关的现金流量。

2. 资产组减值的会计处理

根据减值测试的结果，资产组(包括资产组组合)的可收回金额如低于其账面价值的，应当确认相应的减值损失。减值损失金额应当按照下列顺序进行分摊：

(1)首先抵减分摊至资产组中商誉的账面价值。

(2)然后根据资产组中除商誉之外的其他各项资产的账面价值所占比重，按比例抵减其他各项资产的账面价值。

以上资产账面价值的抵减，应当作为各单项资产(包括商誉)的减值损失处理，计入当期损益。抵减后的各资产的账面价值不得低于以下三者之中最高者：该资产的公允价值减去处置费用后的净额(如可确定的)、该资产预计未来现金流量的现值(如可确定的)和零。因此而导致的未能分摊的减值损失金额，应当按照相关资产组中其他各项资产的账面价值所占比重进行分摊。

(三)总部资产的减值测试

能够分摊至资产组的：

(1)将总部资产分摊至资产组。

(2)含总部资产价值的各资产组账面价值与其可收回金额比较。

(3)若减值，将减值损失分摊至总部资产和资产组本身。

(4)计算资产组中各单项资产减值损失。

不能够分摊至资产组的：

(1)不能分摊的总部资产或在不考虑相关总部资产的情况下，估计和比较资产组的账面价值和可收回金额，计算资产组的账面价值。

(2)确定资产组组合是否减值，若减值，将减值损失分摊至总部资产和资产组，再计算资产组中各单项资产减值损失。

六、商誉减值测试与处理

(一)商誉减值测试的基本要求

企业合并所形成的商誉，至少应当在每年年度终了时进行减值测试。由于商誉难以独立产生现金流，所以商誉应当结合与其相关的资产组或者资产组组合进行减值测试。相关的资产组或者资产组组合应当是能够从企业合并的协同效应中受益的资产组或者资产组组合，但不应当大于企业所确定的报告分部。

(二)商誉减值测试的方法与会计处理

企业在对包含商誉的相关资产组或资产组组合进行减值测试时，如与商誉相关的资产组或资产组组合存在减值迹象的，应当先对不包含商誉的资产组或者资产组组合进行减值测试，计算可收回金额，并与相关账面价值相比较，确认相应的减值损失；然后再对包含商誉的资产组或者资产组组合进行减值测试，比较这些相关资产组或者资产组组合的账面价值(包括所分摊的商誉的账面价值部分)和可收回金额，如果可收回金额低于其账面价值的，应当就其差额确认减值损失。

减值损失金额应当先抵减分摊至资产组或者资产组组合中商誉的账面价值，再根据资产组或者资产组组合中除商誉之外的其他各项资产的账面价值所占比重，按比例抵减其他各项资产的账面价值。相关减值损失的处理顺序和方法与资产组减值损失的处理顺序和方法相一致。

商誉减值的会计处理如下：

(1)吸收合并。

借：资产减值损失

　　贷：商誉减值准备

(2)控股合并。

借：资产减值损失

　　贷：商誉——商誉减值准备

【注意】 存在少数股东权益情况下的商誉减值测试：

①根据《企业会计准则第 20 号——企业合并》的规定，在合并财务报表中反映的商誉，不包括子公司归属于少数股东权益的商誉。但对相关的资产组(或者资产组组合，下同)进行减值测试时，应当将归属于少数股东权益的商誉包括在内，调整资产组的账面价值(包含完全商誉)，然后根据调整后的资产组账面价值与其可收回金额(可收回金额的预计包括了归属于少数股东的商誉价值部分)进行比较，以确定资产组(包括商誉)是否发生了减值；

②上述资产组如已发生减值的，应当按照资产减值准则规定进行处理，但由于根据上述步骤计算的商誉减值损失包括了应由少数股东权益承担的部分，应当将该减值损失在可归属于母公司和少数股东权益之间按比例进行分摊，以确认归属于母公司的商誉减值损失，并在合并财务报表中进行体现。

2019年 预测题

预测 1

(固定资产未来现金流折现的计算及减值)

A 公司生产的 B 产品的主要销售市场在美国，因此与 B 产品有关的资产产生的预计未来现金流量是以美元为基础计算的。2011 年 12 月 31 日 A 公司对主要生产 B 产品的 C 设备进行减值测试。C 设备系 A 公司 2006 年 12 月 13 日购入的，该设备的原价为 3600 万元人民币，预计使用年限为 10 年，预计净残值为 40 万元人民币，采用年限平均法计提折旧。2011 年 12 月 31 日，该设备的公允价值减去处置费用后的净额为 1400 万元人民币。C 设备预计给企业带来的未来现金流量受宏观经济形式的影响较大，A 公司预计该项固定资产产生的现金流量如下表所示(假定使用寿命结束时处置货轮产生的净现金流量为 0，有关的现金流量均发生在年末)：

年份	业务好(30%的可能性)	业务一般(60%)	业务差(10%)
第 1 年	100	80	50
第 2 年	80	60	32

续表

年份	业务好(30%的可能性)	业务一般(60%)	业务差(10%)
第 3 年	70	56	24
第 4 年	50	40	20
第 5 年	40	20	10

已知 A 公司的投资者要求的人民币的必要报酬率为 10%，美元适用的折现率为 12%，相关复利现值系数如下：

利率	第 1 期	第 2 期	第 3 期	第 4 期	第 5 期
12%	0.8929	0.7972	0.7118	0.6355	0.5674
10%	0.9091	0.8264	0.7513	0.683	0.6209

2011 年 12 月 31 日的汇率为 1 美元=6.62 元人民币。甲公司预测以后各年末的美元汇率如下：第 1 年年末为 1 美元=6.65 元人民币，第 2 年年末为 1 美元=6.60 元人民币，第 3 年年末为 1 美元=6.55 元人民币，第 4 年年末为 1 美元=6.62 元人民币，第 5 年年末为 1 美元=6.70 元人民币。

要求：

(1)采用期望现金流量法计算出未来现金流量，并计算出未来现金流量的现值；

(2)计算该项固定资产的可收回金额；

(3)计算出该项固定资产的减值金额，并编制相关的会计分录。

(答案中的金额单位用万元表示)

【答案】

(1)第 1 年现金流量期望值=100×30%+80×60%+50×10%=83(万美元)。

第 2 年现金流量期望值=80×30%+60×60%+32×10%=63.2(万美元)。

第 3 年现金流量期望值=70×30%+56×60%+24×10%=57(万美元)。

第 4 年现金流量期望值=50×30%+40×60%+20×10%=41(万美元)。

第 5 年现金流量期望值=40×30%+20×60%+10×10%=25(万美元)。

5 年现金流量现值=83×(P/F，12%，1)+63.2×(P/F，12%，2)+57×(P/F，12%，3)+41×(P/F，12%，4)+25×(P/F，12%，5)=205.31(万美元)。

所以可收回金额=205.31×6.62=1359.15(万元人民币)。

(2)该设备的公允价值减去处置费用后的净额为 1400 万元人民币，未来现金流量现值为 1359.15 万元，所以可收回金额为 1400 万元。

(3)2011 年 12 月 31 日未考虑减值前的账面价值=3600-(3600-40)×5/10=1820(万元)，小于可收回金额 1400 万元。

借：资产减值损失　　420

　　贷：固定资产减值准备　　420

预测 2

（总部资产和商誉的减值）

大合公司在 A、B、C 三地拥有三家分公司，其中，C 分公司是上年吸收合并的公司。这三家分公司的经营活动由一个总部负责运作。由于 A、B、C 三家分公司均能产生独立于其他分公司的现金流入，所以该公司将这三家分公司确定为三个资产组。2016 年 12 月 1 日，企业经营所处的技术环境发生了重大不利变化，出现减值迹象，需要进行减值测试。假设总部资产的账面价值为 5000 万元，能够按照合理和一致的方式分摊至所有的资产组，A 分公司资产的剩余使用寿命为 10 年，B、C 分公司和总部资产的剩余使用寿命均为 15 年。减值测试时，A、B、C 三个资产组的账面价值分别为 8000 万元、6000 万元和 12000 万元(其中合并商誉为 2000 万元)。该公司计算得出 A 分公司资产的可收回金额为 9300 万元，B 分公司资产的可收回金额为 6286 万元，C 分公司资产的可收回金额为 10000 万元。假定将总部资产分摊到各资产组时，根据各资产组的账面价值和剩余使用寿命加权平均计算的账面价值分摊比例进行分摊。

要求：

判断总部资产和各资产组是否应计提减值准备，若计提减值准备，计算减值准备的金额。(答案中的金额单位用万元表示，计算结果保留整数)

【答案】

项目	资产组 A	资产组 B	资产组 C	合计
各资产组账面价值	8000	6000	12000	26000
各资产组剩余使用寿命	10	15	15	
按使用寿命计算的权重	2	3	3	
加权计算后的账面价值	16000	18000	36000	70000
总部资产分摊比例(各资产组加权计算后的账面价值/各资产组加权平均计算后的账面价值合计)	22.86%	25.71%	51.43%	100%
总部资产账面价值分摊到各资产组的金额	1143	1286	2571	5000
包括分摊的总部资产账面价值部分的各资产组账面价值	9143	7286	14571	31000

(1)资产组 A 减值测试：

账面价值 9143 万元<可收回金额 9300 万元，所以未发生资产减值。

(2)资产组 B 减值测试：

账面价值 7286 万元>可收回金额 6286 万元，所以发生资产减值 1000 万元，其中：

资产组 B 本身发生减值＝1000/(6000+1286)×6000＝823(万元)。

分配到的总部资产发生减值＝1000/(6000+1286)×1286＝177(万元)。

(3)资产组 C 减值测试：

账面价值 14571>可收回金额 10000，所以发生资产减值 4571 万元。

对于上述 4571 万元减值首先由商誉(2000 万元)承担，剩余的 2571 万元再在资产组 C 本身(不含商誉的部分)和分配到的总部资产之间进行分配。

资产组 C 本身(不含商誉的部分)发生减值=2571/(10000+2571)×10000=2045(万元)。

分配到的总部资产发生减值=2571/(10000+2571)×2571=526(万元)。

综上所述：

总部资产减值=177+526=703(万元)；

资产组 A 没有减值；

资产组 B 减值 823 万元；

资产组 C 中的商誉减值 2000 万元，其他资产减值 2045 万元。

预测 3

(非同一控制下吸收合并产生的商誉的减值)

甲公司有关商誉及其他资料如下：

(1)甲公司在 2015 年 12 月 2 日，以 7040 万元的价格吸收合并了乙公司。在购买日，乙公司可辨认资产的公允价值为 10800 万元，可辨认负债的公允价值为 4000 万元(应付账款)，甲公司确认了商誉 240 万元。乙公司的全部资产为一条生产线(包括有 A、B、C 三台设备)和一项该生产线生产产品的专利技术。生产线的公允价值为 6000 万元(其中：A 设备为 1600 万元、B 设备 2000 万元、C 设备为 2400 万元)，专利技术的公允价值为 4800 万元。甲公司在合并乙公司后，将该条生产线及专利技术认定为一个资产组。

(2)该条生产线的各台设备及专利技术预计尚可使用年限均为 5 年，预计净残值均为 0，采用直线法计提折旧和摊销。

(3)由于该资产组包括商誉，因此至少应当于每年年度终了进行减值测试，且不包含商誉的该条生产线在 2016 年末也出现了减值迹象。在 2016 年末如果将上述资产组出售，公允价值为 8182 万元，预计处置费用为 50 万元；资产组未来现金流量的现值无法确定。甲公司无法合理估计 A、B、C 三台设备及其无形资产的公允价值减去处置费用后的净额以及未来现金流量的现值。

要求：

(1)编制甲公司在 2015 年 12 月 2 日的相关会计分录。

(2)计算 2016 年 12 月 31 日资产组不包含商誉的账面价值。

(3)在 2016 年 12 月 31 日对商誉继续减值测试。

【答案】

(1)2015 年 12 月 2 日

借：固定资产——A 设备　　1600

　　　　　——B 设备　　2000

　　　　　——C 设备　　2400

　　无形资产　　4800

商誉　240
贷：应付账款　4000
银行存款　7040

(2)计算 2016 年 12 月 31 日资产组不包含商誉的账面价值：

A 设备的账面价值=1600-1600/5=1280(万元)。

B 设备的账面价值=2000-2000/5=1600(万元)。

C 设备的账面价值=2400-2400/5=1920(万元)。

专利技术=4800-4800/5×13/12=3760(万元)。

资产组不包含商誉的账面价值=1280+1600+1920+3760=8560(万元)。

(3)①对不包含商誉的资产组进行减值测试，计算减值损失。

不包含商誉的账面价值为 8560 万元。

资产组的可收回金额为=8182-50=8132(万元)。

应确认资产减值损失=8560-8132=428(万元)。

【注意】 *说明可辨认资产需要计提减值 428 万元。*

②对包含商誉的资产组进行减值测试，计算减值损失。

资产组包含商誉的账面价值=8560+240=8800(万元)。

资产组的可收回金额为 8132 万元。

资产组应确认资产减值损失=8800-8132=668(万元)。

包含商誉的资产组的减值金额应该先冲减商誉的价值，因此商誉的减值金额为 240 万元，剩余的减值(668-240)428 万元，应该在设备 A、B、C 和专利技术之间进行分摊。

借：资产减值损失　240
贷：商誉减值准备　240

其余减值损失 428 万元，在 A、B、C 三台设备及专利技术之间按账面价值的比例进行分摊。

A 设备应分摊的减值损失=428×1280/8560=64(万元)。

B 设备应分摊的减值损失=428×1600/8560=80(万元)。

C 设备应分摊的减值损失=428×1920/8560=96(万元)。

专利技术应分摊的减值损失=428×3760/8560=188(万元)。

借：资产减值损失　428
贷：固定资产减值准备——A 设备　64
——B 设备　80
——C 设备　96
无形资产减值准备　188

若资产组的可收回金额为 8700 万元：

①对不包含商誉的资产组进行减值测试，计算减值损失

不包含商誉的账面价值为 8560 万元。

资产组的可收回金额为 8700 万元。

应确认的资产减值损失为0。

说明可辨认资产不需要计提减值准备。

②对包含商誉的资产组进行减值测试，计算减值损失

资产组包含商誉的账面价值=8560+240=8800(万元)。

资产组的可收回金额为8700万元。

资产组应确认资产减值损失=8800-8700=100(万元)。

确认商誉减值损失=100-0=200(万元)。

借：资产减值损失 100

贷：商誉减值准备 100

预测4

(非同一控制下控股合并形成的商誉的减值)

A公司为增值税一般纳税人，A公司以下列资产和自身权益工具作为对价购买C公司持有B公司的60%股权。

(1)对价资料如下：

项目	公允价值
无形资产——商标权	不含税价款2000万元，增值税额120万元
银行存款	1170万元
定向增发股票1000万股	11620万元

2016年7月1日办理了必要的财产权交接手续并取得控制权。A公司和C公司不存在任何关联方关系。

(2)2016年7月1日，B公司可辨认净资产的账面价值为22300万元，可辨认净资产的公允价值为24900万元，除下列项目外，其他可辨认资产、负债的公允价值与其账面价值相同。

项目	评估增值
存货	200万元
无形资产	2500万元
应收账款	-100万元

上述B公司存货至2016年年末已全部对外销售；上述B公司无形资产预计尚可使用10年，采用直线法计提摊销，预计净残值为零；至本年末应收账款按购买日评估确认的金额收回，评估确认的坏账已核销。

购买日，B公司资产和负债的公允价值与其计税基础之间形成的暂时性差异均符合确认递延所得税资产或递延所得税负债的条件，不考虑A公司、B公司除企业合并和编制合并财务报表之外的其他税费，两家公司适用的所得税税率均为25%。除非有特别说明，B公司的资产和负债的账面价值与计税基础相同。

(3)B 公司 2016 年 7 月 1 日到 12 月 31 日期间按其净资产账面价值计算实现的净利润为 1200 万元，B 公司分配现金股利 200 万元、其他综合收益增加 600 万元。

(4)2016 年 12 月 31 日，A 公司对 B 公司的长期股权投资进行减值测试。A 公司对 B 公司的长期股权投资在活跃市场中的报价为 14190 万元，预计处置费用为 190 万元，其未来现金流量的现值为 13700 万元。

(5)2016 年 12 月 31 日，A 公司对 B 公司的商誉进行减值测试。在进行商誉减值测试时，A 公司将 B 公司的所有资产认定为一个资产组，而且判断该资产组的所有可辨认资产中只有固定资产存在减值迹象，A 公司估计 B 公司资产组的可收回金额为 23681.25 万元。

要求：

(1)计算 A 公司 2016 年 12 月 31 日个别报表长期股权投资确认的减值损失。

(2)计算 A 公司 2016 年 12 月 31 日合并报表确认的商誉减值损失。

【答案】

(1)①购买日合并成本=2120+1170+11620=14910(万元)。

②年末长期股权投资的账面价值=14910(万元)。

③长期股权投资可收回金额为 14000 万元(长期股权投资公允价值 14190-处置费用 190=14000 万元，与其未来现金流量的现值 13700 万元，取其较高者)。

④个别报表长期股权投资应确认减值损失=14910-14000=910(万元)。

借：资产减值损失　　910

　　贷：长期股权投资减值准备　　910

(2)①A 公司购买日合并成本=14910(万元)。

②A 公司购买日的 B 公司可辨认净资产的公允价值=22300+(200+2500-100)×75%=24250(万元)。

或=24900-(200+2500-100)×25%=24250(万元)。

③A 公司合并报表确认的合并商誉=14910-24250×60%=360(万元)。

A 公司合并报表未确认归属少数股东权益的商誉=360/60%×40%=240(万元)。

调整后的整体商誉=360+240=600(万元)。

④A 公司合并报表确认的 B 公司可辨认净资产按照购买日的公允价值持续计算的账面价值=24250+调整后的净利润(1200-200×75%-2500/10×6/12×75%+100×75%)-200+600=25681.25(万元)。

⑤B 公司资产组的可收回金额为 23681.25 万元。

⑥A 公司合并报表确认的不包含商誉的资产组减值损失=25681.25-23681.25=2000(万元)。

⑦A 公司合并报表确认的包含商誉的资产组(包括未确认归属少数股东权益的商誉)的减值损失=(25681.25+360+240)-23681.25=2600(万元)。

⑧A 公司合并报表确认的商誉减值损失=600×60%=360(万元)。

分析：A 公司合并报表确认的包含商誉的资产组的减值损失 2600 万元首先要将商誉的账面价值减至 0，然后再分摊至该资产组中的其他资产。2600 万元的减值损失中有 600 万元属于调整后的整体商誉减值损失，其中由于在合并报表中确定的商誉仅限于 A 公司持有 B 公司

60%股权部分，因此A公司只需要在合并报表中确认归属于A公司的商誉减值损失360万元，不需要确认归属少数股东权益的商誉240万元，剩余的资产组减值损失2000(2600-600)万元，应冲减B公司的可辨认资产的账面价值。

⑨A公司合并报表确认的固定资产等的减值损失=2000(万元)。

⑩会计分录

借：资产减值损失　　2360

　　贷：商誉减值准备　　360

　　　　固定资产减值准备等　　2000

虽然A公司合并报表确认的包含商誉的资产组(包括未确认归属少数股东权益的商誉)的减值损失是2600万元，因为少数股东商誉不计提减值，所以报表中确认的资产减值损失是2360万元。

专题七 债务重组

考点梳理

押题点1 重组方式

一、债务重组的定义

债务重组，是指在债务人发生财务困难的情况下，债权人按照其与债务人达成的协议或者法院的裁定作出让步的事项。

二、债务重组的方式

债务重组主要有以下几种方式：

1. 以资产清偿债务
2. 将债务转为资本

【注意】将可转换公司债券转为资本的，则属于正常情况下的债务转为资本，不作为本章所指债务重组处理。

3. 修改其他债务条件
4. 以上三种方式的组合

押题点2 会计处理

一、以资产清偿债务

(一)以现金清偿债务

1. 债务人的会计处理

借：应付账款等

　　贷：银行存款

营业外收入——债务重组利得(差额)

2. 债权人的会计处理

借：银行存款

坏账准备

营业外支出(借方差额)

贷：应收账款等

信用减值损失(贷方差额)

【注意】 贷方差额冲减信用减值损失的原因是前期多提了坏账准备。

(二)以非现金资产清偿债务

1. 债务人的会计处理

以非现金资产清偿债务的，债务人应当将重组债务的账面价值与转让的非现金资产公允价值之间的差额，计入当期损益。转让的非现金资产公允价值与其账面价值之间的差额，计入当期损益。

非现金资产公允价值与账面价值的差额，应当分别不同情况进行处理：

(1)非现金资产为存货的，应当视同销售处理，根据收入准则相关规定确认销售商品收入，同时结转相应的成本。

(2)非现金资产为固定资产、无形资产的，其公允价值和账面价值的差额，计入资产处置损益。

(3)非现金资产为长期股权投资等的，其公允价值和账面价值的差额，计入投资收益。

【注意1】 抵债的非现金资产公允价值与账面价值差额的会计处理与出售资产相同。

【注意2】 抵债资产为长期股权投资、其他债权投资的，还应将可转入损益的原记入“其他综合收益”科目金额及“资本公积——其他资本公积”科目金额对应部分转出，记入“投资收益”科目。

2. 债权人的会计处理

借：××资产(取得资产的公允价值+相关税费)

应交税费——应交增值税(进项税额)

营业外支出——债务重组损失(借方差额)

坏账准备

贷：应收账款等

银行存款(支付的取得资产相关税费)

信用减值损失(贷方差额)

【注意1】 若债权人将取得的抵债资产作为交易性金融资产核算，发生的直接相关费用记入“投资收益”科目的借方。

【注意2】 若债权人将取得的抵债资产作为长期股权投资核算，且能够控制被投资单位财务和经营决策，发生的直接相关费用记入“管理费用”科目。

二、债务转为资本

1. 债务人的会计处理

借：应付账款

贷：股本(实收资本)
资本公积——股本溢价(资本溢价)
营业外收入——债务重组利得

【注意】“股本(实收资本)”与“资本公积——股本溢价(资本溢价)”之和反映股权的公允价值总额。

(2)债权人的会计处理

借：长期股权投资等(公允价值)
坏账准备
营业外支出——债务重组损失(借方差额)
贷：应收账款等
信用减值损失(贷方差额)

三、修改其他债务条件

1. 债务人的会计处理

借：应付账款等
贷：应付账款——债务重组(公允价值)
预计负债
营业外收入——债务重组利得

上述或有应付金额在随后会计期间没有发生的，企业应当冲销已确认的预计负债，同时确认营业外收入。

或有应付金额，是指需要根据未来某种事项出现而发生的应付金额，而且该未来事项的出现具有不确定性。

2. 债权人的会计处理

借：应收账款——债务重组(公允价值)
坏账准备
营业外支出——债务重组损失(借方差额)
贷：应收账款等
信用减值损失(贷方差额)

修改后的债务条款中涉及或有应收金额的，债权人不应当确认或有应收金额，不得将其计入重组后债权的账面价值。只有在或有应收金额实际发生时，才计入当期损益。

历年真题

2015 年

(节选，债务重组分录编制)

甲股份有限公司(以下简称“甲公司”)20×4 年发生了以下交易事项：

……

(3)6 月 24 日，甲公司与包括其控股股东 P 公司及债权银行在内的债权人签订债务重组协议，约定对于甲公司欠该部分债权人的债务按照相同比例予以豁免，其中甲公司应付银行短期借款本金余额为 3000 万元，应付控股股东款项 1200 万元，对于上述债务，协议约定甲公司应于 20×4 年 6 月 30 日前按照余额的 80% 偿付，余款予以豁免。

6 月 28 日，甲公司偿付了上述有关债务。9 月 20 日，为帮助甲公司度过现金流危机，甲公司控股股东 P 公司代其支付了 600 万元的原料采购款，并签订协议约定 P 公司对于所承担债务将不以任何方式要求偿还或增加持股比例。

……

要求：

编制甲公司 20×4 年有关交易事项的会计分录。

【答案】

	借方	贷方
借：短期借款	3000	
应付账款	1200	
贷：银行存款		3360
营业外收入		840
借：应付账款	600	
贷：资本公积		600

2017 年

（债务重组的计算及分录）

甲股份有限公司(以下简称甲公司)为上市公司，20×7 年至 20×8 年发生的相关交易或事项如下：

(1)20×7 年 7 月 30 日，甲公司就应收 A 公司账款 6000 万元与 A 公司签订债务重组合同。合同规定：A 公司以其拥有的一栋在建写字楼及一项长期股权投资偿付该项债务；A 公司在建写字楼和长期股权投资所有权转移至甲公司后，双方债权债务结清。

20×7 年 8 月 10 日，A 公司将在建写字楼和长期股权投资所有权转移至甲公司。同日，甲公司该重组债权已计提的坏账准备为 800 万元；A 公司该在建写字楼的账面余额为 1800 万元，未计提减值准备，公允价值为 2200 万元；A 公司该长期股权投资的账面余额为 2600 万元，已计提的减值准备为 200 万元，公允价值为 2300 万元。

甲公司将取得的股权投资作为长期股权投资，采用成本法核算。

(2)甲公司取得在建写字楼后，委托某建造承包商继续建造。至 20×8 年 1 月 1 日累计新发生工程支出 800 万元。20×8 年 1 月 1 日，该写字楼达到预定可使用状态并办理完毕资产结转手续。

对于该写字楼，甲公司与 B 公司于 20×7 年 11 月 11 日签订租赁合同，将该写字楼整体出租给 B 公司。合同规定：租赁期自 20×8 年 1 月 1 日开始，租期为 5 年；年租金为 240 万元，每年年底支付。甲公司预计该写字楼的使用年限为 30 年，预计净残值为零。

20×8 年 12 月 31 日，甲公司收到租金 240 万元。同日，该写字楼的公允价值为 3200 万元。

(3)20×8 年 12 月 20 日，甲公司与 C 公司签订长期股权投资转让合同。根据转让合同，甲公司将债务重组取得的长期股权投资转让给 C 公司，并向 C 公司支付补价 200 万元，取得 C 公司一项土地使用权。

12 月 31 日，甲公司以银行存款向 C 公司支付 200 万元补价；双方办理完毕相关资产的产权转让手续。同日，甲公司长期股权投资的账面价值为 2300 万元，公允价值为 2000 万元；C 公司土地使用权的公允价值为 2200 万元。甲公司将取得的土地使用权作为无形资产核算。

(4)其他资料如下：

①假定甲公司投资性房地产均采用公允价值模式进行后续计量。

②假定不考虑相关税费影响。

要求：

(1)计算甲公司与 A 公司债务重组过程中应确认的损益并编制相关会计分录。

(2)计算 A 公司与甲公司债务重组过程中应确认的损益并编制相关会计分录。

(3)计算甲公司写字楼在 20×8 年应确认的公允价值变动损益并编制相关会计分录。

(4)编制甲公司 20×8 年收取写字楼租金的相关会计分录。

(5)计算甲公司转让长期股权投资所产生的投资收益并编制相关会计分录。

【答案】

(1)甲公司与 A 公司债务重组过程中应确认的损益＝(6000－800)－(2200＋2300)＝700(万元)，应确认营业外支出 700 万元。

借：在建工程　　2200

　　长期股权投资　　2300

　　坏账准备　　800

　　营业外支出　　700

　　贷：应收账款　　6000

(2)A 公司与甲公司债务重组过程中：

应确认的债务重组利得(营业外收入)＝6000－(2200＋2300)＝1500(万元)。

应确认资产转让损益(资产处置损益)＝2200－1800＝400(万元)。

应确认资产转让损益＝(2600－200)－2300＝100(万元)(投资损失)。

借：应付账款　　6000

　　投资收益　　100

　　长期股权投资减值准备　　200

　　贷：在建工程　　1800

　　　　长期股权投资　　2600

　　　　营业外收入——债务重组利得　　1500

　　　　资产处置损益　　400

(3)20×8 年 1 月 1 日该写字楼的账面价值=2200+800=3000(万元)。

20×8 年应确认公允价值变动损益=3200-3000=200(万元)。

借：投资性房地产——公允价值变动　　200

　　贷：公允价值变动损益　　200

(4)取得租金收入：

借：银行存款　　240

　　贷：其他业务收入　　240

(5)甲公司转让长期股权投资所产生的投资收益=2000-2300=-300(万元)。

借：无形资产　　2200

　　投资收益　　300

　　贷：长期股权投资　　2300

　　　　银行存款　　200

2019年 预测题

预测

(以非现金资产抵债的会计处理)

甲公司应收乙公司 18000 万元货款，乙公司到期无力支付款项，甲公司同意乙公司用其对 A 公司持股比例为 55% 的长期股权投资及其投资性房地产抵偿全部债务。2×18 年 1 月初甲公司、乙公司办理完毕产权移交手续及债权债务解除手续。

(1)乙公司：抵债前乙公司已经持有 A 公司 60% 的股权并划分为长期股权投资，乙公司以其对 A 公司 55% 的股权抵偿债务后，乙公司仍然持有 A 公司剩余 5% 的股权，对 A 公司无控制、共同控制和重大影响，将剩余股权投资转换为以公允价值计量且其变动计入当期损益的金融资产。债务重组日乙公司长期股权投资(60% 的股权)的账面价值为 9600 万元，抵债 55% 的股权公允价值为 11000 万元，剩余 5% 的股权公允价值为 1000 万元。此外乙公司抵债的投资性房地产的账面价值 6000 万元(原值 6100 万元，已计提折旧 100 万元)，公允价值为 6300 万元。

(2)甲公司：抵债前甲公司已经持有 A 公司 2% 的股权并作为其他权益工具投资核算，甲公司收到乙公司以其对 A 公司 55% 的股权抵偿债务后，甲公司累计持有 A 公司 57% 的股权，对 A 公司具有控制权力，将金融资产转换为长期股权投资。债务重组日甲公司该金融资产(2% 的股权)的公允价值为 400 万元，该金融资产(2% 的股权)为 2×17 年年初购入，实际支付价款 450 万元，2×17 年年末该 2% 的股权公允价值为 350 万元。甲公司计提坏账准备 100 万元。甲公司收到乙公司的投资性房地产后仍然作为投资性房地产核算。

(3)甲公司、乙公司均按照 10% 计提盈余公积，不考虑所得税因素。

要求：

编制债务重组日双方的会计分录。

(1)甲公司：

①将金融资产转换为采用成本法核算的长期股权投资的初始投资成本(57%的股权)=原2%的股权公允价值400+抵债55%的股权公允价值11000=11400(万元)。

②该交易确认的留存收益=公允价值400-初始成本450=-50(万元)。

③债务重组损失=(18000-100)-(11000+6300)=600(万元)。

④影响利润的金额=-600(万元)。

借：长期股权投资　11400
　　投资性房地产　6300
　　坏账准备　100
　　营业外支出　600
　　贷：应收账款　18000
　　　　其他权益工具投资　350
　　　　盈余公积　(50×10%)5
　　　　利润分配　(50×90%)45

借：盈余公积　(100×10%)10
　　利润分配　(100×90%)90
　　贷：其他综合收益　100

(2)乙公司：

债务重组利得=18000-11000-6300=700(万元)。

影响营业利润的金额=[(抵债55%的股权公允价值11000+剩余5%的股权公允价值1000)-60%的股权的账面价值9600]+[投资性房地产公允价值为6300-账面价值6000万元]=2700(万元)。

借：应付账款　18000
　　贷：长期股权投资　(9600×55%/60%)8800
　　　　投资收益　(11000-8800)2200
　　　　其他业务收入　6300
　　　　营业外收入——债务重组利得　700

借：其他业务成本　6000
　　投资性房地产累计折旧　100
　　贷：投资性房地产　6100

借：交易性金融资产　1000
　　贷：长期股权投资　(9600-8800)800
　　　　投资收益　200

专题八 一般公司债券与可转债

考点梳理

押题点1 金融负债和权益工具的区分

一、金融负债和权益工具的区分(见表10)

表10 金融负债和权益工具的区分

情形		分类
金融工具具有交付现金或其他金融资产给其他单位的合同义务，在潜在不利条件下与其他单位交换金融资产或金融负债的合同义务		金融负债
金融工具没有包括交付现金或其他金融资产给其他单位的合同义务，也没有包括在潜在不利条件下与其他单位交换金融资产或金融负债的合同义务		权益工具
须用或可用发行方自身权益工具进行结算	非衍生工具：不包括交付非固定数量的发行方自身权益工具进行结算的合同义务	权益工具
	衍生工具：只能通过交付固定数量的发行方自身权益工具换取固定的现金或其他金融资产进行结算	

二、复合金融工具

企业发行的某些非衍生金融工具(如可转换公司债券等)既含有负债成分，又含有权益成分。对此，企业应当在初始确认时将负债和权益成分进行分拆，分别进行处理。

在进行分拆时，应当先确定负债成分的公允价值并以此作为其初始确认金额，再按照该金融工具整体的发行价格扣除负债成分初始确认金额后的金额确定权益成分的初始确认金额。

发行该非衍生金融工具发生的交易费用，应当在负债成分和权益成分之间按照各自的相对公允价值进行分摊。

押题点2 负债

一、金融负债

1. 短期借款
2. 以公允价值计量且其变动计入当期损益的金融负债
3. 应付票据
4. 应付账款

应付账款一般按应付金额入账，而不按到期应付金额的现值入账。

对于现金折扣，按发票上记载的应付金额的总值(即不扣除折扣)入账。将来实际获得的现金折扣，直接冲减当期财务费用。

企业接受的捐赠和债务豁免，按照企业会计准则规定符合确认条件的，通常应当确认为当期收益。如果企业接受控股股东(或控股股东的子公司)或非控股股东(或非控股股东的子公司)直接或间接代为偿债、债务豁免或捐赠，经济实质表明属于控股股东或非控股股东对企业的资本性投入，应当将相关的利得计入所有者权益(资本公积)。

5. 应付债券

(1)一般公司债券。

①发行债券。

借：银行存款

　　贷：应付债券——面值(债券面值)

　　　　　　　　——利息调整(差额)

“应付债券——利息调整”科目的发生额也可能在借方。发行债券的发行费用应计入发行债券的初始成本，反映在“应付债券——利息调整”明细科目中。

②期末计提利息。

每期计入“在建工程”“制造费用”“财务费用”等科目的利息费用=期初摊余成本×实际利率；每期确认的“应付利息”或“应付债券——应计利息”=债券面值×票面利率。

借：在建工程、制造费用、财务费用等科目

　　应付债券——利息调整

　　贷：应付利息(分期付息债券利息)

　　　　应付债券——应计利息(到期一次还本付息债券利息)

【注意】“应付债券——利息调整”科目的发生额也可能在贷方。

③到期归还本金和利息。

借：应付债券——面值

　　　　　　——应计利息(到期一次还本付息债券利息)

　　应付利息(分期付息债券的最后一次利息)

　　贷：银行存款

(2)可转换公司债券。

①发行可转换公司债券时。

借：银行存款

　　贷：应付债券——可转换公司债券(面值)

　　　　　　　　——可转换公司债券(利息调整)(也可能在借方)

　　　　其他权益工具(权益成分的公允价值)

②转换股份前。

可转换公司债券的负债成分，在转换为股份前，其会计处理与一般公司债券相同，即按照实际利率和摊余成本确认利息费用，按面值和票面利率确认应付利息，差额作为利息调整进行摊销。

③转换股份时。

借：应付债券——可转换公司债券(面值、利息调整)(账面余额)

其他权益工具(转换部分权益成分的公允价值)

贷：股本(股票面值×转换的股数)

资本公积——股本溢价(差额)

2019年

预测题

预测 1

(应付债券摊余成本及财务费用的计算)

A 公司于 2015 年 1 月 1 日发行 5 年期，每年 1 月 1 日付息、到期一次还本的公司债券，债券面值为 5000 万元，票面年利率为 10%，发行价格为 5600 万元；支付发行费用 200.65 万元。假定甲公司每年年末采用实际利率法摊销债券溢折价，实际利率为 8%。

要求：

不考虑其他因素，编制相关会计分录。(分录金额以万元为单位)

【答案】

2015 年 1 月 1 日

借：银行存款　(5600−200.65)5399.35

　贷：应付债券——面值　5000

　　　　——利息调整　399.35

计算实际利率：

5399.35=500×(P/A，i，5)+5000×(P/F，i，5)

用插值法求出实际利率 i=8%。

2015 年 12 月 31 日

借：财务费用　(5399.35×8%)431.95

　应付债券——利息调整　68.05

　贷：应付利息　500

2016 年 1 月 1 日

借：应付利息　500

　贷：银行存款　500

2016 年 12 月 31 日

借：财务费用　(5331.3×8%)426.5

　应付债券——利息调整　73.5

　贷：应付利息　500

2017 年 1 月 1 日

借：应付利息　500

　贷：银行存款　500

（可转债的计算）

A公司于2015年1月1日以8000万元的价格发行面值总额为8000万元的可转换公司债券用于建设某机器设备，发行费用为100万元。该可转换公司债券为限为5年，票面年利率为5%。自2016年起，每年1月5日支付上年利息。自2016年1月1日起至2016年12月31日，该可转换公司债券持有人可以申请按债券转换日的账面价值转为甲公司的普通股(每股面值1元)，初始转换价格为每股20元，不足转为1万股的部分按每股20元以现金结清。债券发行时二级市场上与之类似的没有附带转换权的债券市场利率为8%。

其他相关资料如下：

(1)2015年1月1日，A公司收到发行价款8000万元，所筹资金用于某机器设备的建设，该机器设备的建设于2015年12月31日达到预定可使用状态并交付使用。

(2)2016年1月2日，该可转换公司债券的80%转为A公司的普通股，相关手续已于当日办妥；未转为A公司普通股的可转换公司债券持有至到期，其本金及最后一期利息一次结清。

假设：

(1)甲公司采用实际利率法确认利息费用；

(2)每年年末计提债券利息和确认利息费用；

(3)(P/F，8%，5)=0.6806，(P/A，8%，5)=3.9927，(P/F，9%，5)=0.6499，(P/A，9%，5)=3.8897。

要求：

(1)编制A公司发行该可转换公司债券的会计分录。

(2)编制A公司2015年12月31日计提可转换公司债券利息和应确认的利息费用的会计分录。

(3)编制A公司2016年1月1日支付可转换公司债券利息的会计分录。

(4)计算2016年1月2日可转换公司债券转为A公司普通股的股数。

(5)编制A公司2016年1月2日与可转换公司债券转为普通股有关的会计分录。

(6)假设A公司没有增发股票用于支付债券持有人行权时申请的股票，而是以回购发行在外股票的方式用于完成支付，回购价为30元/股。编制相关会计分录。

(7)编制A公司2016年1月2日转换日后至当年年末剩余未转换债券的相关会计分录。

(金额单位以万元为单位，答案保留两位小数。)

【答案】

(1)2015年1月1日。

可转换公司债券中“纯债券”部分的发行价格=400×(P/A，8%，5)+8000×(P/F，8%，5)=7041.88(万元)。

假设不考虑发行费用，则会计分录为：

借：银行存款	8000
应付债券——可转换公司债券(利息调整)	958.12

贷：应付债券——可转换公司债券(面值)　8000

其他权益工具——可转换债券　958.12

如考虑发行费用，则需要由“纯债券”和“转股权”两者共同承担该费用，其中：

“纯债券”承担的费用额=100×7041.88/8000=88.02(万元)。

“转股权”承担的费用额=100×958.12/8000=11.98(万元)。

上述会计分录修改为：

借：银行存款　7900

应付债券——可转换公司债券(利息调整)　1046.14

贷：应付债券——可转换公司债券(面值)　8000

其他权益工具——可转换债券　946.14

计算实际利率：

6953.86=400×(P/A，i，5)+8000×(P/F，i，5)

用插值法求出实际利率i=8.3%

(2)2015年12月31日。

借：在建工程　(6953.86×8.3%)577.17

贷：应付利息　400

应付债券——可转换公司债券(利息调整)　177.17

(3)2016年1月1日。

借：应付利息　400

贷：银行存款　400

(4)2016年1月2日。

当日可转换公司债券的账面价值=6953.86+177.17=7131.03(万元)。

理论转股数=7131.03×80%/20=285.24(万股)。

按照约定，实际转股285万股，剩余0.24万股用现金4.8万元(0.24×20)支付替代。

(5)2016年1月2日。

借：应付债券——可转换公司债券(面值)　(8000×80%)6400

其他权益工具——可转换债券　(946.14×80%)756.91

贷：应付债券——可转换公司债券(利息调整)　[(1046.14-177.17)×80%]695.18

股本　285

库存现金　4.8

资本公积——股本溢价　6171.93

(6)回购股票时。

借：库存股　(285×30)8550

贷：银行存款　8550

转股日

借：应付债券——可转换公司债券(面值)　(8000×80%)6400

其他权益工具——可转换债券　(946.14×80%)756.91

资本公积——股本溢价　　2093.07
贷：应付债券——可转换公司债券(利息调整)　　[(1046.14−177.17)×80%]695.18
库存股　　8550
库存现金　　4.8

(7)2016年12月31日。

借：财务费用　　(7131.03×20%×8.3%)118.38
贷：应付利息　　(400×20%)80
应付债券——可转换公司债券(利息调整)　　38.38

当日转股权到期作废

借：其他权益工具——可转换债券　　(946.14×20%)189.23
贷：资本公积——股本溢价　　189

专题九　借款费用

考点梳理

押题点　借款费用

(一)借款费用的范围

借款费用是企业因借入资金所付出的代价，它包括借款利息费用(包括借款折价或者溢价的摊销和相关辅助费用的摊销)以及因外币借款而发生的汇兑差额等。

(二)借款的范围

借款费用应予资本化的借款范围既包括专门借款，也包括一般借款。

(三)符合资本化条件的资产

企业发生的借款费用，可直接归属于符合资本化条件的资产的购建或者生产的，应当予以资本化，计入符合资本化条件的资产成本。其他借款费用，应当在发生时根据其发生额确认为财务费用，计入当期损益。

符合资本化条件的资产，是指需要经过相当长时间(一年或一年以上)的购建或者生产活动才能达到预定可使用或者可销售状态的固定资产、投资性房地产和存货等资产。

【注意】在实务中，如果由于人为或者故意等非正常因素导致资产的购建或生产时间相当长的，该资产不属于符合资本化条件的资产。

(四)借款费用的确认

借款费用的确认主要解决的是将每期发生的借款费用资本化、计入相关资产的成本，还是将有关借款费用费用化、计入当期损益的问题。

企业只有发生在资本化期间内的有关借款费用，才允许资本化，资本化期间的确定是借款费用确认和计量的重要前提。

（五）借款费用的计量

在借款费用资本化期间内，每一会计期间的利息（包括折价或溢价的摊销）资本化金额，应当按照下列方法确定：

（1）为购建或者生产符合资本化条件的资产而借入专门借款的，应当以专门借款当期实际发生的利息费用，减去将尚未动用的借款资金存入银行取得的利息收入或进行暂时性投资取得的投资收益后的金额确定。

【注意】 对专门借款而言，资本化期间的借款费用全部资本化，费用化期间的借款费用全部费用化。对费用化金额的计算可比照资本化金额的计算方式处理，即费用化期间的利息费用减去费用化期间尚未动用的借款资金存入银行取得的利息收入或进行暂时性投资取得的投资收益后的金额确定。

（2）为购建或者生产符合资本化条件的资产而占用了一般借款的，企业应当根据累计资产支出超过专门借款部分的资产支出加权平均数乘以所占用一般借款的资本化率，计算确定一般借款应予资本化的利息金额。资本化率应当根据一般借款加权平均利率计算确定。有关计算公式如下：

一般借款利息费用资本化金额＝累计资产支出超过专门借款部分的资产支出加权平均数×所占用一般借款的资本化率

资产支出加权平均数＝∑（每笔资产支出金额×该笔资产支出在当期所占用的天数/当期天数）

【注意】 一般借款费用化金额＝全部利息费用－资本化金额

（3）每一会计期间的利息资本化金额，不应当超过当期相关借款实际发生的利息金额。

历年真题

2014年

（借款费用全流程计算）

甲股份有限公司（以下简称“甲公司”）拟自建一条生产线，与该生产线建造相关的情况如下：

（1）20×2年1月2日，甲公司发行公司债券，专门筹集生产线建设资金。该公司债券为3年期分期付息、到期还本债券，面值为3000万元，票面年利率为5%，发行价格为3069.75万元，另在发行过程中支付中介机构佣金150万元，实际募集资金净额为2919.75万元。

（2）甲公司除上述所发行公司债券外，还存在两笔流动资金借款：一笔于20×1年10月1日借入，本金为2000万元，年利率为6%，期限2年；另一笔于20×1年12月1日借入，本金为3000万元，年利率为7%，期限18个月。

（3）生产线建造工程于20×2年1月2日开工，采用外包方式进行，预计工期1年。有关建造支出情况如下：

20×2年1月2日，支付建造商1000万元；

20×2年5月1日，支付建造商1600万元；

20×2 年 8 月 1 日，支付建造商 1400 万元。

(4)20×2 年 9 月 1 日，生产线建造工程出现人员伤亡事故，被当地安监部门责令停工整改，至 20×2 年 12 月底整改完毕。工程于 20×3 年 1 月 1 日恢复建造，当日向建造商支付工程款 1200 万元。建造工程于 20×3 年 3 月 31 日完成，并经有关部门验收，试生产出合格产品。为帮助职工正确操作使用新建生产线，甲公司自 20×3 年 3 月 31 日起对一线员工进行培训，至 4 月 30 日结束，共发生培训费用 120 万元。该生产线自 20×3 年 5 月 1 日起实际投入使用。

(5)甲公司将闲置专门借款资金投资固定收益理财产品，月收益率为 0.5%。

其他资料：

本题中不考虑所得税等相关税费以及其他因素。

(P/A，5%，3)=2.7232，(P/A，6%，3)=2.6730，(P/A，7%，3)=2.6243

(P/F，5%，3)=0.8638，(P/F，6%，3)=0.8396，(P/F，7%，3)=0.8163

要求：

(1)确定甲公司生产线建造工程借款费用的资本化期间，并说明理由。

(2)计算甲公司发行公司债券的实际利率，并对发行债券进行会计处理。

(3)分别计算甲公司 20×2 年专门借款、一般借款利息应予资本化的金额，并对生产线建造工程进行会计处理。

(4)分别计算甲公司 20×3 年专门借款、一般借款利息应予资本化的金额，并对生产线建造工程进行会计处理，编制结转固定资产的会计分录。

【答案】

(1)资本化期间：

20×2 年 1 月 2 日至 20×2 年 8 月 31 日(9 月 1 日至 12 月 31 日期间暂停)；20×3 年 1 月 1 日至 20×3 年 3 月 31 日。

理由：20×2 年 1 月 2 日资产支出已经发生、借款费用已经发生、有关建造活动也已经开始，符合借款费用开始资本化的条件；

20×2 年 9 月 1 日至 12 月 31 日期间因事故停工且连续超过 3 个月，应暂停资本化；

20×3 年 3 月 31 日试生产出合格产品，已达到预定可使用状态，应停止借款费用资本化。

(2)采用插值法计算实际利率，假设实际利率为 6%，则该债券预计未来现金流量的现值=3000×5%×(P/A，6%，3)+3000×(P/F，6%，3)=150×2.6730+3000×0.8396=2919.75(万元)，与该应付债券的初始入账金额相等，因此该债券的实际利率为 6%。

借：银行存款　(3069.75-150)2919.75
　　应付债券——利息调整　80.25
　　贷：应付债券——面值　3000

(3)应付债券 20×2 年的实际利息=2919.75×6%=175.19(万元)。

20×2 年用于短期投资取得的收益=(2919.75-1000)×0.5%×4+(2919.75-1000-1600)×0.5%×3=43.19(万元)；

专门借款利息资本化金额=2919.75×6%×8/12-43.19=73.60(万元)；

一般借款平均资本化率=(2000×6%+3000×7%)/(2000×12/12+3000×12/12)×100%=6.6%；至

20×2 年 8 月 1 日，发生建造支出=1000+1600+1400=4000(万元)，1 月 1 日和 5 月 1 日发生的支出占用的均为专门借款，8 月 1 日支出占用一般借款=4000−2919.75=1080.25(万元)。

一般借款利息资本化金额=1080.25×1/12×6.6%=5.94(万元)。

分录：

借：在建工程　4000

　贷：银行存款　4000

借：在建工程　73.60

　应收利息(或银行存款)　43.19

　财务费用　58.40

　贷：应付利息　(3000×5%)150

　　应付债券——利息调整　(175.19−150)25.19

借：在建工程　5.94

　财务费用　324.06

　贷：应付利息　330

(4)20×3 年专门借款利息资本化金额=(2919.75+25.19)×6%×3/12=44.17(万元)；

20×3 年甲公司占用的仍为这两笔一般借款，则 20×3 年一般借款平均资本化率与 20×2 年相同，为 6.6%；

20×3 年所占用一般借款本金加权平均数=(1000+1600+1400+1200−2919.75)×3/12=570.06(万元)；

20×3 年一般借款利息资本化金额=570.06×6.6%=37.62(万元)。

20×3 年借款费用资本化金额=44.17+37.62=81.79(万元)。

借：在建工程　1200

　贷：银行存款　1200

借：在建工程　44.17

　贷：应付利息　(3000×5%×3/12)37.50

　　应付债券——利息调整　6.67

借：在建工程　37.62

　贷：应付利息　37.62

借：固定资产　(4000+79.54+1200+44.17+37.62)5361.33

　贷：在建工程　5361.33

2019年 预测题

预测

(外币折算与借款费用综合题)

甲公司于 20×1 年 1 月 1 日，为建造某工程项目专门以面值发行美元公司债券 1000 万元，年利率为8%，期限为3年，假定不考虑与发行债券有关的辅助费用、未支出专门借款的利息收入或投资收益。合同约定，每年1月1日支付上年利息，到期还本。

工程于20×1年1月1日开始实体建造，20×2年6月30日完工，达到预定可使用状态，期间发生的资产支出如下：

20×1年1月1日，支出200万美元；

20×1年7月1日，支出500万美元；

20×2年1月1日，支出300万美元。

公司的记账本位币为人民币，外币业务采用外币业务发生时当日的市场汇率折算。相关汇率如下：

20×1年1月1日，市场汇率为1美元=7.70元人民币；

20×1年12月31日，市场汇率为1美元=7.75元人民币；

20×2年1月1日，市场汇率为1美元=7.77元人民币；

20×2年6月30日，市场汇率为1美元=7.80元人民币。

要求：

根据上述资料，编制甲公司与借款费用相关的会计分录。

【答案】

甲公司计算外币借款汇兑差额资本化金额如下：

(1)计算20×1年汇兑差额资本化金额：

①债券应付利息=1000×8%×7.75=80×7.75=620(万元)。

账务处理为：

借：在建工程　620

　　贷：应付利息　620

②外币债券本金及利息汇兑差额=1000×(7.75−7.70)+80×(7.75−7.75)=50(万元)。

③账务处理为：

借：在建工程　50

　　贷：应付债券　50

(2)20×2年1月1日实际支付利息时，应当支付80万美元，折算成人民币为621.60万元。该金额与原账面金额620万元之间的差额1.60万元应当继续予以资本化，计入在建工程成本。账务处理为：

借：应付利息　620

　　在建工程　1.6

　　贷：银行存款　621.6

(3)计算20×2年6月30日时的汇兑差额资本化金额：

①债券应付利息=1000×8%×1/2×7.80=40×7.80=312(万元)。

账务处理为：

借：在建工程　312

　　贷：应付利息　312

②外币债券本金及利息汇兑差额=1000×(7.80−7.75)+40×(7.80−7.80)=50(万元)。

③账务处理为：

借：在建工程 50

　　贷：应付债券 50

专题十 投资性房地产

考点梳理

押题点1 性质和确认

一、投资性房地产的定义及特征

投资性房地产，是指为赚取租金或资本增值，或两者兼有而持有的房地产。投资性房地产应当能够单独计量和出售。

二、投资性房地产的范围(见表11)

表11 投资性房地产的范围

范围	注意问题
已出租的土地使用权	(1)企业计划用于出租但尚未出租的土地使用权，不属于此类； (2)以经营租赁方式租入再转租给其他单位的房地产也不属于投资性房地产
持有并准备增值后转让的土地使用权	—
已出租的建筑物	(1)是指企业拥有产权并以经营租赁方式出租的建筑物； (2)对企业持有以备经营出租的空置建筑物或在建建筑物，只有企业管理当局(董事会或类似机构)作出正式书面决议，明确表明将其用于经营出租且持有意图短期内不再发生变化的，即使尚未签订租赁协议，也可视为投资性房地产

【注意】下列各项不属于投资性房地产：

(1)自用房地产。

即为生产商品、提供劳务或者经营管理而持有的房地产。例如：企业出租给本企业职工居住的房屋；企业拥有并自行经营的旅馆饭店；企业自用的办公楼、生产车间厂房等。

(2)作为存货的房地产。

作为存货的房地产是指房地产开发企业在正常经营过程中销售的或为销售而正在开发的商品房和土地。这部分房地产属于房地产开发企业的存货，不属于投资性房地产。

如果某项房地产，部分用于赚取租金或资本增值、部分用于生产商品、提供劳务或经营管理，能够单独计量和出售的、用于赚取租金或资本增值的部分，应当确认为投资性房地产；不能够单独计量和出售的、用于赚取租金或资本增值的部分，不确认为投资性房地产。

押题点② 初始计量

一、投资性房地产的初始计量

投资性房地产应当按照成本进行初始计量。

(一)外购的投资性房地产的确认和初始计量

对于企业外购的房地产，只有在购入房地产的同时开始对外出租(自租赁期开始日起，下同)或用于资本增值，才能称之为外购的投资性房地产。外购投资性房地产的实际成本，包括购买价款、相关税费和可直接归属于该资产的其他支出。

企业购入房地产，自用一段时间之后再改为出租或用于资本增值的，应当先将外购的房地产确认为固定资产或无形资产，自租赁期开始日或用于资本增值之日开始，才能从固定资产或无形资产转换为投资性房地产。

(二)自行建造投资性房地产的确认和初始计量

自行建造投资性房地产，其成本由建造该项资产达到预定可使用状态前发生的必要支出构成，包括土地开发费、建筑成本、安装成本、应予以资本化的借款费用、支付的其他费用和分摊的间接费用等。建造过程中发生的非正常性损失，直接计入当期损益，不计入建造成本。

(三)非投资性房地产转换为投资性房地产的确认和初始计量

参见"转换和处置"部分内容。

二、与投资性房地产有关的后续支出

(一)资本化的后续支出

与投资性房地产有关的后续支出，满足投资性房地产确认条件的，应当计入投资性房地产成本。

企业对某项投资性房地产进行改扩建等再开发且将来仍作为投资性房地产的，在再开发期间应继续将其作为投资性房地产，再开发期间不计提折旧或摊销。

转为改扩建时的分录如下：

1. 成本模式

借：投资性房地产——在建
　　投资性房地产累计折旧(摊销)
　　投资性房地产减值准备
　　贷：投资性房地产

2. 公允价值模式

借：投资性房地产——在建
　　　　　　　　——公允价值变动(也可能在贷方)
　　贷：投资性房地产——成本

(二)费用化的后续支出

与投资性房地产有关的后续支出，不满足投资性房地产确认条件的，应当在发生时计入当期损益。

押题点3 后续支出的确认和计量

企业通常应当采用成本模式对投资性房地产进行后续计量，满足特定条件时也可以采用公允价值模式对投资性房地产进行后续计量。但是，同一企业只能采用一种模式对所有投资性房地产进行后续计量，不得同时采用两种计量模式。

一、采用成本模式进行后续计量的投资性房地产

(一)科目设置

投资性房地产、投资性房地产累计折旧(摊销)和投资性房地产减值准备。

(二)会计处理

在成本模式下，应当按照固定资产或无形资产的有关规定，对投资性房地产进行后续计量，计提折旧或摊销；存在减值迹象的，还应当按照资产减值的有关规定进行处理。

1. 计提折旧或进行摊销时

借：其他业务成本

　　贷：投资性房地产累计折旧(摊销)

2. 计提减值准备时

借：资产减值损失

　　贷：投资性房地产减值准备

3. 取得租金收入

借：银行存款

　　贷：其他业务收入

　　　　应交税费——应交增值税(销项税额)

二、采用公允价值模式进行后续计量的投资性房地产

(一)采用公允价值模式计量的前提条件

企业只有存在确凿证据表明投资性房地产的公允价值能够持续可靠取得的，才可以采用公允价值模式对投资性房地产进行后续计量。

(二)科目设置

1. 投资性房地产——成本和投资性房地产——公允价值变动

2. 公允价值变动损益

(三)采用公允价值模式进行后续计量的会计处理

1. 公允价值变动

借：投资性房地产——公允价值变动

　　贷：公允价值变动损益

或做相反分录。

2. 取得租金收入

借：银行存款

　　贷：其他业务收入

　　　　应交税费——应交增值税(销项税额)

【注意】企业采用公允价值模式进行后续计量的，不对投资性房地产计提折旧或摊销，也不计提减值准备。

三、投资性房地产后续计量模式的变更

企业对投资性房地产的计量模式一经确定，不得随意变更。以成本模式转为公允价值模式的，应当作为会计政策变更处理，将计量模式变更时公允价值与账面价值的差额，调整期初留存收益。

已采用公允价值模式计量的投资性房地产，不得从公允价值模式转为成本模式。

投资性房地产后续计量由成本模式变更为公允价值模式的账务处理：

借：投资性房地产——成本
　　　　　　　　——公允价值变动
　　投资性房地产累计折旧(摊销)(原投资性房地产已计提的折旧或摊销)
　　投资性房地产减值准备
　　贷：投资性房地产(原价)
　　　　利润分配——未分配利润(或借记)
　　　　盈余公积(或借记)

【注意】涉及所得税影响的，调整递延所得税负债(或递延所得税资产)。

押题点4 转换和处置

一、投资性房地产的转换

(一)投资性房地产转换形式和转换日

1. 转换形式

“自用房地产或存货”与“投资性房地产”的转换。

2. 转换日

(1)“自用房地产或存货”转换为“投资性房地产”

租赁期开始日或用于资本增值的日期。

“空置建筑物或在建建筑物”是董事会或类似机构作出书面决议的日期。

(2)“投资性房地产”转换为“自用房地产”房地产达到自用状态日期。

(3)“投资性房地产”转换为“存货”：

租赁期届满，企业董事会或类似机构作出书面决议明确表明将其重新开发用于对外出售的日期。

(二)房地产转换的会计处理

1. 成本模式下

非投资性房地产和投资性房地产相互转换时，均按账面价值转换。

2. 公允价值模式下

非投资性房地产转为投资性房地产的：投资性房地产按公允价值计量，公允价值与账面价值的借方差额记入“公允价值变动损益”科目，贷方差额记入“其他综合收益”科目。

投资性房地产转换为非投资性房地产的：公允价值与账面价值的差额记入“公允价值变

动损益”科目。

二、投资性房地产的处置

(一)采用成本模式计量

借：银行存款

　　贷：其他业务收入

　　　　应交税费——应交增值税(销项税额)

借：其他业务成本

　　投资性房地产累计折旧(摊销)

　　投资性房地产减值准备

　　贷：投资性房地产

(二)采用公允价值模式计量

借：银行存款

　　贷：其他业务收入

　　　　应交税费——应交增值税(销项税额)

借：其他业务成本

　　贷：投资性房地产——成本

　　　　　　　　　　——公允价值变动

借：其他综合收益

　　贷：其他业务成本

借：公允价值变动损益

　　贷：其他业务成本

或：

借：其他业务成本

　　贷：公允价值变动损益

2019年 预测题

预测

(成本模式全流程)

甲公司将一栋写字楼经营租赁给乙公司，租赁期为 1 年，年租金为 200 万元，租金于年末结清。租赁期开始日为 2015 年 1 月 1 日。租赁期间，由甲企业提供该写字楼的日常维护。该写字楼的原造价为 2500 万元，按直线法计提折旧，使用寿命为 25 年，预计净残值为零，已计提折旧 900 万元，账面价值为 1600 万元。甲企业采用成本模式对投资性房地产进行后续计量。2015 年 12 月，该办公楼发生减值迹象，经减值测试，其可收回金额为 1400 万元；2015 年共发生日常维护费用 50 万元，均以银行存款支付。

2016 年 1 月 1 日，甲企业决定于当日开始对该写字楼进行再开发，开发完成后将继续用于经营租赁。2016 年 4 月 20 日，甲企业与丙公司签订经营租赁合同，约定自 2016 年 7 月 1 日起将写字楼出租给丙公司。租赁期为 2 年，年租金为 300 万元，租金每半年支付一次。

2016 年 6 月 30 日，该写字楼再开发完成，共发生支出 400 万元，均以银行存款支付，其中符合资本化的为 300 万元。现预计该项投资性房地产尚可使用年限为 20 年，预计净残值为零，折旧方法仍为直线法。

其他资料：不考虑相关税费。甲公司按净利润的 10% 计提盈余公积。

要求：

(1)编制 2015 年 1 月 1 日甲企业出租写字楼的有关会计分录；

(2)编制 2015 年 12 月 31 日该投资性房地产的有关会计分录；

(3)编制 2016 年甲企业该投资性房地产再开发的有关会计分录；

(4)编制 2016 年 12 月 31 日该投资性房地产的有关会计分录。

【答案】

(1)2015 年 1 月 1 日转换日：自用房地产转换为投资性房地产的，应“一个萝卜，一个坑”地对应结转：

借：投资性房地产 2500
　　累计折旧 900
　　贷：投资性房地产累计折旧 900
　　　　固定资产 2500

(2)2015 年 12 月 31 日：

日常维护费用：

借：其他业务成本 50
　　贷：银行存款 50

收取租金：

借：银行存款 200
　　贷：其他业务收入 200

计提折旧：

借：其他业务成本 (2500/25)100
　　贷：投资性房地产累计折旧 100

期末减值测试：

借：资产减值损失 [(1600−100)−1400]100
　　贷：投资性房地产减值准备 100

(3)2016 年再开发，将账面价值转入在建项目：

借：投资性房地产——在建 1400
　　投资性房地产累计折旧 (900+100)1000
　　投资性房地产减值准备 100
　　贷：投资性房地产 2500

借：投资性房地产——在建 300

其他业务成本　　100

　　贷：银行存款　　400

借：投资性房地产　　1700

　　贷：投资性房地产——在建　　1700

(4)2016 年 12 月 31 日：

借：银行存款　　150

　　贷：其他业务收入　　150

借：其他业务成本　　$(1700/20\times6/12)$ 42.5

　　贷：投资性房地产累计折旧　　42.5

专题十一 股份支付

考点梳理

押题点 股份支付

一、股份支付概述

股份支付，是指企业为获取职工和其他方提供服务而授予权益工具或者承担以权益工具为基础确定的负债的交易。

股份支付分为以权益结算的股份支付和以现金结算的股份支付。

(1)以权益结算的股份支付，是指企业为获取服务而以股份(如限制性股票)或其他权益工具(如股票期权)作为对价进行结算的交易。

(2)以现金结算的股份支付，是指企业为获取服务而承担的以股份或其他权益工具为基础计算的交付现金或其他资产义务的交易。如现金股票增值权等。

二、股份支付的确认和计量

1. 股份支付的确认和计量原则

(1)权益结算的股份支付的确认和计量原则。

应按授予日权益工具的公允价值计量，不确认其后续公允价值变动。

(2)现金结算的股份支付的确认和计量原则。

企业应当在等待期内按每个资产负债表日权益工具的公允价值重新计量，确认成本费用和相应的应付职工薪酬；并在结算前的每个资产负债表日和结算日对负债的公允价值重新计量，将其公允价值变动计入当期损益(或公允价值变动损益)。

2. 股份支付的处理

(1)授予日。

除了立即可行权的股份支付外，企业在授予日不做会计处理。

(2)等待期内每个资产负债表日。

企业应当在等待期内的每个资产负债表日，将取得职工或其他方提供的服务计入成本费用，同时确认所有者权益或负债。

①对于权益结算的涉及职工的股份支付，应当按照授予日权益工具的公允价值计入成本费用和资本公积(其他资本公积)，不确认其后续公允价值变动。

借：管理费用等

贷：资本公积——其他资本公积

②对于现金结算的涉及职工的股份支付，应当按照每个资产负债表日权益工具的公允价值重新计量，确定成本费用和应付职工薪酬。

借：管理费用等

贷：应付职工薪酬

(3)可行权日之后。

①对于权益结算的股份支付，在可行权日之后不再对已确认的成本费用和所有者权益总额进行调整。

②对于现金结算的股份支付，企业在可行权日之后不再确认成本费用，负债(应付职工薪酬)公允价值的变动应当计入当期损益(公允价值变动损益)。

借：公允价值变动损益

贷：应付职工薪酬

或做相反分录。

(4)回购股份进行职工期权激励。

①回购股份

借：库存股

贷：银行存款(实际支付的款项)

②确认成本费用

借：管理费用等

贷：资本公积——其他资本公积

③职工行权

借：银行存款(企业收到的股票价款)

资本公积——其他资本公积(等待期内资本公积累计确认的金额)

贷：库存股(交付给职工的库存股成本)

资本公积——股本溢价(差额)

3. 限制性股票的会计处理

实务中，上市公司实施限制性股票的股权激励安排中，以非公开发行方式向激励对象授予一定数量的公司股票，常见做法是上市公司以非公开发行的方式向激励对象授予一定数量的公司股票，并规定锁定期和解锁期，在锁定期和解锁期内，不得上市流通及转让。达到解锁条件，可以解锁；如果全部或部分股票未被解锁而失效或作废，通常由上市公司按照事先约定的价格立即进行回购。

(1)授予日的会计处理。

①收到认股款。

借：银行存款(企业有关限制性股票按规定履行了增资手续)

  贷：股本

    资本公积——股本溢价

②就回购义务确认负债。

借：库存股(按照发行限制性股票的数量以及相应的回购价格计算确定的金额)

  贷：其他应付款——限制性股票回购义务

(2)等待期内的会计处理。

①与股份支付有关的会计处理。

按权益结算股份支付确认与计量原则处理。

【注意】

(1)在等待期内的每个资产负债表日，后续信息表明可解锁限制性股票的数量与以前估计不同的，应当进行调整，并在解锁日调整至实际可解锁的限制性股票数量；

(2)限制性股票分批解锁的，实际上相当于授予了若干个子计划，应当分别根据各子计划的可解锁数量的最佳估计在相应的等待期内确认与股份支付有关的成本费用。

②分配现金股利的会计处理。

现金股利可撤销与现金股利不可撤销的限制性股票在会计处理上有其共同点：一是都要求对未来解锁条件的满足情况进行合理估计，并且这一估计与上述进行股份支付会计处理时在等待期内每个资产负债表日对可行权权益工具数量进行的估计应当保持一致。二是对于预计未来可解锁限制性股票持有者应分配的现金股利，都视为对股东的利润分配。

现金股利可撤销与现金股利不可撤销的限制性股票的区别主要在于：不满足解锁条件的情况下，被回购限制性股票持有者是否有权享有其在等待期内应收或已收的现金股利，有权享有现金股利的，为现金股利不可撤销的限制性股票，否则为现金股利可撤销的限制性股票。

【注意】预计未来可解锁，现金股利通过“利润分配”科目核算；现金股利可撤销，应减少其他应付款。等待期内发放现金股利时限制性股票的会计处理见表12。

表12 等待期内发放现金股利时限制性股票的会计处理

项目	预计未来可解锁	预计未来不可解锁

现金股利可撤销	借：利润分配——应付现金股利或利润
	  贷：应付股利——限制性股票股利
	同时，按分配的现金股利金额
	借：其他应付款——限制性股票回购义务
	  贷：库存股
	实际支付时
	借：应付股利——限制性股票股利
	  贷：银行存款
		借：其他应付款——限制性股票回购义务
		  贷：应付股利——限制性股票股利
		实际支付时
		借：应付股利——限制性股票股利
		  贷：银行存款
		后续信息表明不可解锁限制性股票的数量与以前估计不同的，应当作为会计估计变更处理，直到解锁日预计不可解锁限制性股票的数量与实际未解锁限制性股票的数量一致

续表

项目	预计未来可解锁	预计未来不可解锁
现金股利不可撤销	借：利润分配——应付现金股利或利润 　　贷：应付股利——限制性股票股利 实际支付时 借：应付股利——限制性股票股利 　　贷：银行存款	借：管理费用等 　　贷：应付股利——限制性股票股利 实际支付时 借：应付股利——限制性股票股利 　　贷：银行存款 后续信息表明不可解锁限制性股票的数量与以前估计不同的，应当作为会计估计变更处理，直到解锁日预计不可解锁限制性股票的数量与实际未解锁限制性股票的数量一致

(3)解锁日的会计处理。

①对未达到限制性股票解锁条件而需回购的股票。

借：其他应付款——限制性股票回购义务(应支付的金额)

　　贷：银行存款

同时：

借：股本

　　资本公积——股本溢价(差额)

　　贷：库存股(按照注销的限制性股票数量相对应的库存股的账面价值)

②对达到限制性股票解锁条件而无需回购的股票。

借：其他应付款——限制性股票回购义务(按照解锁股票相对应的负债的账面价值)

　　贷：库存股(按照解锁股票相对应的库存股的账面价值)

4. 集团股份支付的处理

企业集团(由母公司和其全部子公司构成)内发生的股份支付交易，应当按照以下规定进行会计处理：

(1)结算企业以其本身权益工具结算的，应当将该股份支付交易作为权益结算的股份支付处理；除此之外，应当作为现金结算的股份支付处理。

结算企业是接受服务企业的投资者的，应当按照授予日权益工具的公允价值或应承担负债的公允价值确认为对接受服务企业的长期股权投资，同时确认资本公积(其他资本公积)或负债。

(2)接受服务企业没有结算义务或授予本企业职工的是其本身权益工具的，应当将该股份支付交易作为权益结算的股份支付处理；接受服务企业具有结算义务且授予本企业职工的是企业集团内其他企业权益工具的，应当将该股份支付交易作为现金结算的股份支付处理。

基本原则是“谁受益、谁确认成本费用”。

等待期内具体账务处理如下：

①结算企业(母公司)以其本身权益工具结算，接受服务企业(子公司)没有结算义务。

A. 结算企业。

借：长期股权投资

贷：资本公积——其他资本公积(按权益结算股份支付计量原则确认资本公积)

B. 接受服务企业。

借：管理费用等

贷：资本公积——其他资本公积(按权益结算股份支付计量原则确认资本公积)

C. 合并财务报表中应编制如下抵销分录。

借：资本公积

贷：长期股权投资

【注意】合并财务报表中反映的是，相当于母子公司所在的企业集团授予本集团职工权益结算股份支付的结果。

②结算企业(母公司)不是以其本身权益工具结算，接受服务企业(子公司)没有结算义务。

A. 结算企业。

借：长期股权投资

贷：应付职工薪酬(按现金结算股份支付计量原则确认应付职工薪酬)

B. 接受服务企业。

借：管理费用等

贷：资本公积——其他资本公积(按权益结算股份支付计量原则确认资本公积)

C. 合并财务报表中应编制如下抵销分录。

借：资本公积

管理费用等(差额，也可能在贷方)

贷：长期股权投资

【注意】合并财务报表中反映的是，相当于集团会计主体授予集团会计主体职工现金结算股份支付的结果，合并财务报表中最终体现的是按现金结算股份支付计量原则确认的应付职工薪酬和管理费用，因接受服务企业确认的管理费用是按权益结算股份支付计量原则确定的，所以合并财务报表抵销分录中会出现差额，该差额计入管理费用。

③结算企业和接受服务企业均为母公司，且授予本公司职工的是其本身权益工具。

借：管理费用等

贷：资本公积——其他资本公积(按权益结算股份支付计量原则确认资本公积)

④结算企业和接受服务企业均为母公司，且不是以其本身权益工具结算。

借：管理费用等

贷：应付职工薪酬(按现金结算股份支付计量原则确认应付职工薪酬)

历年真题

2016 年

(节选，限制性股票的处理)

甲股份有限公司(以下简称“甲公司”)为一家从事贵金属进口、加工生产及相关产品销售的企业，其 2×15 年发生了下列交易或事项：

……

(4)2×15 年 1 月 2 日，甲公司股东大会通过向高管人员授予限制性股票的方案。方案规定：30 名高管人员每人以每股 5 元的价格购买甲公司 10 万股普通股，自方案通过之日起，高管人员在甲公司服务满 3 年且 3 年内公司净资产收益率平均达到 15% 或以上，3 年期满即有权利拥有相关股票。服务期未满或未达到业绩条件的，3 年期满后，甲公司将以每股 5 元的价格回购有关高管人员持有的股票。3 年等待期内，高管人员不享有相关股份的股东权力。

2×15 年 1 月 2 日，甲公司普通股的市场价格为每股 10 元；当日，被授予股份的高管人员向甲公司支付价款并登记为相关股票的持有人。

2×15 年，该计划涉及的 30 名高管人员中没有人离开甲公司，且预计未来期间不会有高管人员离开。2×15 年甲公司净资产收益率为 18%，预计未来期间仍有上升空间，在 3 年期间内平均净资产收益率达到 20% 的可能性较大。

本题不考虑增值税等相关税费及其他因素。

……

要求：

说明甲公司 2×15 年应进行的会计处理并说明理由(包括应如何确认及相关理由，并编制会计分录)。

【答案】

事项(4)：

甲公司所授予高管的限制性股票应作为股份支付处理，取得高管支付的价款应当确认为负债。

会计分录：

	借方	贷方
借：银行存款	1500	
贷：股本		300
资本公积——股本溢价		1200
借：库存股	1500	
贷：其他应付款		1500

2×15 年确认的成本费用 =5×10×30×1/3=500(万元)。

	借方	贷方
借：管理费用	500	
贷：资本公积		500

理由：授予日有关限制性股票的市场价格高于高管实际支付的价格，其差额未来 3 年内应作为股份支付费用计入相关期间损益。对于取得的限制性股票，因未来期间在没有达到行权条件时甲公司将以原价回购，不符合权益界定，应作为金融负债。

2015 年

(权益性股份支付的计算及每股收益的计算)

甲股份有限公司(以下简称“甲公司”)于 20×3 年开始对高管人员进行股权激励。具体情况如下：

(1)20×3 年 1 月 2 日，甲公司与 50 名高管人员签订股权激励协议并经股东大会批准。协议约定：甲公司向每名高管授予 120000 份股票期权，每份期权于到期日可以 8 元/股的价格购买甲公司 1 股普通股。该股票期权自股权激励协议签订之日起 3 年内分三期平均行权，即该股份支付协议包括等待期分别为 1 年、2 年和 3 年的三项股份支付安排：

20×3 年年末甲公司实现的净利润较上一年度增长 8%(含 8%)以上，在职的高管人员持有的股票期权中每人可行权 40000 份；20×4 年年末，如果甲公司 20×3、20×4 连续两年实现的净利润增长率达到 8%(含 8%)以上，在职的高管人员持有的股票期权中每人可行权 40000 份；20×5 年末，如果甲公司连续三年实现的净利润增长率达到 8%(含 8%)以上，则高管人员持有的剩余股票期权可以行权。当日甲公司估计授予高管人员的股票期权公允价值为 5 元/份。

(2)20×3 年，甲公司实现净利润 12000 万元，较 20×2 年增长 9%，预计股份支付剩余等待期内净利润仍能够以同等速度增长。20×3 年甲公司普通股平均市场价格为 12 元/股。20×3 年 12 月 31 日，甲公司的授予股票期权的公允价值为 4.5 元/份。20×3 年，与甲公司签订了股权激励协议的高管人员没有离职，预计后续期间也不会离职。

(3)20×4 年，甲公司 50 名高管人员将至 20×3 年年末到期可行权的股票期权全部行权。20×4 年，甲公司实现净利润 13200 万元，较 20×3 年增长 10%。20×4 年没有高管人员离职，预计后续期间也不会离职。20×4 年 12 月 31 日，甲公司所授予股票期权的公允价值为 3.5 元/份。

其他有关资料：甲公司 20×3 年 1 月 1 日发行在外普通股为 5000 万股，假定各报告期未发生其他影响发行在外普通股股数变动的事项，且公司不存在除普通股外其他权益工具。不考虑相关税费及其他因素。

要求：

(1)确定甲公司该项股份支付的授予日。计算甲公司 20×3 年、20×4 年就该股份支付应确认的费用金额，并编制相关会计分录。

(2)编制甲公司高管人员 20×4 年就该股份支付行权的会计分录。

(3)计算甲公司 20×3 年基本每股收益。

【答案】

(1)授予日：20×3 年 1 月 2 日。因为甲公司与高管人员在当日签订了股权激励协议并经股东大会批准。

20×3 年，甲公司应确认的管理费用=(50×40000×5×1/1+50×40000×5×1/2+50×40000×5×1/3)/10000=1833.33(万元)。

相关会计分录为：

借：管理费用　　1833.33

　　贷：资本公积——其他资本公积　　1833.33

20×4 年，甲公司应确认的管理费用=(50×40000×5×1/1+50×40000×5×2/2+50×40000×5×2/3)/10000−1833.33=833.34(万元)。

相关会计分录为：

借：管理费用　　833.34
　　贷：资本公积——其他资本公积　　833.34

(2)因职工行权增加的股本＝50×40000/10000×1＝200(万元)，确认的资本公积——股本溢价金额＝(50×40000×5×1/1+50×40000×8)/10000－200＝2400(万元)。

借：银行存款　　(50×40000×8/10000)1600
　　资本公积——其他资本公积　　(50×40000×5/10000)1000
　　贷：股本　　200
　　　　资本公积——股本溢价　　2400

(3)甲公司20×3年的基本每股收益＝12000/5000＝2.4(元/股)。

2019年 预测题

预测1

(集团股份支付)

甲公司2016年度存在以下交易或事项：

2016年5月10日，甲公司以1200万元自市场回购本公司普通股，拟用于对员工进行股权激励。因甲公司的母公司(丁公司)于2016年7月1日与甲公司高管签订了股权激励协议，甲公司暂未实施本公司的股权激励。根据丁公司与甲公司高管签订的股权激励协议，丁公司对甲公司20名高管每人授予100万份丁公司股票期权，授予日每份股票期权的公允价值为6元，行权条件为自授予日起，高管人员在甲公司服务满3年。至2016年12月31日，甲公司没有高管人员离开，预计未来3年也不会有人离开。

甲公司的会计处理如下：

借：资本公积　　1200
　　贷：银行存款　　1200

对于丁公司授予甲公司高管人员的股票期权，甲公司未进行会计处理。

要求：

判断甲公司对相关事项的会计处理是否正确，并说明理由；对于不正确的事项，需要编制调整分录的，编制更正有关账簿记录的调整分录。

【答案】

甲公司会计处理不正确。理由：回购股票不应冲减资本公积，应确认库存股。调整分录：

借：库存股　　1200
　　贷：资本公积　　1200

甲公司对母公司授予本公司高管股票期权处理不正确。理由：集团内股份支付中，接受服务企业应当作为股份支付，确认相关费用。调整分录：

借：管理费用　　2000
　　贷：资本公积　　2000

预测 2

（集团股份支付的处理）

A 公司财务总监就以下事项征会计小张的意见：

20×4 年 1 月 1 日，A 公司向子公司 V 公司的一名高管授予 10000 股股票期权。只要该高管从 20×4 年 1 月 1 日起在 V 公司连续服务满 2 年，就可以以每股 10 元的价格购买 10000 股 A 公司股票，股票面值为 1 元/股。上述股票期权在 20×4 年 1 月 1 日的公允价值为 20 元/份。

要求：

针对上述股份支付安排，财务总监希望小张对 A 公司和 V 公司在 20×4 年 1 月 1 日及 20×4 年 12 月 31 日分别应如何进行会计处理提出分析意见。

【答案】

(1)20×4 年 1 月 1 日，A 公司和 V 公司均不作会计处理。

(2)20×4 年 12 月 31 日

①A 公司会计处理

借：长期股权投资——V 公司　　100000

　　贷：资本公积——其他资本公积　　100000

②V 公司会计处理

借：管理费用　　100000

　　贷：资本公积——其他资本公积　　100000

预测 3

（股份支付的确认及成本费用的计算）

A 公司于 20×5 年中开始实施一项限制性股票激励计划。根据该计划，A 公司以约定价格每股 10 元向 100 名公司管理部门员工每人发行 1 万股 A 公司股票(每股面值1 元)，并规定锁定期为 12 个月。在锁定期内，这些限制性股票不得上市流通和转让。如果员工在 12 个月后仍在 A 公司任职，则其持有的限制性股票可以解锁；如果员工在 12 个月内离开 A 公司，则 A 公司需要按照事先约定的价格每股 10 元向员工回购所持限制性股票，并予以注销。

A 公司于授予日(20×5 年 7 月 1 日)收到该 100 名员工缴纳股票认购款 1000 万元，同日，A 公司向员工发行的 100 万股限制性股票也按照有关规定履行了注册登记等增资手续。A 公司于该日借记“银行存款”1000 万元，贷记“股本”100 万元，按其差额，贷记“资本公积”900 万元。

A 公司股票于授予日公允价值为每股 15 元。

20×5 年 12 月 31 日，有 10 名员工离开 A 公司，A 公司履行了回购义务，按照支付总价款 100 万元，借记“库存股”100 万元，贷记“银行存款”100 万元；同时，注销回购股份，借记“股本”10 万元，借记“资本公积”90 万元，贷记“库存股”100 万元。A 公司估计剩余 90 名员工均会任职至限制性股票解锁日，因此，于 20×5 年 12 月 31 日，按照授予日 A 公司股票公允价值和预计将会解锁股票数量，确认应计入 20×5 年度费用金额为 675 万元，借记“管理费用”675 万元，贷记“资本公积”675 万元。

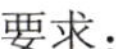

要求：

假定不考虑其他条件，指出 A 公司的会计处理是否存在不当之处。如果存在不当之处，提出恰当的处理意见(不考虑相关税费或递延所得税的影响)。

【答案】

存在不当之处。

(1)A 公司应当于 20×5 年 7 月 1 日，就回购义务确认负债，借记“库存股”1000 万元，贷记“其他应付款”1000 万元(在 10 名员工离开 A 公司时，相应冲减“其他应付款”100 万元)。

(2)20×5 年 12 月 31 日，A 公司应当基于所发行股份于授予日的公允价值与员工认购价格的差额 5 元/股(15 元/股-10 元/股)及锁定期的影响，相应确认成本费用 225 万元(90×1 万股×5 元/股/2)。

专题十二　每股收益

考点梳理

押题点　每股收益

一、每股收益的基本概念

每股收益是指普通股股东每持有一股普通股所能享有的企业净利润或需承担的企业净亏损。

每股收益包括基本每股收益和稀释每股收益两类。

二、基本每股收益

基本每股收益=归属于普通股股东的当期净利润/发行在外普通股的加权平均数

发行在外普通股加权平均数=期初发行在外普通股股数+当期新发行普通股股数×已发行时间/报告期时间-当期回购普通股股数×已回购时间/报告期时间

【注意】公司库存股不属于发行在外的普通股。

三、稀释每股收益

(一)基本计算原则

稀释每股收益是以基本每股收益为基础，假设企业所有发行在外的稀释性潜在普通股均已转换为普通股，从而分别调整归属于普通股股东的当期净利润以及发行在外普通股的加权平均数计算而得的每股收益。

(二)可转换公司债券

稀释每股收益=(净利润+假设转换时增加的净利润)/(发行在外普通股加权平均数+假设转换所增加的普通股股数加权平均数)

(三)认股权证、股份期权

对于盈利企业认股权证和股份期权等的行权价格低于当期普通股平均市场价格时，应当考虑其稀释性。

增加的普通股股数=拟行权时转换的普通股股数-行权价格×拟行权时转换的普通股股数/当期普通股平均市场价格

(四)限制性股票

上市公司采取授予限制性股票方式进行股权激励的，在其等待期内应当按照以下原则计算每股收益。

1. 等待期内基本每股收益的计算

基本每股收益仅考虑发行在外的普通股，按照归属于普通股东的当期净利润除以发行在外普通股的加权平均数计算。

限制性股票由于未来可能被回购，性质上属于或有可发行股票，在计算基本每股收益时不应当包括在内。上市公司在等待期内基本每股收益的计算，应视其发放的现金股利是否可撤销采用不同的方法：

(1)现金股利可撤销。

即一旦未到达解锁条件，被回购限制性股票的持有者将无法获得其在等待期内应收的现金股利。等待期内计算基本每股收益时，分子应扣除当期分配给预计未来可解锁限制性股票持有者的现金股利；分母不应包含限制性股票的股数。

(2)现金股利不可撤销。

等待期内计算基本每股收益时，分子应扣除归属于预计未来可解锁限制性股票的净利润；分母不应包含限制性股票的股数。

2. 等待期内稀释性每股收益的计算

是假定企业所有发行在外的稀释性潜在普通股均已转换为普通股而计算的每股收益。等待期内计算稀释每股收益时，应视解锁条件不同采取不同的方法：

(1)解锁条件仅为服务期限条件。

公司应假设资产负债表日尚未解锁的限制性股票已于当期期初(或晚于期初的授予日)全部解锁，并参照每股收益准则中股份期权的有关规定考虑限制性股票的稀释性。行权价格低于公司当期普通股平均市场价格时，应当考虑其稀释性，计算稀释每股收益。其中，行权价格为限制性股票的发行价格加上资产负债表日尚未取得职工服务按《企业会计准则第 11 号——股份支付》有关规定计算确定的公允价值。

解锁期内计算稀释每股收益时，分子应加回计算基本每股收益分子时已扣除的当期分配给预计未来可解锁限制性股票持有者的现金股利或归属于预计未来可解锁限制性股票的净利润。

行权价格=限制性股票的发行价格+资产负债表日尚未取得的职工服务的公允价值

稀释每股收益=当期净利润÷(普通股加权平均数+调整增加的普通股加权平均数)=当期净利润÷[普通股加权平均数+(限制性股票股数-行权价格×限制性股票股数÷当期普通股平均市场价格)]

限制性股票若为当期发行的，则还需考虑时间权数计算加权平均数。

(2)解锁条件包含业绩条件。

公司应假设资产负债表日即为解锁日并据以判断资产负债表日的实际业绩情况是否满足解锁要求的业绩条件。若满足业绩条件的，应当参照上述解锁条件仅为服务期限条件的有关规定计算稀释性每股收益；若不满足业绩条件的，计算稀释性每股收益时不必考虑此限制性股票的影响。

（五）企业承诺将回购其股份的合同

对于盈利企业承诺将回购其股份的合同中规定的回购价格高于当期普通股平均市场价格时，应当考虑其稀释性。

增加的普通股股数=回购价格×承诺回购的普通股股数/当期普通股平均市场价格-承诺回购的普通股股数

（六）多项潜在普通股

为了反映潜在普通股最大的稀释作用，稀释性潜在普通股应当按照其稀释程度从大到小的顺序计入稀释每股收益，直至稀释每股收益达到最小值。

四、每股收益的列报

1. 派发股票股利、公积金转增资本、拆股和并股

企业派发股票股利、公积金转增资本、拆股或并股等，会增加或减少其发行在外普通股或潜在普通股的数量，但并不影响所有者权益总额，这既不影响企业所拥有或控制的经济资源也不改变企业的盈利能力。为了保持会计指标的前后期可比性，企业应当在相关报批手续全部完成后，按调整后的股数重新计算各列报期间的每股收益。上述变化发生于资产负债表日至财务报告批准报出日之间的，应当以调整后的股数重新计算各列报期间的每股收益。

2. 配股

企业当期发生配股的情况下，计算基本每股收益时，应当考虑配股中包含的送股因素，据以调整各列报期间发行在外普通股的加权平均数。计算公式如下：

每股理论除权价格=（行权前发行在外普通股的公允价值总额+配股收到的款项）/行权后发行在外的普通股股数

调整系数=行权前发行在外普通股的每股公允价值/每股理论除权价格

需要说明的是，企业存在发行在外的除普通股以外的金融工具的，在计算基本每股收益时，基本每股收益中的分子，即归属于普通股股东的净利润不应包含其他权益工具的股利或利息，其中，对于发行的不可累积优先股等其他权益工具应扣除当期宣告发放的股利，对于发行的累积优先股等其他权益工具，无论当期是否宣告发放股利，均应予以扣除。基本每股收益计算中的分母，为发行在外普通股的加权平均股数。

对于同普通股股东一起参加剩余利润分配的其他权益工具，在计算普通股每股收益时，归属于普通股股东的净利润不应包含根据可参加机制计算的应归属于其他权益工具持有者的净利润。

2019年 预测题

预测 1

（子公司、合营企业或联营企业发行的潜在普通股）

甲公司20×7年度归属于普通股股东的净利润为72000万元（不包括子公司乙公司利润或

乙公司支付的股利)，发行在外普通股加权平均数为 60000 万股，持有乙公司 70% 的普通股股权。乙公司 20×7 年度归属于普通股股东的净利润为 32400 万元，发行在外普通股加权平均数为 13500 万股，该普通股当年平均市场价格为 8 元。年初，乙公司对外发行 900 万份可用于购买其普通股的认股权证，行权价格为 4 元，甲公司持有 18 万份认股权证，当年无认股权证被行权。假设除股利外，母子公司之间没有其他需抵销的内部交易；甲公司取得对乙公司投资时，乙公司各项可辨认资产等的公允价值与其账面价值一致。

要求：

计算 20×7 年度子公司的每股收益和合并每股收益。

【答案】

20×7 年度每股收益计算如下：

(1)子公司每股收益：

①基本每股收益＝32400/13500＝2.4(元/股)。

②调整增加的普通股股数＝900－900×4/8＝450(万股)。

稀释每股收益＝32400/(13500+450)＝2.32(元/股)。

拓展：母公司的每股收益：

基本每股收益＝72000/60000＝1.2(元/股)。

母公司没有稀释性事项，所以稀释性每股收益＝基本每股收益＝1.2(元/股)。

(2)合并每股收益：

①归属于母公司普通股股东的母公司净利润＝72000(万元)。

包括在合并基本每股收益计算中的子公司净利润部分＝2.4×13500×70%＝22680(万元)。

基本每股收益＝(72000+22680)/60000＝1.58(元/股)。

合并的每股收益就是算集团的每股收益。

基本每股收益就是用集团的净利润/母公司的股数

集团的净利润＝母公司净利润+子公司归属于母公司的净利润＝72000+32400×70%

分析：例题式子里的 2.4×13500，其实就是子公司的净利润 32400，母公司持股比例是 70%，所以是“×70%”。

②子公司净利润中归属于普通股且由母公司享有的部分＝2.32×13500×70%＝21924(万元)。

子公司净利润中归属于认股权证且由母公司享有的部分＝2.32×450×18/900＝20.88(万元)。

预测 2

(派发股票股利、公积金转增资本、拆股和并股)

某企业 20×6 年和 20×7 年归属于普通股股东的净利润分别为 1596 万元和 1848 万元，20×6年 1 月 1 日发行在外的普通股 800 万股，20×6 年 4 月 1 日按市价新发行普通股 160 万股，20×7 年 7 月 1 日分派股票股利，以 20×6 年 12 月 31 日总股本 960 万股为基数每 10 股送 3 股，假设不存在其他股数变动因素。

要求：

计算20×7年度比较利润表中基本每股收益。

【答案】

20×7年度比较利润表中基本每股收益的计算如下：

20×7年度发行在外普通股加权平均数=(800+160+288)×12/12=1248(万股)。

20×6年度发行在外普通股加权平均数=800×1.3×12/12+160×1.3×9/12=1196(万股)。

分析：虽然股票股利是在20×7年7月1日分派的，但在财务报表列报的时候，我们是假设是在20×6年分派的，而且这种分派是导致20×6年的所有股票都同步增加30%(因为10股送3股，相当于增加30%)。

所以20×7年的普通股加权平均数=800+160+288=960+960×30%

因为股票股利是在20×6年分派的，所以20×7年就是年初的总股本960+960×30%。

20×6年的普通股加权平均数=(800+160×9/12)×1.3

括号里是20×6年真正的加权普通股股数，但是在20×7年的资产负债表里，我们进行了调整，为了可比性，假设20×6年派发了总股本30%的股票股利，于是乘以1.3。

一切只是为了可比性，所以20×6年和20×7年的股数计算并没有非常严谨的会计逻辑。两年是独立进行计算的。

20×7年度基本每股收益=1848/1248=1.48(元/股)。

20×6年度基本每股收益=1596/1196=1.33(元/股)。

预测3

(配股)

某企业20×7年度归属于普通股股东的净利润为23500万元，20×7年1月1日发行在外普通股股数为8000万股，20×7年6月10日，该企业发布增资配股公告，向截止到20×7年6月30日(股权登记日)所有登记在册的老股东配股，配股比例为每4股配1股，配股价格为每股6元，除权交易基准日为20×7年7月1日。假设行权前一日的市价为每股11元，20×6年度基本每股收益为2.64元。

要求：

计算20×7年度比较利润表中基本每股收益。

【答案】

20×7年度比较利润表中基本每股收益的计算如下：

每股理论除权价格=(11×8000+6×2000)/(8000+2000)=10(元)。

分析：计算配股后，理论的股票市场价格，就是用公司市值(全部股票的价值)除以股票总数。

调整系数=11/10=1.1。

分析：用配股前的股票市价/配股后的市价，意思是过去的一股股票相当于现在的1.1股。因为过去的1股值11块，现在的1.1股值11元(10×1.1)。

因配股重新计算的20×6年度基本每股收益=2.64/1.1=2.4(元/股)。

分析：为了满足可比性的需要，要把20×6年的基本每股收益转为配股后的基本每股收益，因此需要除以调整系数。当然，这会调低20×6年的基本每股收益。

20×7年度基本每股收益=23500/(8000×1.1×6/12+10000×6/12)=2.5(元/股)。

分析：上面这个式子是将老股票(配股前的股票)8000万股调整为新股票(配股后的股票)，新老股票的比值是1.1，所以8000×1.1。意思是8000万股老股票，相当于配股后的新股票8000×1.1万股，从而使整个式子的数值有可比性。

8000×1.1×6/12的意思是在20×7年的前6个月，一共有8000×1.1万股股票。

10000×6/12，意思是在20×7年的后6个月，一共有10000万股股票(8000+2000)。之所以这里的8000不调，是因为这时已经是配股之后了(配股是在6月30日)。

专题十三 政府补助

考点梳理

押题点 政府补助

一、政府补助的概述

1. 政府补助的定义

政府补助是指企业从政府无偿取得货币性资产或非货币性资产。

其主要形式包括政府对企业的无偿拨款、税收返还、财政贴息，以及无偿给予非货币性资产等。

【注意】

(1)直接免征、增加计税抵扣额、抵免部分税额等不涉及资产直接转移的经济资源，不适用政府补助准则。增值税出口退税不属于政府补助。

(2)部分减免税款需要按照政府补助准则进行会计处理。

①小微企业销售额满足税法规定的免征增值税条件时

借：应交税费——应交增值税(减免税额)

　　贷：其他收益(免征的税额)

②一般纳税人的加工型企业根据税法规定招用自主就业退役士兵，并按定额扣减的增值税

借：应交税费——应交增值税(减免税额)

　　贷：其他收益(减征的税额)

2. 政府补助的特征

政府补助具有如下特征：

(1)政府补助是来源于政府的经济资源。

(2)政府补助是无偿的。

政府如以企业所有者身份向企业投入资本，享有相应的所有者权益，政府与企业之间是

投资者与被投资者的关系，属于互惠交易。

企业从政府取得的经济资源，如果与企业销售商品或提供劳务等活动密切相关，且来源于政府的经济资源是企业商品或服务的对价或者是对价的组成部分，应当按照《企业会计准则第 14 号——收入》的规定进行会计处理，不适用政府补助准则。

3. 政府补助的分类

(1) 与资产相关的政府补助。

与资产相关的政府补助，是指企业取得的、用于购建或以其他方式形成长期资产的政府补助。

会计上有两种处理方法可供选择，一是将与资产相关的政府补助确认为递延收益，随着资产的使用而逐步结转入损益；二是将补助冲减资产的账面价值，以反映长期资产的实际取得成本。

(2) 与收益相关的政府补助。

与收益相关的政府补助，是指除与资产相关的政府补助之外的政府补助。

通常在满足补助所附条件时计入当期损益或冲减相关资产的账面价值。

二、政府补助的会计处理

政府补助的无偿性决定了其应当最终计入损益而非直接计入所有者权益。其会计处理有两种方法：一是总额法，将政府补助全额确认为收益；二是净额法，将政府补助作为相关成本费用的扣减。与企业日常活动相关的政府补助，应当按照经济业务实质，计入其他收益或冲减相关成本费用。与企业日常活动无关的政府补助，计入营业外收入或冲减相关损失。通常情况下，若政府补助补偿的成本费用是营业利润之中的项目，或该补助与日常销售行为密切相关如增值税即征即退等，则认为该政府补助与日常活动相关。

1. 与资产相关的政府补助

(1) 总额法。

取得时：

借：××资产

　　贷：递延收益

摊销时：

借：递延收益

　　贷：其他收益

相关资产在使用寿命结束时或结束前被处置(出售、转入、报废等)，尚未分摊的递延收益余额应当一次性转入资产处置当期的资产处置损益，不再予以递延。

(2) 净额法。

将补助冲减相关资产账面价值。

企业对某项经济业务选择总额法或净额法后，应当对该项业务一贯地运用该方法，不得随意变更。

实务中存在政府无偿给予企业长期非货币性资产的情况，如无偿给予的土地使用权和天然起源的天然林等。对无偿给予的非货币性资产，企业应当按照公允价值或名义金额对此类补助进行计量。企业在收到非货币性资产时，应当借记有关资产科目，贷记

“递延收益”科目，在相关资产使用寿命内按合理、系统的方法分期计入损益，借记“递延收益”科目，贷记“其他收益”等科目。对以名义金额(1 元)计量的政府补助，在取得时计入当期损益。

2. 与收益相关的政府补助

(1)用于补偿企业以后期间的相关成本费用或损失。

在收到时应当先判断企业能否满足政府补助所附条件。如收到时暂时无法确定，则应当先作为预收款项计入“其他应付款”科目，待客观情况表明企业能够满足政府补助所附条件后，再确认递延收益；如收到补助时，客观情况表明企业能够满足政府补助所附条件，则应当确定递延收益，并在确认相关费用或损失的期间，计入当期损益或冲减相关成本。

(2)用于补偿企业已发生的相关成本费用或损失的。

直接计入当期损益或冲减相关成本，这类补助通常与企业已经发生的行为有关，是对企业已发生的成本费用或损失的补偿，或是对企业过去行为的奖励，如果企业已经实际收到补助资金，应当按照实际收到的金额计入当期损益或冲减相关成本，如果会计期末企业尚未收到补助资金，但企业在符合了相关政策规定后就相应获得了收款权，且与之相关的经济利益很可能流入企业，企业应当在这项补助成为应收款时按照应收的金额予以确认，计入当期损益或冲减相关成本。

(3)已计入损益的政府补助需要退回。

应当分别下列情况进行会计处理：①初始确认时冲减相关资产成本的，应当调整资产账面价值；②存在尚未摊销的递延收益的，冲减相关递延收益账面余额，超出部分计入当期损益；③属于其他情况的，直接计入当期损益。

3. 特定业务的会计处理

(1)综合性项目政府补助。

综合性项目政府补助同时包含与资产相关的政府补助和与收益相关的政府补助，企业需要将其进行分解并分别进行会计处理；难以区分的，企业应当将其整体归类为与收益相关的政府补助进行处理。

(2)财政贴息。

①财政将贴息资金拨付给贷款银行。企业可以选择下列方法之一进行会计处理：

A. 以实际收到的金额作为借款的入账价值，按照借款本金和该政策性优惠利率计算借款费用。

B. 以借款的公允价值作为借款的入账价值并按照实际利率法计算借款费用，实际收到的金额与贷款入账价值之间的差额确认为递延收益。递延收益在贷款存续期内采用实际利率法摊销，冲减相关借款费用。

企业选择了上述两种方法之一作为会计政策后，应当一致地运用，不得随意变更。

②财政将贴息资金直接拨付给受益企业。财政将贴息资金直接拨付给受益企业，企业先按照同类贷款市场利率向银行支付利息，财政部门定期与企业结算贴息。在这种方式下，由于企业先按照同类贷款市场利率向银行支付利息，所以实际收到的借款金额通常就是借款的公允价值，企业应当将对应的贴息冲减相关借款费用。

三、政府补助的列报与披露

1. 政府补助的列报

企业应当在利润表中的“营业利润”项目之上单独列报“其他收益”项目，计入其他收益的政府补助在该项目中反映，冲减相关成本费用的政府补助，在相关成本费用项目中反映，与企业日常经营活动无关的政府补助，在利润表的营业外收支项目中列报。

2. 政府补助的附注披露

企业应当在附注中披露与政府补助有关的下列信息：政府补助的种类、金额和列报项目；计入当期损益的政府补助金额；本期退回的政府补助的金额及原因。

历年真题

2015年

（节选，政府补助的差错更正，递延的会计处理）

注册会计师在对甲股份有限公司(以下简称“甲公司”)20×4年财务报表进行审计时，对其当年度发生的下列交易事项的会计处理提出疑问，希望能与甲公司财务部门讨论：

……

(2)7月20日，甲公司取得当地财政部门拨款1860万元，用于资助甲公司20×4年7月开始进行的一项研发项目的前期研究。该研发项目预计周期为两年，预计将发生研究支出3000万元。项目自20×4年7月开始启动，至年末累计发生研究支出1500万元(全部以银行存款支付)。甲公司对该交易事项的会计处理如下：

借：银行存款　　1860

　　贷：其他收益　　1860

借：研发支出——费用化支出　　1500

　　贷：银行存款　　1500

借：管理费用　　1500

　　贷：研发支出——费用化支出　　1500

要求：

判断甲公司对有关交易事项的会计处理是否正确，对于不正确的，说明理由并编制更正的会计分录(无须通过“以前年度损益调整”科目)。

【答案】

事项(2)，甲公司的会计处理不正确。

理由：该政府补助资助的是企业的研发项目，属于与收益相关的政府补助，应当按照时间进度或已发生支出占预计总支出的比例结转损益。

更正分录为：

借：其他收益　　(1860×3/4)1395

　　贷：递延收益　　1395

或：

借：其他收益　(1860×1500/3000)930

　贷：递延收益　930

2019年 预测题

预测 1

（总额法与净额法）

按照国家有关政策，企业购置环保设备可以申请补贴以补偿其环保支出。丁企业于2×08年1月向政府有关部门提交了210万元的补贴申请，作为对其购置环保设备的补贴。2×08年3月15日，丁企业收到了政府补贴款210万元。2×08年4月20日，丁公司购入不需要安装环保设备，实际成本为480万元，使用寿命10年，采用直线法计提折旧(不考虑净残值)。2×16年4月，丁企业报废了这台设备，取得残值变价收入120万元。本例中不考虑相关税费。

要求：

编制丁企业的相关会计分录。

【答案】

丁公司的账务处理如下：

方法一：丁企业选择总额法进行会计处理。

(1)2×08年3月15日实际收到财政拨款，确认递延收益：

借：银行存款　2100000

　贷：递延收益　2100000

(2)2×08年4月20日购入设备：

借：固定资产　4800000

　贷：银行存款　4800000

(3)自2×08年5月起每个资产负债表日(月末)计提折旧，同时分摊递延收益：

①计提折旧(假设该设备用于污染物排放测试，折旧费用计入制造费用)：

借：制造费用　40000

　贷：累计折旧　40000

②分摊递延收益(月末)

借：递延收益　17500

　贷：其他收益　17500

(4)2×16年4月报废设备，同时转销递延收益余额：

①报废设备：

借：固定资产清理　960000

　累计折旧　3840000

　贷：固定资产　4800000

借：银行存款　　1200000
　　贷：固定资产清理　　960000
　　　　营业外收入　　240000

②转销递延收益余额：

借：递延收益　　420000
　　贷：营业外收入　　420000

方法二：丁企业选择净额法进行会计处理。

(1)2×08 年 3 月 15 日实际收到财政拨款：

借：银行存款　　2100000
　　贷：递延收益　　2100000

(2)2×08 年 4 月 20 日购入设备：

借：固定资产　　4800000
　　贷：银行存款　　4800000

借：递延收益　　2100000
　　贷：固定资产　　2100000

(3)自 20×8 年 5 月起每个资产负债表日(月末)计提折旧：

借：制造费用　　22500
　　贷：累计折旧　　22500

(4)2×16 年 4 月报废设备：

借：固定资产清理　　540000
　　累计折旧　　2160000
　　贷：固定资产　　2700000

借：银行存款　　1200000
　　贷：固定资产清理　　540000
　　　　营业外收入　　660000

预测 2

(政府补助的列报)

2016 年 12 月，甲公司收到财政部门拨款 2000 万元，系对甲公司 2016 年执行国家计划内政策价差的补偿。甲公司 A 商品售价为 5 万元/台，成本为 2.5 万元/台，但在纳入国家计划内政策体系后，甲公司对国家规定范围内的用户销售 A 商品的售价为 3 万元/台，国家财政给予 2 万元/台的补贴。2016 年甲公司共销售政策范围内 A 商品 1000 件。甲公司对该事项的会计处理如下(会计分录中的金额单位为万元，下同)：

借：应收账款　　3000
　　贷：主营业务收入　　3000

借：主营业务成本　　2500
　　贷：库存商品　　2500

借：银行存款　　2000

　　贷：其他收益　　2000

要求：

判断甲公司会计处理是否正确，并说明理由。若不正确，编制更正2016年度财务报表相关项目的会计分录(用报表项目)。

【答案】

甲公司会计处理不正确。

理由：该业务与企业销售商品活动密切相关，且来源于政府的经济资源是企业商品对价的组成部分，应按销售商品处理。

借：其他收益　　2000

　　贷：营业收入　　2000

专题十四 财务报表

考点梳理

押题点 个别财务报表

一、资产负债表

(一)资产负债表的内容

资产负债表是反映企业在某一特定日期财务状况的财务报表。它反映企业在某一特定日期所拥有或控制的经济资源、所承担的现时义务和所有者对净资产的要求权。

(二)资产负债表的结构

资产=负债+所有者权益

(1)"专项储备"项目：属于所有者权益。

(2)衍生金融资产和衍生金融负债的列报

(3)优先股、永续债分类为权益工具：在"其他权益工具"项目列报。

(4)优先股、永续债分类为债务工具：在"应付债券"项目列报。如属流动负债，则应当在流动负债相关项目列报。

(三)资产和负债按流动性列报

根据财务报表列报准则的规定，资产负债表上资产和负债应当按照流动性分别分为流动资产和非流动资产、流动负债和非流动负债列示。

1. 资产的流动性划分

资产满足下列条件之一的，应当归类为流动资产：

(1)预计在一个正常营业周期中变现、出售或耗用。

(2)主要为交易目的而持有。

(3)预计在资产负债表日起一年内(含一年)变现。

(4)自资产负债表日起一年内，交换其他资产或清偿负债的能力不受限制的现金或现金等价物。

2. 负债的流动性划分

负债满足下列条件之一的，应当归类为流动负债：

(1)预计在一个正常营业周期中清偿。

(2)主要为交易目的而持有。

(3)自资产负债表日起一年内到期应予以清偿。

(4)企业无权自主地将清偿推迟至资产负债表日后一年以上。

【注意】对于根据企业会计准则划分为持有待售的非流动资产(比如固定资产、无形资产、长期股权投资等)、以及被划分为持有待售处置组中的资产，应当归类为流动资产，类似地，被划分为持有待售的处置组中的与转让资产相关的负债，应当归类为流动负债；并且，持有待售资产和负债不应当相互抵销。其中，处置组，是指在一项交易中作为整体通过出售或其他方式一并处置的一组资产，以及在该交易中转让的与这些资产直接相关的负债。处置组也包含按照《企业会计准则第8号——资产减值》分摊的企业合并中取得的商誉。

3. 资产负债表日后事项对流动负债与非流动负债划分的影响

(1)资产负债表日起一年内到期的负债。

对于在资产负债表日起一年内到期的负债，企业有意图且有能力自主地将清偿义务展期至资产负债表日后一年以上的，应当归类为非流动负债；不能自主地将清偿义务展期的，即使在资产负债表日后、财务报告批准报出日前签订了重新安排清偿计划协议，从资产负债表日来看，此项负债仍应当归类为流动负债。

(2)违约长期债务。

企业在资产负债表日或之前违反了长期借款协议，导致贷款人可随时要求清偿的负债，应当归类为流动负债。这是因为，在这种情况下，债务清偿的主动权并不在企业，企业只能被动地无条件归还贷款，而且该事实在资产负债表日即已存在，所以该负债应当作为流动负债列报。但是，如果贷款人在资产负债表日或之前同意提供在资产负债表日后一年以上的宽限期，企业能够在此期限内改正违约行为，且贷款人不能要求随时清偿时，在资产负债表日的此项负债并不符合流动负债的判断标准，应当归类为非流动负债。

(四)资产负债表的填列方法

企业应以日常会计核算记录的数据为基础进行归类、整理和汇总，加工成报表项目，形成资产负债表。

1. “年初余额”栏的填列方法

资产负债表中的“年初余额”栏通常根据上年末有关项目的期末余额填列，且与上年末资产负债表“期末余额”栏相一致。

2. “期末余额”栏的填列方法

二、利润表

(一)利润表的内容

利润表，是反映企业在一定会计期间经营成果的财务报表。

(二)利润表的填列方法(见表13)

表13 利润表的填列方法

项目	计算过程
营业收入	营业收入=主营业务收入+其他业务收入
营业利润	营业利润=营业收入-营业成本-税金及附加-销售费用-管理费用(不含计入"管理费用"科目的研发支出)-研发费用-财务费用-资产减值损失-信用减值损失+其他收益+投资收益(-投资损失)+净敞口套期收益(-净敞口套期损失)+公允价值变动收益(-公允价值变动损失)+资产处置收益(-资产处置损失)
利润总额	利润总额=营业利润+营业外收入-营业外支出
净利润	净利润=利润总额-所得税费用
其他综合收益的税后净额	反映企业根据企业会计准则规定未在损益中确认的各项利得和损失扣除所得税影响后的净额 新增： (1)不能重分类进损益的OCI增加"其他权益工具投资公允价值变动、企业自身信用风险公允价值变动"。 (2)可以重分类进损益的OCI增加"其他债权投资公允价值变动、其他债权投资信用减值准备、现金流量套期储备"
综合收益总额	反映企业净利润与其他综合收益的税后净额的合计金额

三、现金流量表

(一)现金流量表的内容

现金流量表，是指反映企业在一定会计期间现金和现金等价物流入和流出的报表。

现金，是指企业库存现金以及可以随时用于支付的存款。不能随时用于支付的存款不属于现金。

【注意】不能随时支取的定期存款不属于此处的现金；提前通知金融企业便可支取的定期存款，则应包括在此处的现金范围内。

现金等价物，是指企业持有的期限短、流动性强、易于转换为已知金额现金、价值变动风险很小的投资。期限短，一般是指从购买日起三个月内到期。现金等价物通常包括三个月内到期的债券投资等。权益性投资变现的金额通常不确定，因而不属于现金等价物。企业应当根据具体情况，确定现金等价物的范围，一经确定不得随意变更。

(二)现金流量表的结构

现金流量表分为正表和补充资料两部分。

(三)现金流量表分类

根据企业业务活动的性质和现金流量的来源，现金流量可以分为三类，即经营活动产生

的现金流量、投资活动产生的现金流量和筹资活动产生的现金流量。

1. 经营活动产生的现金流量

经营活动，是指企业投资活动和筹资活动以外的所有交易和事项，包括销售商品或提供劳务、购买商品或接受劳务、收到返还的税费、经营性租赁、支付工资、支付广告费用、交纳各项税款等。

2. 投资活动产生的现金流量

投资活动，是指企业长期资产的购建和不包括在现金等价物范围内的投资及其处置活动，包括取得和收回投资、购建和处置固定资产、购买和处置无形资产等。

3. 筹资活动产生的现金流量

筹资活动，是指导致企业资本及债务规模和构成发生变化的活动，包括发行股票或接受投入资本、分派现金股利、取得和偿还银行借款、发行和偿还公司债券等。

(四)现金流量表补充资料

企业应当在附注中披露将净利润调节为经营活动现金流量、不涉及现金收支的重大投资和筹资活动、现金及现金等价物净变动情况等信息。

四、所有者权益变动表

(一)所有者权益变动表的内容

所有者权益是指企业资产扣除负债后由所有者享有的剩余权益。所有者权益的来源包括所有者投入的资本(包括实收资本和资本公积)、其他综合收益、留存收益(包括盈余公积和未分配利润)等。

准则规定，所有者权益变动表应当反映构成所有者权益的各组成部分当期的增减变动情况。综合收益和与所有者(或股东)的资本交易导致的所有者权益的变动，应当分别列示。与所有者的资本交易，是指与所有者以其所有者身份进行的、导致企业所有者权益变动的交易。

(二)所有者权益变动表的结构

企业应当以矩阵的形式列示所有者权益变动表：一方面，列示导致所有者权益变动的交易或事项，按所有者权益变动的来源对一定时期所有者权益变动情况进行全面反映；另一方面，按照所有者权益各组成部分(包括实收资本、资本公积、其他综合收益、盈余公积、未分配利润、库存股等)及其总额列示相关交易或事项对所有者权益的影响。

历年真题

2016 年

(营业利润)

(单项选择题)甲公司为增值税一般纳税人，2×15 年发生的有关交易或事项如下：(1)销售产品确认收入 12000 万元，结转成本 8000 万元，当期应交纳的增值税为 1060 万元，有关税金及附加为 100 万元；(2)持有的交易性金融资产当期市价上升 320 万元、以公允价值计量且其变动计入其他综合收益的金融资产当期市价上升 260 万元；(3)出售一项专利技术产生收益 600 万元；(4)计提无形资产减值准备 820 万元。甲公司交易性金融资产及以公允价值计量且其变动计入其他综合收益的金融资产在2×15年末未对外出售，不考虑其他因素，甲公司2×15年营业利润是(　)。

A. 3400万元　　B. 3420万元

C. 3760万元　　D. 4000万元

【答案】D

【解析】营业利润=12000−8000−100+320+600−820=4000(万元)，以公允价值计量且其变动计入其他综合收益的金融资产公允价值变动计入其他综合收益，不影响营业利润。

2015年

(经营活动现金流量)

(单项选择题)甲公司为制造企业，20×4年发生的现金流量：(1)将销售产生的应收账款申请保理，取得现金1200万元，银行对于标的债权具有追索权；(2)购入的作为交易性金融资产核算的股票支付现金200万元；(3)收到保险公司对存货损毁的赔偿款120万元；(4)收到所得税返还款260万元；(5)向其他方提供劳务收取现金400万元。不考虑其他因素。甲公司20×4年经营活动产生的现金流量净额是(　)。

A. 780万元　　B. 2180万元

C. 980万元　　D. 1980万元

【答案】A

【解析】事项(1)属于筹资活动；事项(2)属于投资活动；其他事项属于经营活动，故甲公司20×4年经营活动产生的现金流量净额=120+260+400=780(万元)。

2019年 预测题

预测1

(现金流量表项目辨别)

某企业2×16年度有关资料如下：(1)应收账款项目：年初数100万元，年末数120万元；(2)应收票据项目：年初数40万元，年末数20万元；(3)预收款项项目：年初数80万元，年末数90万元；(4)营业收入6000万元；(5)应交税费——应交增值税(销项税额)780万元；(6)其他有关资料如下：本期计提坏账准备5万元，收到客户用含税公允价值为11.7万元商品抵偿前欠账款12万元。

要求：根据上述资料计算“销售商品、提供劳务收到的现金”项目金额。

【答案】

根据上述资料，销售商品产生的收入6000万元和销售商品产生的增值税销项税额为780万元作为计算“销售商品、提供劳务收到的现金”的起点；

加上应收账款本期减少额(期初余额−期末余额)(100−120)；

加上应收票据本期减少额(期初余额−期末余额)(40−20)；

加上预收款项本期增加额(期末余额-期初余额)(90-80)；

本期计提坏账准备5万元和收到客户以商品抵偿前欠账款12万元，这两项业务均是应收账款(含坏账准备)对应的账户不是销售商品、提供劳务产生的“现金类”账户，因此应作为减项处理。

销售商品、提供劳务收到的现金=(6000+780)+(100-120)+(40-20)+(90-80)-5-12=6773(万元)。

预测2

(资产负债表日后事项对流动负债与非流动负债划分的影响)

(多项选择题)甲公司2×15年12月31日有关资产、负债如下：(1)作为以公允价值计量且其变动计入其他综合收益的金融资产核算的一项信托投资，期末公允价值1200万元，合同到期日为2×17年2月5日，在此之前不能变现；(2)因2×14年销售产品形成到期日为2×16年8月20日的长期应收款账面价值3200万元；(3)应付供应商货款4000万元，该货款已超过信用期，但尚未支付；(4)因被其他方提起诉讼计提的预计负债1800万元，该诉讼预计2×16年3月结案，如甲公司败诉，按惯例有关赔偿款需在法院做出判决之日起60日内支付。不考虑其他因素，甲公司2×15年12月31日的资产负债表中，上述交易或事项产生的相关资产、负债应当作为流动性项目列报的有(　)。

A. 应付账款4000万元

B. 预计负债1800万元

C. 长期应收款3200万元

D. 以公允价值计量且其变动计入其他综合收益的金融资产1200万元

【答案】ABC

【解析】选项D，因距离合同到期日实际超过1年，且到期前不能变现，因此应当作为非流动项目列报。

专题十五　租赁

考点梳理

押题点1　承租人的会计处理

一、承租人对经营租赁的会计处理

对于经营租赁的租金，承租人应当在租赁期内的各个期间按照直线法确认费用计入相关资产成本或当期损益；其他方法更为系统合理的，也可以采用其他方法。

承租人在经营租赁中发生的初始直接费用，应当计入当期损益(管理费用)。

或有租金应当在实际发生时计入当期损益(销售费用等)。在某些情况下，出租人可能对

经营租赁提供激励措施，如免租期、承担承租人的某些费用等。

在出租人提供了免租期的情况下，承租人应将租金总额在整个租赁期内，而不是在租赁期扣除免租期后的期间内按直线法或其他合理的方法进行分摊，免租期内应确认租金费用。

在出租人承担了承租人的某些费用的情况下，承租人应将该费用从租金总额中扣除，并将租金余额在租赁期内进行分摊。

二、承租人对融资租赁的会计处理

(一)租赁期开始日的会计处理

借：固定资产(或在建工程)(租赁资产公允价值与最低租赁付款额现值两者中较低者+初始直接费用)

未确认融资费用

贷：长期应付款(最低租赁付款额)

银行存款(初始直接费用)

(二)未确认融资费用的分摊

借：财务费用(不满足资本化条件)

在建工程等(满足资本化条件时)

贷：未确认融资费用

每期未确认融资费用摊销额=期初应付本金余额×实际利率

=(期初长期应付款余额-期初未确认融资费用余额)×实际利率

押题点② 出租人的会计处理

出租人对经营租赁的会计处理。

(一)租金的处理

在一般情况下，出租人应采用直线法将收到的租金在租赁期内确认为收入，但在某些特殊情况下，则应采用比直线法更系统合理的方法。出租人应当根据应确认的收入，借记“银行存款”等科目，贷记“租赁收入”科目。

(二)初始直接费用的处理

经营租赁中出租人发生的初始直接费用，是指在租赁谈判和签订租赁合同过程中发生的可归属于租赁项目的手续费、律师费、差旅费、印花税等，应当计入当期损益。金额较大的应当资本化，在整个经营租赁期间内按照与确认租金收入相同的基础分期计入当期损益。

(三)租赁资产折旧的计提

对于经营租赁资产中的固定资产，应当采用出租人对类似应计提折旧资产通常所采用的折旧政策计提折旧。

(四)或有租金的处理

在经营租赁下，出租人对或有租金的处理与融资租赁下相同，即在实际发生时计入当期损益。

（五）出租人对经营租赁提供激励措施的处理

出租人提供免租期的，出租人应将租金总额在不扣除免租期的整个租赁期内，按直线法或其他合理的方法进行分配，免租期内出租人应当确认租金收入。出租人承担了承租人某些费用的，出租人应将该费用自租金收入总额中扣除，按扣除后的租金收入余额在租赁期内进行分配。

押题点③ 售后租回交易的会计处理

一、售后租回交易形成融资租赁

如果售后租回交易形成一项融资租赁，售价与资产账面价值之间的差额应予递延，并按该项租赁资产的折旧进度进行分摊，作为折旧费用的调整。

二、售后租回交易形成经营租赁

售后租回交易认定为经营租赁的，应当分别情况处理：如有确凿证据表明售后租回交易是按照公允价值达成的，售价与账面价值的差额应当计入当期损益。如果售后租回交易的售价低于公允价值，有关损益应于当期确认，但若该损失将由低于市价的未来付款额补偿的，应将其递延，并按与确认租金费用相一致的方法分摊于预计的资产使用期限内；售价高于公允价值的，其高出公允价值的部分应予递延，并在预计的使用期限内摊销。

历年真题

2011 年

（节选，售后租回）

甲公司为一家机械设备制造企业，按照当年实现净利润的 10% 提取法定盈余公积。20×1 年 3 月，新华会计师事务所对甲公司 20×0 年度财务报表进行审计时，现场审计人员关注到其 20×0 年以下交易或事项的会计处理：

假定甲公司 20×0 年度财务报表于 20×1 年 3 月 31 日对外公布。本题不考虑增值税、所得税及其他因素。

（1）1 月 1 日，甲公司与乙公司签订资产转让合同。合同约定，甲公司将其办公楼以 4500 万元的价格出售给乙公司，同时甲公司自 20×0 年 1 月 1 日至 20×4 年 12 月 31 日这段时间可继续使用该办公楼，但每年末需支付乙公司租金 300 万元，期满后乙公司收回办公楼。当日，该办公楼账面原值为 6000 万元，已计提折旧 750 万元，未计提减值准备，预计尚可使用年限为 35 年；同类办公楼的市场售价为 5500 万元；市场上租用同类办公楼需每年支付租金 520 万元。

1 月 10 日，甲公司收到乙公司支付的款项，并办妥办公楼产权变更手续。甲公司的会计处理：20×0 年确认资产处置收益 750 万元，管理费用 300 万元。

……

要求：

根据资料（1），判断甲公司会计处理是否正确，并简要说明判断依据。对于不正确的会计处理，编制相应的调整分录。

【答案】

事项(1)的会计处理不正确。

理由：售后租回交易形成经营租赁，售价低于资产公允价值且损失将由低于市价的未来租赁付款额补偿，有关损失应予以递延，并按与确认租金费用相一致的方法在租赁期内进行分摊。

借：递延收益　750

　贷：资产处置损益　750

借：管理费用　150

　贷：递延收益　150

2019年

预测题

预测 1

（承租人对经营租赁的会计处理）

20×7 年 1 月 1 日，A 公司向 B 公司租入办公设备一台，租期为 3 年。设备价值为 100 万元，预计使用年限为 10 年。租赁合同规定，租赁开始日（20×7 年 1 月 1 日）A 公司向 B 公司一次性预付租金 15 万元，第 1 年年末支付租金 15 万元，第 2 年年末支付租金 20 万元，第 3 年年末支付租金 25 万元。租赁期届满后 B 公司收回设备，3 年的租金总额为 75 万元（假定 A 公司和 B 公司均在年末确认租金费用和租金收入，并且不存在租金逾期支付的情况）。

要求：

做出 A 公司的相关账务处理。

【答案】

分析：此项租赁没有满足融资租赁的任何一条标准，应作为经营租赁处理。确认租金费用时，不能依据各期实际支付的租金的金额确定，而应采用直线法分摊确认各期的租金费用。此项租赁的租金费用总额为 750000 元，按直线法计算，每年应分摊的租金费用为 250000 元。

账务处理如下：

20×7 年 1 月 1 日：

借：长期待摊费用　15

　贷：银行存款　15

20×7 年 12 月 31 日：

借：管理费用　25

　贷：长期待摊费用　10

　　　银行存款　15

20×8 年 12 月 31 日：

借：管理费用 25

　贷：长期待摊费用 5

　　银行存款 20

20×9 年 12 月 31 日：

借：管理费用 25

　贷：银行存款 25

预测 2

（租赁的相关概念辨析）

（单项选择题）担保余值，就承租人而言，是指（ ）。

A. 由承租人或与其有关的第三方担保的资产余值

B. 在租赁开始日估计的租赁期届满时租赁资产的公允价值

C. 仅包括承租人自身担保的资产余值

D. 包括独立于承租人和出租人、但在财务上有能力担保的第三方担保的资产余值

【答案】A

【解析】担保余值，就承租人而言，是指由承租人或与其有关的第三方担保的资产余值。

预测 3

（最低租赁付款额的计算）

（单项选择题）某项融资租赁合同，租赁期为 8 年，承租人每年年末支付租金 100 万元，承租人担保的资产余值为 50 万元，承租人的母公司担保的资产余值为 20 万元，租赁期间，履约成本共 50 万元，或有租金 20 万元。就承租人而言，最低租赁付款额为（ ）万元。

A. 870　　B. 940

C. 850　　D. 920

【答案】A

【解析】最低租赁付款额 =100×8+50+20 =870（万元）。

专题十六 固定资产和无形资产

考点梳理

押题点 1 固定资产的初始计量

固定资产应当按照成本进行初始计量。

固定资产的成本，是指企业购建某项固定资产达到预定可使用状态前所发生的一切合理、

必要的支出。这些支出包括直接发生的价款、运杂费、包装费和安装成本等，也包括间接发生的，如应承担的借款利息、外币借款折算差额以及应分摊的其他间接费用。

一、外购固定资产

企业外购固定资产的成本，包括购买价款、相关税费(不含可抵扣的增值税进项税额)、使固定资产达到预定可使用状态前所发生的可归属于该项资产的运输费、装卸费、安装费和专业人员服务费等。外购固定资产分为购入不需要安装的固定资产和购入需要安装的固定资产两类。

【注意】员工培训费不计入固定资产的成本，应于发生时计入当期损益。

1. 购入不需要安装的固定资产

相关支出直接计入固定资产成本。

借：固定资产

　　应交税费——应交增值税(进项税额)

　　贷：银行存款等

2. 购入需要安装的固定资产

通过“在建工程”科目核算。

借：在建工程

　　应交税费——应交增值税(进项税额)

　　贷：银行存款、应付职工薪酬等

借：固定资产(达到预定可使用状态)

　　贷：在建工程

3. 外购固定资产的特殊考虑

(1)以一笔款项购入多项没有单独标价的固定资产，应当按照各项固定资产的公允价值比例对总成本进行分配，分别确定各项固定资产的成本。

(2)购买固定资产的价款超过正常信用条件延期支付，实质上具有融资性质的，固定资产的成本以购买价款的现值为基础确定。实际支付的价款与购买价款的现值之间的差额，应当在信用期间内采用实际利率法进行摊销，摊销金额除满足借款费用资本化条件的应当计入固定资产成本外，均应当在信用期间内确认为财务费用，计入当期损益。

二、自行建造固定资产

1. 自营方式建造固定资产

企业如有以自营方式建造固定资产，其成本应当按照直接材料、直接人工、直接机械施工费等计量。

高危行业企业按照国家规定提取的安全生产费用的会计处理见表14。

表14　安全生产费的会计处理

项目	会计处理
提取安全生产费用时	借：生产成本(或当期损益) 　　贷：专项储备

续表

项目	会计处理
使用提取的安全生产费用时	(1)属于费用性支出，直接冲减专项储备。 借：专项储备 　　贷：银行存款 (2)形成固定资产的。 借：在建工程 　　应交税费——应交增值税(进项税额) 　　贷：银行存款 　　　　应付职工薪酬 借：固定资产 　　贷：在建工程 借：专项储备 　　贷：累计折旧

“专项储备”科目期末余额在资产负债表所有者权益项目下“其他综合收益”和“盈余公积”之间增设“专项储备”项目反映。

2. 出包方式建造固定资产

企业以出包方式建造固定资产，其成本由建造该项固定资产达到预定可使用状态前所发生的必要支出构成，包括发生的建筑工程支出、安装工程支出以及需分摊计入各固定资产价值的待摊支出。

待摊支出是指在建设期间发生的，不能直接计入某项固定资产价值、而应由所建造固定资产共同负担的相关费用，包括为建造工程发生的管理费、可行性研究费、临时设施费、公证费、监理费、应负担的税金、符合资本化条件的借款费用、建设期间发生的工程物资盘亏、报废及毁损净损失，以及负荷联合试车费等。

待摊支出分摊率=累计发生的待摊支出÷(建筑工程支出+安装工程支出等)×100%

××工程应分配的待摊支出=(××工程的建筑工程支出+××工程的安装工程支出等)×待摊支出分摊率

三、其他方式取得的固定资产的成本

盘盈的固定资产，作为前期差错处理。在按管理权限报经批准前，应通过“以前年度损益调整”科目核算。

借：固定资产

　　贷：以前年度损益调整

借：以前年度损益调整

　　贷：盈余公积

　　　　利润分配——未分配利润

四、存在弃置费用的固定资产

借：固定资产

　　贷：在建工程(实际发生的建造成本)

预计负债（弃置费用的现值）

借：财务费用（每期期初预计负债的摊余成本×实际利率）

贷：预计负债

借：预计负债

贷：银行存款等（发生弃置费用支出时）

【注意1】存在弃置费用时需要将弃置费用的现值计入固定资产的入账价值。

【注意2】弃置费用最终发生的金额（终值）与计入固定资产的价值（现值）之间的差额按照实际利率法计算的摊销金额作为每年的财务费用计入当期损益。

【注意3】一般工商企业的固定资产发生的报废清理费用不属于弃置费用，应当在发生时作为固定资产的处置费用处理。

【注意4】解释公告第6号：由于技术进步、法律要求或市场环境变化等原因，特定固定资产待履行的弃置义务可能会发生支出金额、预计弃置时点、折现率等的变动，从而引起原确认的预计负债的变动。此时，应按照以下原则调整该固定资产的成本：

（1）对于预计负债的减少，以该固定资产账面价值为限扣减固定资产成本。如果预计负债的减少额超过该固定资产账面价值，超出部分确认为当期损益。

（2）对于预计负债的增加，增加该固定资产的成本。

按照上述原则调整的固定资产，在资产剩余使用年限内计提折旧。一旦该固定资产的使用寿命结束，预计负债的所有后续变动应在发生时确认为损益。

押题点② 固定资产折旧

一、固定资产折旧范围

企业应当对所有的固定资产计提折旧，但是，已提足折旧仍继续使用的固定资产和单独计价入账的土地除外。在确定计提折旧的范围时还应注意以下几点：

（1）固定资产应当按月计提折旧。固定资产应自达到预定可使用状态时开始计提折旧，终止确认时或划分为持有待售非流动资产时停止计提折旧。当月增加的固定资产，当月不计提折旧，从下月起计提折旧；当月减少的固定资产，当月仍计提折旧，从下月起不计提折旧。

（2）固定资产提足折旧后，不论能否继续使用，均不再计提折旧，提前报废的固定资产也不再补提折旧。所谓提足折旧是指已经提足该项固定资产的应计折旧额。

（3）已达到预定可使用状态但尚未办理竣工决算的固定资产，应当按照估计价值确定其成本，并计提折旧；待办理竣工决算后再按实际成本调整原来的暂估价值，但不需要调整原已计提的折旧额。

（4）处于更新改造过程停止使用的固定资产，应将其账面价值转入在建工程，不再计提折旧。更新改造项目达到预定可使用状态转为固定资产后，再按重新确定的折旧方法和该项固定资产尚可使用寿命计提折旧。

（5）固定资产在定期大修理间隔期间，照提折旧。

二、固定资产折旧方法

企业应当根据与固定资产有关的经济利益的预期消耗方式，合理选择固定资产折旧方法。

可选用的折旧方法包括年限平均法、工作量法、双倍余额递减法和年数总和法等。固定资产的折旧方法一经确定，不得随意变更。

三、固定资产折旧的会计处理

借：制造费用(生产车间计提折旧)
　　管理费用(企业管理部门、未使用的固定资产计提折旧)
　　销售费用(企业专设销售部门固定资产计提折旧)
　　其他业务成本(企业出租固定资产计提折旧)
　　研发支出(企业研发无形资产时使用固定资产计提折旧)
　　在建工程(在建工程中使用固定资产计提折旧)
　　贷：累计折旧

四、固定资产预计使用寿命、预计净残值和折旧方法的复核

企业至少应当于每年年度终了，对固定资产的使用寿命、预计净残值和折旧方法进行复核。

使用寿命预计数与原先估计数有差异的，应当调整固定资产使用寿命。

预计净残值预计数与原先估计数有差异的，应当调整预计净残值。

与固定资产有关的经济利益预期消耗方式有重大改变的，应当改变固定资产折旧方法。

固定资产使用寿命、预计净残值和折旧方法的改变应当作为会计估计变更。

押题点③ 后续支出的确认和计量

固定资产后续支出，是指固定资产在使用过程中发生的更新改造支出、修理费用等。

后续支出的处理原则为：符合固定资产确认条件的，应当计入固定资产成本，同时将被替换部分的账面价值扣除；不符合固定资产确认条件的，一般应当计入当期损益。

一、资本化的后续支出

与固定资产有关的更新改造等后续支出，符合固定资产确认条件的，应当计入固定资产成本，同时将被替换部分的账面价值扣除。企业将固定资产进行更新改造的，应将相关固定资产的原价、已计提的累计折旧和减值准备转销，将固定资产的账面价值转入在建工程，并停止计提折旧。固定资产发生的可资本化的后续支出，通过“在建工程”科目核算。待固定资产发生的后续支出完工并达到预定可使用状态时，再从在建工程转为固定资产，并按重新确定的使用寿命、预计净残值和折旧方法计提折旧。

二、费用化的后续支出

与固定资产有关的修理费用等后续支出，不符合固定资产确认条件的，应当根据不同情况分别在发生时计入当期管理费用或销售费用。

与存货的生产和加工相关的固定资产的修理费用按照存货成本原则进行处理。

企业以经营租赁方式租入的固定资产发生的改良支出，应予资本化，作为长期待摊费用，合理进行摊销。

【注意】

(1)企业对固定资产进行定期检查发生的大修理费用，符合资本化条件的，可以计入固定资产成本或其他相关资产的成本，不符合资本化条件的，应当费用化，计入当期损益。固定资产在定期大修理间隔期间，照提折旧。

(2)固定资产账面价值=固定资产成本-累计折旧-固定资产减值准备。

押题点4 固定资产的处置

一、固定资产终止确认的条件

固定资产满足下列条件之一的，应当予以终止确认：

(1)该固定资产处于处置状态。

(2)该固定资产预期通过使用或处置不能产生经济利益。

二、固定资产处置的账务处理

企业出售、转让、报废固定资产或发生固定资产毁损，应当将处置收入扣除账面价值和相关税费后的金额计入当期损益。固定资产的账面价值是固定资产成本扣减累计折旧和累计减值准备后的金额。

三、持有待售的固定资产

同时满足下列条件的非流动资产应当划分为持有待售：

(1)可立即出售。根据类似交易中出售此类资产或处置组的惯例，在当前状况下即可立即出售。

(2)出售极可能发生。即企业已经就一项出售计划作出决议且获得确定的购买承诺，预计出售将在一年内完成。持有待售的非流动资产包括单项资产和处置组，处置组是指作为整体通过出售或其他方式一并处置的一组资产以及在该交易中转让的与这些资产直接相关的负债。

企业对于持有待售的固定资产，应当按照账面价值与公允价值减去出售费用后的净额孰低进行计量，账面价值高于其公允价值减去出售费用后的净额的，应当作为资产减值损失计入当期损益。

固定资产因不再满足持有待售类别划分条件而不再继续划分为持有待售类别的，在从持有待售的处置组中移除时，应当按照以下两者孰低计量：

(1)划分为持有待售类别前的账面价值，按照假定不划分为持有待售类别情况下本应确的折旧、摊销或减值等进行调整后的金额。

(2)可收回金额。

这样处理的结果是，原来划分为持有待售的固定资产在重新分类后的账面价值，与其从未划分为持有待售类别情况下的账面价值相一致。由此产生的差额计入当期损益，可以通过“资产减值损失”科目进行会计处理。

符合持有待售条件的无形资产等其他非流动资产，比照上述原则处理，这里所指其他非流动资产不包括递延所得税资产、《企业会计准则第22号——金融工具确认和计量》规范的金融资产、以公允价值计量的投资性房地产和生物资产、保险合同中产生的合同权利。

【注意】持有待售资产应作为流动资产列示。

四、固定资产盘亏的会计处理

不同财产物资盘亏、毁损的会计处理见表 15：

表 15　不同财产物资盘亏、毁损的会计处理

项目	原因	处理
存货	计量差错、管理不善的净损失	计入管理费用
工程物资	建设期间盘亏、报废毁损的净损失	计入工程成本
	完工后发生盘亏、报废毁损的净损失	计入营业外支出
固定资产	当期清查中盘亏净损失	计入营业外支出
上述资产	自然灾害等意外净损失	计入营业外支出

押题点 5 无形资产的初始计量

无形资产通常按照实际成本进行初始计量。

(一)外购的无形资产成本

外购的无形资产，其成本包括：购买价款、相关税费以及直接归属于使该项资产达到预定用途所发生的其他支出。其中，直接归属于使该项资产达到预定用途所发生的其他支出包括使无形资产达到预定用途所发生的专业服务费用、测试无形资产是否能够正常发挥作用的费用等。

【注意】下列各项不包括在无形资产初始成本中：

(1)为引入新产品进行宣传发生的广告费、管理费用及其他间接费用。

(2)无形资产已经达到预定用途以后发生的费用。

购买无形资产的价款超过正常信用条件延期支付，实质上具有融资性质的，无形资产的成本应以购买价款的现值为基础确定。实际支付的价款与购买价款的现值之间的差额，除按照借款费用的有关规定应予资本化的以外，应当在信用期间内采用实际利率法进行摊销，计入当期损益。

(二)投资者投入的无形资产成本

投资者投入无形资产的成本，应当按照投资合同或协议约定的价值确定，但合同或协议约定价值不公允的除外。

(三)通过非货币性资产交换、债务重组、政府补助和企业合并取得的无形资产的成本，应当分别按照本书“非货币性资产交换”“债务重组”“政府补助”和“企业合并”的有关规定确定。

(四)土地使用权的处理

企业取得的土地使用权通常应确认为无形资产。土地使用权用于自行开发建造厂房等地上建筑物时，土地使用权与地上建筑物分别进行摊销和提取折旧。

但下列情况除外：

(1)房地产开发企业取得的土地使用权用于建造对外出售的房屋建筑物，相关的土地使

用权应当计入所建造的房屋建筑物成本。

(2)企业外购房屋建筑物所支付的价款应当按照合理的方法在地上建筑物与土地使用权之间进行分配；难以合理分配的，应当全部作为固定资产处理。

企业改变土地使用权的用途，停止自用土地使用权用于赚取租金或资本增值时，应将其账面价值转为投资性房地产。

【注意】 土地使用权可能作为固定资产核算，可能作为无形资产核算，也可能作为投资性房地产核算，还可能计入所建造的房屋建筑物成本。

押题点6 无形资产内部研究与开发支出的确认与计量

(1)如果确实无法区分研究阶段和开发阶段的支出，应当在发生时费用化计入当期损益(管理费用)。

(2)内部开发无形资产的成本仅包括在满足资本化条件的时点至无形资产达到预定用途前发生的支出总额，对于同一项无形资产在开发过程中达到资本化条件之前已经费用化计入当期损益的支出不再进行调整。

(3)“研发支出——资本化支出”余额计入资产负债表中的“开发支出”项目。

押题点7 无形资产的后续计量

(1)企业至少应当于每年年度终了，对使用寿命有限的无形资产的使用寿命及摊销方法进行复核。如果无形资产的使用寿命及摊销方法与以前估计不同的，应当改变摊销期限和摊销方法。

(2)企业应当在每个会计期间对使用寿命不确定的无形资产的使用寿命进行复核。如果有证据表明无形资产的使用寿命是有限的，视为会计估计变更，应当估计其使用寿命，按使用寿命有限的无形资产的有关规定处理。

(3)无形资产的摊销金额一般应当计入当期损益(管理费用、其他业务成本等)。某项无形资产包含的经济利益通过所生产的产品或其他资产实现的，其摊销金额应当计入相关资产的成本。

(4)使用寿命不确定的无形资产改为使用寿命有限的无形资产属于会计估计变更。

(5)无形资产账面价值=无形资产原价-累计摊销-无形资产减值准备。

押题点8 无形资产的处置

一、无形资产的出售

企业出售无形资产，应当将取得的价款与该无形资产账面价值的差额计入当期损益(资产处置损益)。

借：银行存款
　　无形资产减值准备
　　累计摊销
　　贷：无形资产

应交税费——应交增值税(销项税额)

资产处置损益(或借记)

二、无形资产的出租

(一)应当按照有关收入确认原则确认所取得的转让使用权收入

借：银行存款

贷：其他业务收入

应交税费——应交增值税(销项税额)

(二)将发生的与该转让使用权有关的相关费用计入其他业务成本

借：其他业务成本

贷：累计摊销

银行存款

三、无形资产的报废

无形资产预期不能为企业带来未来经济利益的，应当将该无形资产的账面价值予以转销，其账面价值转作当期损益(营业外支出)。

借：营业外支出

累计摊销

无形资产减值准备

贷：无形资产

历年真题

2016 年

(持有待售)

(多项选择题)为整合资产，甲公司2×14 年 9 月经董事会决议处置部分生产线。2×14 年 12 月 31 日，甲公司与乙公司签订某生产线出售合同。合同约定：该项交易自合同签订之日起 10 个月内完成，原则上不可撤销，但因外部审批及其他不可抗力因素影响的除外。如果取消合同，主动提出取消的一方应向对方赔偿损失 360 万元。生产线出售价格为 2600 万元，甲公司负责生产线的拆除并运送至乙公司指定地点，经乙公司验收后付款。甲公司该生产线 2×14 年年末账面价值为 3200 万元，预计拆除、运送等费用为 120 万元。2×15年 3 月，在合同实际执行过程中，因乙公司所在地方政府出台新的产业政策，乙公司购入资产属于新政策禁止行业，乙公司提出取消合同并支付了赔偿款。不考虑其他因素，下列关于甲公司对于上述事项的会计处理中，正确的有(　　)。

A. 自 2×15 年 1 月起对拟处置生产线停止计提折旧

B. 2×14 年资产负债表中该生产线列报为 3200 万元

C. 2×15 年将取消合同取得的乙公司赔偿款确认为营业外收入

D. 自 2×15 年 3 月知晓合同将予取消时起，对生产线恢复计提折旧

【答案】AC

【解析】划分持有待售的固定资产后不再计提折旧，因此自 2×15 年 1 月起对拟处置生

产线停止计提折旧，选项 A 正确；2×14 年资产负债表中该生产线列报金额 = 2600 − 120 = 2480(万元)，选项 B 错误；收到的赔偿款应确认营业外收入，选项 C 正确；固定资产因不再满足持有待售类别划分条件而不再继续划分为持有待售类别的，在从持有待售的处置组中移除时，应当按照以下两者孰低计量：(1)划分为持有待售类别前的账面价值，按照假定不划分为持有待售类别情况下本应确的折旧、摊销或减值等进行调整后的金额；(2)可收回金额。不是从知晓合同将予取消时起恢复计提折旧，选项 D 错误。

2015 年

（概念辨析）

(单项选择题)下列各项关于无形资产会计处理的表述中，正确的是(　)。

A. 自行研究开发的无形资产在尚未达到预定用途前无需考虑减值

B. 非同一控制下企业合并中，购买方应确认被购买方在该项交易前未确认但可单独辨认且公允价值能够可靠计量的无形资产

C. 使用寿命不确定的无形资产在持有过程中不应该摊销也不考虑减值

D. 同一控制下企业合并中，合并方应确认被合并方在该项交易前未确认的无形资产

【答案】B

【解析】选项 C，使用寿命不确定的无形资产在持有过程中不应该摊销，但至少需要在每年年末进行减值测试；选项 D，不需要确认该金额。

2014 年

（分期付款）

(多项选择题)20×2 年 1 月 1 日，甲公司从乙公司购入一项无形资产，由于资金周转紧张，甲公司与乙公司协议以分期付款方式支付款项。协议约定：该无形资产作价 2000 万元，甲公司每年年末付款 400 万元，分 5 年付清。假定银行同期贷款利率为 5%，5 年期 5% 利率的年金现值系数为 4.3295。不考虑其他因素，下列甲公司与该无形资产相关的会计处理中，正确的有(　)。

A. 20×2 年财务费用增加 86.59 万元

B. 20×3 年财务费用增加 70.92 万元

C. 20×2 年 1 月 1 日确认无形资产 2000 万元

D. 20×2 年 12 月 31 日长期应付款列报为 2000 万元

【答案】AB

【解析】20×2 年财务费用增加 = 400×4.3295×5% = 86.59(万元)，选项 A 正确；20×3 年财务费用增加 = (1731.8+86.59−400)×5% = 70.92(万元)，选项 B 正确；20×2 年 1 月 1 日确认无形资产 = 400×4.3295 = 1731.8(万元)，选项 C 错误；20×3 年未确认融资费用摊销额为 70.92 万元，20×3 年应付本金减少额 = 400−70.92 = 329.08(万元)，该部分金额应在 20×2 年 12 月 31 日资产负债表中“一年内到期的非流动负债”项目反映。20×2年 12 月 31 日长期应付款列报金额 = (1731.8+86.59−400)−329.08 = 1089.31(万元)，选项 D 错误。

2012 年

(改扩建)

1.(单项选择题)甲公司为增值税一般纳税人，适用的增值税税率为13%。20×9年7月1日，甲公司对某项生产用机器设备进行更新改造。当日，该设备原价为500万元，累计折旧200万元，已计提减值准备50万元。更新改造过程中发生劳务费用100万元；领用本公司生产的产品一批，成本为80万元，市场价格(不含增值税额)为100万元。经更新改造的机器设备于20×6年9月10日达到预定可使用状态。假定上述更新改造支出符合资本化条件，更新改造后该机器设备的入账价值为(　)。

A. 430万元　　B. 467万元

C. 680万元　　D. 717万元

【答案】A

【解析】机器设备更新改造后的入账价值=该项机器设备进行更新前的账面价值+发生的后续支出=(500-200-50)+100+80=430(万元)。

(折旧)

2.(单项选择题)甲公司为增值税一般纳税人，该公司2×19年5月10日购入需安装设备一台，价款为500万元，可抵扣增值税进项税额为65万元。为购买该设备发生运输途中保险费20万元。设备安装过程中，领用材料50万元，相关增值税进项税额为6.5万元；支付安装工人工资12万元。该设备于20×6年12月30日达到预定可使用状态。甲公司对该设备采用年数总和法计提折旧，预计使用10年，预计净残值为零。假定不考虑其他因素，20×7年该设备应计提的折旧额为(　)。

A. 102.18万元　　B. 103.64万元

C. 105.82万元　　D. 120.64万元

【答案】C

【解析】20×6年12月30日甲公司购入固定资产的入账价值=500+20+50+12=582(万元)，20×7年该设备应计提的折旧额=582×10/55=105.82(万元)。

2019年 预测题

预测1

(厂房+设备全流程)

甲公司系增值税一般纳税人，不动产和动产适用的增值税税率分别为9%、13%。甲公司2019年至2022年与固定资产有关的业务资料如下：

(1)2019年6月1日，外购一栋正在建造中的厂房，取得的增值税专用发票上注明的价款为10000万元，增值税税额为900万元，税法规定，自2019年4月1日起不动产及不动产在建工程进项税额不再分次抵扣，可一次性抵扣。建成后作为生产产品的车间。同时甲公司在该厂房内以自营方式建造一条生产线，购入工程物资，取得的增值税专用发票上注明的价款为4400万元，增值税税额为572万元；发生保险费156万元，款项均以银行存款支付；工程物资已经入库。

(2)2019年6月15日，甲公司开始以自营方式建造该厂房和生产线。生产线工程领用工程物资4556万元。厂房建设及生产线安装期间领用生产用原材料实际成本分别为1000万元、200万元，发生安装工人工资分别为120万元、140.8万元，没有发生其他相关税费。该原材料未计提存货跌价准备。

(3)2019年6月20日，生产线工程建造过程中，由于火灾原因造成部分毁损，该部分工程实际成本为100万元(不考虑增值税因素)，未计提在建工程减值准备；应从保险公司收取赔偿款20万元，该赔偿款尚未收到。

(4)2019年6月20日，生产线工程达到预定可使用状态前进行试运转，领用生产用原材料实际成本为40万元。未对该批原材料计提存货跌价准备。工程试运转生产的产品完工转为库存商品，该库存商品的估计售价(不含增值税)为80万元。

(5)2019年6月30日，该厂房和生产线达到预定可使用状态，当日投入使用。该厂房和生产线预计使用年限分别为50年、6年，预计净残值分别为0、52.8万元，采用直线法计提折旧。

(6)2020年12月31日，甲公司在对该生产线进行检查时发现其已经发生减值。甲公司预计该生产线未来现金流量的现值为3230.24万元；该生产线的公允价值减去处置费用后净额为3000万元。计提减值准备以后，该生产线的预计尚可使用年限不变，预计净残值变更为62.24万元，采用直线法计提折旧。

(7)2021年6月30日，甲公司采用出包方式对该生产线进行改良。当日，该生产线停止使用，开始进行改良。

(8)在改良过程中，被替换的固定资产的账面价值为200万元，甲公司以银行存款支付工程总价款721.76万元。2021年8月20日，改良工程完工验收合格并于当日投入使用，预计尚可使用年限为8年，预计净残值为40万元，采用直线法计提折旧。2021年12月31日，该生产线未发生减值。

(9)2022年4月30日，甲公司与丁公司达成协议，将该生产线出售给丁公司，不含增值税的价款为3000万元，增值税税率为13%。预计出售费用为10万元，预计2022年6月30日办理完毕财产移交手续。

(10)2022年6月30日，甲公司与丁公司办理完毕财产移交手续，开出增值税发票并收到含税价款3390万元，另实际发生出售费用为10万元。全部款项通过银行收付。

要求：

根据上述资料，编制甲公司的相关会计分录。

【答案】

(1)借：在建工程——厂房	10000
应交税费——应交增值税(进项税额)	900

贷：银行存款　10900

借：工程物资　(4400+156)4556

应交税费——应交增值税(进项税额)　572

贷：银行存款　5128

(2)借：在建工程——厂房　(1000+120)1120

在建工程——生产线　(4556+200+140.8)4896.8

贷：工程物资　4556

原材料　1200

应付职工薪酬　260.8

(3)借：营业外支出　80

其他应收款　20

贷：在建工程——生产线　100

分析：非正常原因造成单项工程毁损，不论是在建设期间还是建设期后，都应计入营业外支出。

(4)借：在建工程——生产线　40

贷：原材料　40

借：库存商品　80

贷：在建工程——生产线　80

(5)借：固定资产——厂房　11120

——生产线　4756.8

贷：在建工程——厂房　(10000+1120)11120

——生产线　(4556+200+140.8−100+40−80)4756.8

厂房2019年折旧额=11120/50/12×6=111.2(万元)。

生产线2019年折旧额=(4756.8−52.8)/6/12×6=392(万元)。

(6)①2020年年末固定资产的账面价值=4756.8−392×3=3580.8(万元)。

②2020年12月31日该生产线的可收回金额为3230.24(万元)。

③应计提减值准备金额=3580.8−3230.24=350.56(万元)。

借：资产减值损失　350.56

贷：固定资产减值准备　350.56

(7)2021年改良前计提的折旧额=(3230.24−62.24)/(6−1.5)×1/2=352(万元)。

借：在建工程　2878.24

累计折旧　(392×3+352)1528

固定资产减值准备　350.56

贷：固定资产　4756.8

(8)改良工程完工生产线成本=2878.24−200+721.76=3400(万元)。

2021年改良后应计提折旧额=(3400−40)/8×4/12=140(万元)。

(9)按照账面价值与公允价值减出售费用二者孰低计量，如果资产出现减值损失，则计入当期损益。

账面价值=3400-140×2=3120(万元)。

公允价值3000万元-处置费用10万元=2990(万元)。

甲公司应确认的资产减值损失=3120-2990=130(万元)。

借：资产减值损失　130

　　贷：持有待售资产减值准备　130

借：持有待售资产　(3400-140×2)3120

　　累计折旧　280

　　贷：固定资产　3400

(10)借：银行存款　3380

　　持有待售资产减值准备　130

　　贷：持有待售资产　3120

　　　　应交税费——应交增值税(销项税额)　390

预测2

(分期购买固定资产)

甲公司为增值税一般纳税人，适用的增值税税率为13%。2020年1月1日，甲公司从乙公司购入一台需要安装的大型机器设备。合同约定，甲公司采用分期付款方式支付价款。该设备价款共计6000万元(不含增值税)，分6期平均支付，首期款项1000万元于2020年1月1日支付，其余款项在5年期间平均支付，每年的付款日期为当年12月31日。支付款项时收到增值税专用发票。2020年1月1日，设备如期运抵并开始安装，发生运杂费和相关税费200万元，已用银行存款付讫。2020年12月31日，设备达到预定可使用状态，发生安装费300万元，已用银行存款付讫。甲公司按照合同约定用银行存款如期支付了款项。假定折现率为10%。[(P/A，10%，5)=3.7908]。

要求：

(1)请计算购买价款的现值。

(2)请写出2020年1月1日的会计分录。

(3)请写出2020年12月31日的相关会计分录。并计算年末长期应付款的账面价值和列报金额。

(4)请编制2021年12月31日的会计分录，并计算长期应付款的账面价值。

(5)请计算2022年12月31日未确认融资费用的分摊额。

【答案】

(1)购买价款的现值=1000+1000×(P/A，10%，5)=1000+1000×3.7908=4790.8(万元)。

分析：虽然是分6次支付，但第一次支付是在零时刻(2020年1月1日)，这第一笔的1000万是不用折现的。因此真正需要折现的只有后面的5次。

(2)2020年1月1日：

借：在建工程　4790.8

　　未确认融资费用　　1209.2
　　贷：长期应付款　　(1000×6)6000

分析：前面计算出来的现值是设备的真实价值，计入在建工程。应支付的6000万元计入长期应付款。两者的差额计入未确认融资费用。未确认融资费用是长期应付款的备抵类科目。在计算各期摊销的未确认融资费用时，采用的计算公式是：(长期应付款余额-未确认融资费用余额)×实际利率。

借：长期应付款　　1000
　　应交税费——应交增值税(进项税额)　　130
　　贷：银行存款　　1130
借：在建工程　　200
　　贷：银行存款　　200

分析：这笔钱是将发生的运杂费等支出计入在建工程，与融资的6000万元无关。因此这里的200万元不参与后面未确认融资费用摊销的计算。

(3)2020年1月1日至2020年12月31日为设备的安装期间，未确认融资费用的分摊额符合借款费用资本化条件，计入固定资产成本。

2020年12月31日：

借：在建工程　　[(5000-1209.2)×10%]379.08
　　贷：未确认融资费用　　379.08
借：长期应付款　　1000
　　应交税费——应交增值税(进项税额)　　130
　　贷：银行存款　　1130
借：在建工程　　300
　　贷：银行存款　　300
借：固定资产　　(4790.8+200+379.08+300)5669.88
　　贷：在建工程　　5669.88

分析：在建工程完工，达到预定可使用状态，需要将在建工程里的全部金额结转进固定资产。

长期应付款账面价值=(5000-1000)-(1209.2-379.08)=3169.88(万元)。

分析：由于未确认融资费用是长期应付款的备抵类科目，所以在计算账面价值的时候，需要减去“未确认融资费用”的余额。

列报金额=3169.88-(1000-316.99)=2486.87(万元)。

分析：列报里的金额是需要减去下一年度长期应付款科目下的发生额。1000是下一年度的支付金额，“316.99”是下一年度的“未确认融资费用”的摊销额。这是因为下一年就要支付的金额，不满足“超过一年”的要求，所以不适合列入“长期应付款”项目。

(4)2020年12月31日，设备已经达到预定可使用状态，2021年至2025年未确认融资费用的分摊额不再符合资本化条件，应计入当期损益。

2021年12月31日：

未确认融资费用的分摊额=3169.88×10% =316.99(万元)。

借：财务费用　　316.99

　　贷：未确认融资费用　　316.99

借：长期应付款　　1000

　　应交税费——应交增值税(进项税额)　　130

　　贷：银行存款　　1130

2021年12月31日长期应付款账面价值=(5000-1000×2)-(1209.2-379.08-316.99)=2486.87(万元)。

(5)未确认融资费用的分摊额=2486.87×10% =248.69(万元)。

专题十七 会计政策、估计变更

考点梳理

押题点1 会计政策与会计估计及其变更的划分

一、会计政策概述

会计政策，是指企业在会计确认、计量和报告中所采用的原则、基础和会计处理方法。

会计政策的特点：

第一，会计政策的选择性。

第二，会计政策的强制性。

第三，会计政策的层次性。

二、会计政策变更

会计政策变更，是指企业对相同的交易或事项由原来采用的会计政策改用另一会计政策的行为。

满足下列条件之一的，企业可以变更会计政策：

第一，法律、行政法规或者国家统一的会计制度等要求变更；

第二，会计政策变更能够提供更可靠、更相关的会计信息。

以下两种情况不属于会计政策变更：

(1)本期发生的交易或者事项与以前相比具有本质差别而采用新的会计政策。

如：经营租赁设备租赁期届满又采用融资租赁方式签订续签合同，由经营租赁会计处理方法变更为融资租赁会计处理方法。

(2)对初次发生的或不重要的交易或者事项采用新的会计政策。

如：低值易耗品由一次摊销法变更为五五摊销法。

三、会计估计概述

会计估计，是指企业对结果不确定的交易或事项以最近可利用的信息为基础所作的判断。

第一，会计估计的存在是由于经济活动中内在的不确定性因素的影响。

第二，进行会计估计时，往往以最近可利用的信息或资料为基础。

第三，进行会计估计并不会削弱会计确认和计量的可靠性。

四、会计估计变更

会计估计变更，是指由于资产和负债的当前状况及预期经济利益和义务发生了变化，从而对资产或负债的账面价值或者资产的定期消耗金额进行调整。例如，固定资产折旧方法由年限平均法改为年数总和法。

企业据以进行估计的基础发生了变化，或者由于取得新信息、积累更多经验以及后来的发展变化，可能需要对会计估计进行修订。会计估计变更的依据应当真实、可靠。

五、会计政策变更与会计估计变更的划分

(一)以会计确认是否发生变更作为判断基础

一般地，对会计确认的指定或选择是会计政策，其相应的变更是会计政策变更。

(二)以计量基础是否发生变更作为判断基础

一般地，对计量基础的指定或选择是会计政策，其相应的变更是会计政策变更。

(三)以列报项目是否发生变更作为判断基础

一般地，对列报项目的指定或选择是会计政策，其相应的变更是会计政策变更。

(四)根据会计确认、计量基础和列报项目所选择的、为取得与资产负债表项目有关的金额或数值(如预计使用寿命、净残值等)所采用的处理方法，不是会计政策，而是会计估计，其相应的变更是会计估计变更。

押题点② 会计政策与会计估计及其变更的会计处理

一、会计政策变更的会计处理

发生会计政策变更时，有两种会计处理方法，即追溯调整法和未来适用法。

(一)追溯调整法

追溯调整法，是指对某项交易或事项变更会计政策，视同该项交易或事项初次发生时即采用变更后的会计政策，并以此对财务报表相关项目进行调整的方法。

追溯调整法通常由以下步骤构成：

第一步，计算会计政策变更的累积影响数；

第二步，编制相关项目的调整分录；

【注意】会计政策变更涉及损益调整的事项通过“利润分配——未分配利润”科目核算，本期发现前期重要差错涉及损益调整的事项通过“以前年度损益调整”科目核算。

第三步，调整列报前期最早期初财务报表相关项目及其金额；

第四步，附注说明。

其中，会计政策变更累积影响数，是指按照变更后的会计政策对以前各期追溯计算的列报前期最早期初留存收益应有金额与现有金额之间的差额。即变更年度所有者权益变动表中“上年金额”栏目“盈余公积”和“未分配利润”项目的调整，见表16：

表 16 所有者权益变动表(简表)

2×16 年度

项目	本年金额		上年金额	
	盈余公积	未分配利润	盈余公积	未分配利润
一、上年年末余额				
加：会计政策变更			×××	×××
前期差错更正				
二、本年年初余额				
……				

累积影响数通常可以通过以下各步计算获得：

第一步，根据新会计政策重新计算受影响的前期交易或事项；

第二步，计算两种会计政策下的差异；

第三步，计算差异的所得税影响金额；

应说明的是，会计政策变更的追溯调整不会影响以前年度应交所得税的变动，也就是说不会涉及应交所得税的调整；但追溯调整时如果涉及暂时性差异，则应考虑递延所得税的调整，这种情况应考虑前期所得税费用的调整。

第四步，确定前期中每一期的税后差异；

第五步，计算会计政策变更的累积影响数。

需要注意的是，对以前年度损益进行追溯调整或追溯重述的，应当重新计算各列报期间的每股收益。

(二)未来适用法

未来适用法，是指将变更后的会计政策应用于变更日及以后发生的交易或者事项，或者在会计估计变更当期和未来期间确认会计估计变更影响数的方法。

在未来适用法下，不需要计算会计政策变更产生的累积影响数，也无需重新编制以前年度的财务报表。

二、会计估计变更的会计处理

企业对会计估计变更应当采用未来适用法处理。

(1)会计估计变更仅影响变更当期的，其影响数应当在变更当期予以确认。

(2)会计估计变更既影响变更当期又影响未来期间的，其影响数应当在变更当期和未来期间予以确认。

(3)难以对某项变更区分为会计政策变更或会计估计变更的，应当将其作为会计估计变更处理。

历年真题

2015 年

（概念辨析）

（多项选择题）甲公司 20×4 年经董事会决议作出的下列变更中，属于会计估计变更的有（　）。

A. 将发出存货的计价方法由移动加权平均法改为先进先出法

B. 改变离职后福利核算方法，按照新的会计准则有关设定受益计划的规定进行追溯

C. 因车流量不均衡，将高速公路收费权的摊销方法由年限平均法改为车流量法

D. 因市场条件变化，将某项采用公允价值计量的金融资产的公允价值确定方法由第一层级转变为第二层级

【答案】CD

【解析】选项 A 和 B 属于会计政策变更。

2014 年

（概念辨析）

（单项选择题）甲公司为某集团母公司，其与控股子公司（乙公司）会计处理存在差异的下列事项中，在编制合并财务报表时，应当作为会计政策予以统一的是（　）。

A. 甲公司产品保修费用的计提比例为售价的 3%，乙公司为售价的 1%

B. 甲公司对机器设备的折旧年限按不少于 10 年确定，乙公司为不少于 15 年

C. 甲公司对投资性房地产采用成本模式进行后续计量，乙公司采用公允价值模式

D. 甲公司对 1 年以内应收款项计提坏账准备的比例为期末余额的 5%，乙公司为期末余额的 10%

【答案】C

【解析】选项 A、B 和 D，属于会计估计；选项 C，属于会计政策。

2013 年

（概念辨析）

（单项选择题）甲公司董事会决定的下列事项中，属于会计政策变更的是（　）。

A. 将自行开发无形资产的摊销年限由 8 年调整为 6 年

B. 将发出存货的计价方法由先进先出法变更为移动加权平均法

C. 将固定资产折旧方法由年数总和法变更为年限平均法

D. 将符合持有待售条件的固定资产由非流动资产重分类为流动资产列报

【答案】B

【解析】选项 A 和 C，属于会计估计变更；选项 D，属于新的事项，不属于会计变更。

2019年 预测题

预测

（会计政策变更，追溯调整法，分录及调表）

甲企业于2008年1月1日将一幢办公楼出租给乙企业使用，将办公楼计入投资性房地产，采用成本模式计量，租期8年。该办公楼账面价值为6000万元，其中原值8000万元，已计提折旧2000万元。预计该办公楼的剩余使用寿命为20年。

2011年1月1日，甲公司将该投资性房地产的计量模式由成本模式转为公允价值模式。已知该办公楼在各年的公允价值分别如下：2008年1月1日为6300万元，2009年1月1日为6500万元，2010年1月1日为7000万元，2011年1月1日为7800万元。

要求：假定考虑所得税的影响，税法折旧方法和会计相同；盈余公积计提比例为10%。试分析会计政策变更日的会计处理及报表调整。

【答案】

成本模式变更为公允价值模式，属于会计政策变更，应进行追溯调整。

该办公楼在成本模式下每年计提折旧额=6000/20=300(万元)。

由题意知，该项投资性房地产在各年的账面价值(成本模式)和公允价值分别如下表所示(单位：万元)：

日期	2008. 1. 1	2009. 1. 1	2010. 1. 1	2011. 1. 1
账面价值	6000	5700	5400	5100
公允价值	6300	6500	7000	7800

2011年1月1日，公允价值和账面价值的差额=7800-5100=2700(万元)。

分析：“2700万元”由三部分组成：2700=300+900+1500

第一部分：

由于采用追溯调整法，假设2008年1月1日就已经在使用公允价值模式进行计量，所以当天，公允价值-账面价值=6300-6000=300(万元)，应计入其他综合收益。

第二部分：

由于采用追溯调整法，所以之前计提的累计折旧，应当全部转回。因为公允价值模式下，不需要计提折旧。因此需要转回900万元。

第三部分：

在2008-2011年间，公允价值的变动额=7800-6300=1500(万元)。

考虑所得税因素，税法并不认可公允价值，因此税法角度仍然是以成本模式在计量该投资性房地产，而会计角度用公允价值模式计量，这会造成暂时性差异。由于会计基础(7800万)>税法基础(5100万)，因此产生了应纳税暂时性差异，需要计入“递延所得税负债”。金额为2700×25%=675(万元)。由于是调增“递延所得税负债”675万，因此应写在贷方。因为递延所得税负债是长期负债，贷方表示增加，递延所得税资产是长期资产，借方表示增加。

2011 年 1 月 1 日的会计分录：

借：投资性房地产——成本　6300

　　　　　　　　——公允价值变动　1500

　　投资性房地产累计折旧　（2000+900）2900

　　贷：投资性房地产　8000

　　　　递延所得税负债　（2700×25%）675

　　　　其他综合收益　（300×75%）225

　　　　盈余公积　［（900+1500）×75%×10%］180

　　　　利润分配——未分配利润　（2400×75%×90%）1620

分析：第一种调表分析思路（单位：万元）：

项目	新政策损益	原政策损益	税前差异	所得税	税后差异
出租日	-	-	300（其他综合收益）	75	225
2008 年	200	-300	500	125	375
2009 年	500	-300	800	200	600
小计	700	-600	1600	400	1200
2010 年	800	-300	1100	275	825
合计	1500	-900	2700	675	2025

出租日当天没有新政策损益和原政策损益。

出租日产生的税前差异 300 万元=公允价值-账面价值。

原政策损益为每年计提的折旧，由于减少利润，所以为-300（万元）。

新政策损益为每年公允价值的变动。

200=6500-6300

500=7000-6500

800=7800-7000

税前差异=新政策损益-原政策损益

500=200-（-300）

税后差异中的 2025=2700-675=2700×75%

第二种调表分析思路（单位：万元）：

项目	新政策账面价值	原政策账面价值	税前差异	所得税	税后差异
出租日	6300	6000	300	75	225
2008 年末	6500	5700	800	200	600
2009 年末	7000	5400	1600	400	1200
2010 年末	7800	5100	2700	675	2025

由于会计政策的变更，导致甲公司需要调整当年报表。

会计政策变更，一般会影响如下数据：

资产负债表的年初数；

利润表的上年数；

所有者权益变动表的上年数和上年年初数(累计影响数)。

本题中，会计政策的变更对甲公司当年的财务报表的影响如下：

2011年资产负债表的年初数中：

投资性房地产项目调增2700万元；

递延所得税负债项目调增675万元；

其他综合收益项目调增225万元；

盈余公积项目调增180万元；

未利润分配项目调增1620万元；

其中，权益类共计调增2025万元。与上表最后一行合计数相符。

2011年利润表的上年数中：

公允价值变动项目调增800万元；

营业成本项目调减300万元；

营业利润项目调增1100万元；

利润总额项目调增1100万元；

所得税费用项目调增275万元；

净利润项目调增825万元；

综合收益总额项目调增825万元。

2011年所有者权益变动表：

上年数调增825万元；

上年年初数调增1200万元。

其中上年数中

盈余公积调增82.5万元；

未分配利润调增742.5万元；

合计825万元。

上年年初数中：

其他综合收益调增225万元；

盈余公积调增97.5万元；

未分配利润调增877.5万元；

合计1200万元。

本年年初数中：

其他综合收益调增225万元；

盈余公积调增180万元；

未分配利润调增1620万元；

合计2025万元。

项目	本年金额				上年金额			
	其他综合收益	盈余公积	未分配利润	合计	其他综合收益	盈余公积	未分配利润	合计
一、上年年末余额								
会计政策变更		82.5	742.5	825	225	97.5	877.5	1200
前期差错								
二、本年年初余额	225	180	1620	2025				

专题十八　或有事项

考点梳理

押题点　或有事项

(一)或有事项的概念和特征

或有事项，是指过去的交易或者事项形成的，其结果须由某些未来事项的发生或不发生才能决定的不确定事项。

或有事项具有以下特征：

(1)由过去的交易或事项形成。即或有事项的现存状况是过去交易或事项引起的客观存在。

【注意】未来可能发生的自然灾害、交通事故、经营亏损等事项，不属于企业会计准则规范的或有事项。

(2)结果具有不确定性。即或有事项的结果是否发生具有不确定性，或者或有事项的结果预计将会发生，但发生的具体时间或金额具有不确定性。

(3)由未来事项决定。即或有事项的结果只能由未来不确定事项的发生或不发生才能决定。

常见的或有事项有：未决诉讼或未决仲裁、债务担保、产品质量保证(含产品安全保证)、环境污染整治、承诺、亏损合同、重组义务等。

【注意】固定资产计提折旧、无形资产摊销均不属于或有事项。

(二)或有负债和或有资产

或有负债，是指过去的交易或者事项形成的潜在义务，其存在须通过未来不确定事项的发生或不发生予以证实；或过去的交易或者事项形成的现时义务，履行该义务不是很可能导致经济利益流出企业或该义务的金额不能可靠计量。

或有资产，是指过去的交易或者事项形成的潜在资产，其存在须通过未来不确定事项的发生或不发生予以证实。

或有负债和或有资产不符合负债或资产的确认条件，企业不应当确认或有负债和或有资产，而应当进行相应的披露。

(三)或有事项的确认和计量

1. 或有事项的确认

与或有事项相关的义务同时满足以下条件的，应当确认为预计负债：

(1)该义务是企业承担的现时义务。

这里所指的义务包括法定义务和推定义务。

(2)履行该义务很可能导致经济利益流出企业。

企业履行与或有事项相关的现时义务将导致经济利益流出的可能性超过 50%。

履行或有事项相关义务导致经济利益流出的可能性的划分见表 17：

表 17　可能性的划分

项目	发生的概率区间
基本确定	95% <发生的可能性<100%
很可能	50% <发生的可能性≤95%
可能	5% <发生的可能性≤50%
极小可能	0<发生的可能性≤5%

(3)该义务的金额能够可靠地计量。

【注意】如果或有事项确认负债的三个条件没有同时满足时，则属于或有负债。

2. 预计负债的计量

或有事项的计量主要涉及两方面：一是最佳估计数的确定；二是预期可获得补偿的处理。

(1)最佳估计数的确定。

预计负债应当按照履行相关现时义务所需支出的最佳估计数进行初始计量。

【注意】在产品质量保证中，企业销售的商品，有些没有质量问题，有些有较小质量问题，有些有较大质量问题，这几个事项同时存在，属于多个项目，要用加权平均数计算最佳估计数。

(2)对预期可获得补偿的处理。

企业清偿预计负债所需支出全部或部分预期由第三方补偿的，补偿金额只有在基本确定能够收到时才能作为资产单独确认，确认的补偿金额不应超过预计负债的账面价值。

【注意 1】将预期可获得补偿确认为资产的前提条件是或有事项已经确认为负债。

【注意 2】或有事项确认为资产通过“其他应收款”科目核算，但不能冲减预计负债的账面价值。

①或有事项确认负债：

借：营业外支出等

　　贷：预计负债

②或有事项确认资产：

借：其他应收款

　　贷：营业外支出等

(3)预计负债的计量需要考虑的其他因素。

企业在确定最佳估计数时，应当综合考虑与或有事项有关的风险、不确定性、货币时间价值和未来事项等因素。

3. 对预计负债账面价值的复核

企业应当在资产负债表日对预计负债的账面价值进行复核，有确凿证据表明该账面价值不能真实反映当前最佳估计数的，应当按照当前最佳估计数对该账面价值进行调整。

【注意】企业不应当确认或有负债和或有资产。

(四)或有事项会计的具体应用

1. 未决诉讼或未决仲裁的会计处理(见表18)

表18　未决诉讼或未决仲裁的会计处理

前期的处理	前期预计负债与当期实际发生的诉讼损失金额之间差额的处理
前期已合理计提预计负债	直接计入或冲减当期营业外支出(假定为非日后期间)
前期未合理计提(金额重大)预计负债	按照重大差错更正的方法进行会计处理(假定为非日后期间)
前期无法合理预计，未计提预计负债	在该损失实际发生的当期，直接计入营业外支出(假定为非日后期间)

【注意】资产负债表日后至财务报告批准报出日之间发生的需要调整或说明的未决诉讼，按照资产负债表日后事项的有关规定进行会计处理。

2. 债务担保

3. 产品质量保证

(1)计提保修费。

借：销售费用

　　贷：预计负债

(2)实际发生时。

借：预计负债

　　贷：银行存款等

在对产品质量保证确认预计负债时，需注意的是：

(1)如果发现保证费用的实际发生额与预计数相差较大，应及时对预计比例进行调整。

(2)如果企业针对特定批次产品确认预计负债，则在保修期结束时，应将“预计负债——产品质量保证”余额冲销，不留余额。

(3)已对其确认预计负债的产品，若企业不再生产了，那么应在相应的产品质量保证期满后，将“预计负债——产品质量保证”余额冲销，不留余额。

4. 亏损合同

(1)亏损合同存在标的资产的，应当对标的资产进行减值测试并按规定确认减值损失，如果预计亏损超过该减值损失，应将超过部分确认为预计负债。

(2)合同不存在标的资产的，亏损合同相关义务满足预计负债确认条件时，应当确认为预计负债。

预计负债的金额应是执行合同发生的损失和撤销合同发生的损失的较低者，即应该按照退出该项合同的最低净成本计量。

5. 重组义务

重组，是指企业制定和控制的，将显著改变企业组织形式、经营范围或经营方式的计划实施行为。

属于重组的事项主要包括：

(1)出售或终止企业的部分业务。

(2)对企业的组织结构进行较大调整。

(3)关闭企业的部分营业场所，或将营业活动由一个国家或地区迁移到其他国家或地区。

企业承担的重组义务满足或有事项确认条件的，应当确认为预计负债。企业应当按照与重组有关的直接支出确定预计负债金额。直接支出不包括留用职工岗前培训、市场推广、新系统和营销网络投入等支出。

下列情况同时存在时，表明企业承担了重组义务：

(1)有详细、正式的重组计划，包括重组涉及的业务、主要地点、需要补偿的职工人数及其岗位性质、预计重组支出、计划实施时间等。

(2)该重组计划已对外公告，重组计划已经开始实施，或已向受其影响的各方通告了该计划的主要内容，从而使各方形成了对该企业将实施重组的合理预期。

【注意】因辞退福利确认的预计负债通过“应付职工薪酬”科目核算。

【关注】预计负债的会计处理

诉讼费计入管理费用，赔偿及担保支出计入营业外支出，产品质量保证费用计入销售费用，弃置费用现值计入固定资产。

历年真题

2009年

(预计负债)

甲公司为一家家电生产企业，主要生产A、B、C三种家电产品。甲公司20×8年度有关事项如下：

(1)甲公司管理层于20×8年11月制定了一项业务重组计划。该业务重组计划的主要内容如下：从20×9年1月1日起关闭C产品生产线；从事C产品生产的员工共计250人，除部门主管及技术骨干等50人留用转入其他部门外，其他200人都将被辞退。

根据被辞退员工的职位、工作年限等因素，甲公司将一次性给予被辞退员工不同标准的补偿，补偿支出共计800万元；C产品生产线关闭之日，租用的厂房将被腾空，撤销租赁合同并将其移交给出租方，用于C产品生产的固定资产等将转移至甲公司自己的仓库。上述业务重组计划已于20×8年12月2日经甲公司董事会批准，并于12月3日对外公告。20×8年12月31日，上述业务重组计划尚未实际实施，员工补偿及相关支出尚未支付。

为了实施上述业务重组计划，甲公司预计发生以下支出或损失：因辞退员工将支付补偿款 800 万元；因撤销厂房租赁合同将支付违约金 25 万元；因将用于 C 产品生产的固定资产等转移至仓库将发生运输费 3 万元；因对留用员工进行培训将发生支出 1 万元；因推广新款 B 产品将发生广告费用 2500 万元；因处置用于 C 产品生产的固定资产将发生减值损失 150 万元。

(2)20×8 年 12 月 15 日，消费者因使用 C 产品造成财产损失向法院提起诉讼，要求甲公司赔偿损失 560 万元。12 月 31 日，法院尚未对该案作出判决。在咨询法律顾问后，甲公司认为该案很可能败诉。根据专业人士的测算，甲公司的赔偿金额可能在 450 万元至 550 万元之间，而且上述区间内每个金额的可能性相同。

(3)20×8 年 12 月 25 日，丙公司(为甲公司的子公司)向银行借款 3200 万元，期限为 3 年。经董事会批准，甲公司为丙公司的上述银行借款提供全额担保。12 月 31 日，丙公司经营状况良好，预计不存在还款困难。

要求：

(1)根据资料(1)，判断哪些是与甲公司业务重组有关的直接支出，并计算因重组义务应确认的预计负债金额。

(2)根据资料(1)，计算甲公司因业务重组计划而减少 20×8 年度利润总额的金额，并编制相关会计分录。

(3)根据资料(2)和(3)，判断甲公司是否应当将与这些或有事项相关的义务确认为预计负债。如确认，计算预计负债的最佳估计数，并编制相关会计分录；如不确认，说明理由。

【答案】

(1)因辞退员工将支付补偿 800 万元和因撤销厂房租赁合同将支付违约金 25 万元属于与重组有关的直接支出。

因重组义务应确认的预计负债金额=800+25=825(万元)。

(2)因重组计划减少 20×8 年度利润总额=825+150=975(万元)。

会计分录：

借：营业外支出　　25

　　贷：预计负债　　25

借：管理费用　　800

　　贷：应付职工薪酬　　800

借：资产减值损失　　150

　　贷：固定资产减值准备　　150

(3)资料(2)应确认预计负债。预计负债的最佳估计数=(450+550)/2=500(万元)。

会计分录：

借：营业外支出　　500

　　贷：预计负债　　500

资料(3)不应确认预计负债。

理由：此项不是很可能导致经济利益流出企业，不符合或有事项确认预计负债的条件。

2019年 预测题

预测 1

（未决诉讼的处理）

20×8 年 11 月 1 日，乙股份有限公司因合同违约而被丁公司起诉。20×8 年 12 月 31 日，公司尚未接到法院的判决。丁公司预计，如无特殊情况很可能在诉讼中获胜，假定丁公司估计将来很可能获得赔偿金额 190 万元。在咨询了公司的法律顾问后，乙公司认为最终的法律判决很可能对本公司不利。假定乙公司预计将要支付的赔偿金额、诉讼费等费用为 160 万元至 200 万元之间的某一金额，而且这个区间内每个金额的可能性都大致相同，其中诉讼费为 3 万元。

要求：

根据上述资料，做出丁公司与乙公司的相关账务处理。

【答案】

本例中，丁公司不应当确认或有资产，而应当在 20×8 年 12 月 31 日的报表附注中披露或有资产 190 万元。

乙股份有限公司应在资产负债表中确认一项预计负债，金额 =（160 + 200）/ 2 = 180（万元）。

同时在 20×8 年 12 月 31 日的附注中进行披露。

乙公司的有关账务处理如下：

借：管理费用——诉讼费　　3

　　营业外支出　　177

　　贷：预计负债——未决诉讼　　180

预测 2

（诉讼导致或有事项的判断）

2011 年 12 月个人消费者王力对福龙汽车提起诉讼，认为福龙汽车为其车辆提供维修服务时更换的零件存在质量问题，导致了一起交通事故，向福龙汽车索赔 60 万元。截至审计报告日，法院尚未作出判决。

福龙汽车的法律顾问认为福龙汽车很可能败诉，预计赔偿金额为 50 万元。此外，福龙汽车计划向有关零件供应商提出索赔，但目前尚不能确定可以获得补偿的金额。福龙汽车在 2011 年末对上述诉讼索赔事项进行会计处理。

假定不考虑其他条件。

要求：

判断福龙汽车的会计处理是否恰当，并简要说明理由。

【答案】

会计处理不恰当。该未决诉讼为或有事项，当或有事项的有关义务同时符合以下三个条

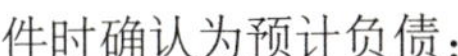

件时确认为预计负债：

（1）该义务是企业承担的现时义务；

（2）履行该义务很可能导致经济利益流出企业；

（3）该义务的金额能够可靠地计量。

由于法律顾问表示福龙汽车被王力起诉案很可能败诉并预计赔偿款为 50 万元，同时满足上述三个条件，福龙汽车应当就赔偿款 50 万元确认为预计负债。由于不能确定从零件供应商可以获得的补偿金额，故不能确认相应的资产。

专题十九　日后事项

考点梳理

押题点　资产负债表日后事项的会计处理

一、调整事项的会计处理

资产负债表日后发生的调整事项，应当如同资产负债表所属期间发生的事项一样，作出相关账务处理，并对资产负债表日已经编制的财务报表进行调整。这里的财务报表包括资产负债表、利润表及所有者权益变动表等内容，但不包括现金流量表正表。

二、非调整事项的会计处理

资产负债表日后发生的非调整事项，是表明资产负债表日后发生的情况的事项，与资产负债表日存在状况无关，不应当调整资产负债表日的财务报表。但有的非调整事项对财务报告使用者具有重大影响，如不加以说明，将不利于财务报告使用者做出正确估计和决策，因此，资产负债表日后事项准则要求在报表附注中披露“重要的资产负债表日后非调整事项的性质、内容，及其对财务状况和经营成果的影响。”

2019年 预测题

预测 1

（调整事项的处理及理由）

B 公司在资产负债表日后期间发现其 20×2 年度财务信息中有以下事项：

（1）B 公司在 20×2 年度收到购置环保设备补助资金 50 万元和 20×2 年度进出口业务奖励款 80 万元，全部计入其他收益。

（2）B 公司于 20×2 年 12 月 31 日将其一项对某客户的应收账款 3000 万元转让给银行（附追索权），并于当日收到转让款时终止确认了上述应收账款。

（3）B 公司于 20×2 年 7 月 10 日购买 1000 万元的短期公司债券，期限为 6 个月，年利率 5%。B 公司已在 20×3 年 1 月 10 日（债券到期日）全额收回本息。B 公司在 20×2 年度现金流量表中将该1000万元短期公司债券投资作为现金等价物列示。

(4)20×2年2月1日，B公司停止自用一座办公楼，并与Y公司(非关联公司)签订租赁协议，将其租赁给Y公司使用，租赁期开始日为20×2年2月1日。20×2年2月1日，B公司将该办公楼从固定资产转为投资性房地产核算，并采用公允价值模式进行后续计量。该办公楼20×2年2月1日的账面价值为800万元，公允价值为1000万元，20×2年12月31日的公允价值为1100万元。20×2年12月31日，B公司将上述办公楼列示为投资性房地产(余额为1100万元)，并在20×2年度损益中确认300万元公允价值变动收益。

(5)B公司的一项在建工程于20×2年8月达到预定可使用状态，并于20×2年10月完成竣工决算。B公司于20×2年10月将该在建工程转入固定资产，并自20×2年11月起计提折旧。

要求：

针对第1项至第5项，假定不考虑其他条件，逐项说明B公司的会计处理存在哪些不当之处，并提出恰当的处理意见(不考虑相关税费或递延所得税的影响)。

【答案】

(1)B公司将收到的环保设备的补助资金计入其他收益存在不当之处。

处理意见：购置环保设备的补助资金50万元，应作为与资产相关的政府补助，在收到时确认为递延收益，然后自相关资产可供使用时起，在该项资产使用寿命内平均分摊，计入当期损益。

(2)B公司将应收账款终止确认存在不当之处。

处理意见：由于是附追索权的转让，B公司从银行收到转让款时应将其确认为短期借款。

(3)B公司将该短期公司债券投资作为现金等价物列示存在不当之处。

处理意见：将该短期公司债券投资从现金等价物中剔除(或现金等价物中不应当包括该短期公司债券投资)。

(4)B公司在损益中确认300万元公允价值变动收益存在不当之处。

处理意见：有关房产在转换日的公允价值和账面价值的差异(1000万元-800万元=200万元)应计入其他综合收益；转换日之后的公允价值变动(1100万元-1000万元=100万元)才能计入损益(公允价值变动损益)。

(5)B公司将该在建工程转入固定资产的时间和开始计提折旧的时间存在不当之处。

处理意见：在建工程应在达到预定可使用状态时转入固定资产，并从达到预定可使用状态的次月起开始计提折旧。

预测2

(调整事项的计算)

(单项选择题)A公司2×15年10月份与乙公司签订一项供销合同，由于A公司未按合同发货，致使乙公司发生重大经济损失。被乙公司起诉，至2×15年12月31日法院尚未判决。A公司2×15年12月31日在资产负债表中的“预计负债”项目反映了1000万元的赔偿款。2×16年3月5日经法院判决，A公司需偿付乙公司经济损失1200万元。A公司不再上诉，并假定赔偿款已经支付。A公司2×15年度财务报告批准报出日为2×16年4月28日，报告年度资产负债表中有关项目调整的正确处理方法是(　)。

A. “预计负债”项目调增 200 万元；“其他应付款”项目调整 0 万元

B. “预计负债”项目调减 1000 万元；“其他应付款”项目调增 1200 万元

C. “预计负债”项目调增 200 万元；“其他应付款”项目调增 1200 万元

D. “预计负债”项目调减 1200 万元；“其他应付款”项目调增 200 万元

【答案】B

【解析】应冲减原确认的预计负债，并将 A 公司需偿付乙公司经济损失 1200 万元反映在其他应付款中。

专题二十　非货币性资产交换

考点梳理

押题点① 非货币性资产交换的范围

一、非货币性资产交换的相关概念

非货币性资产交换，是指交易双方主要以存货、固定资产、无形资产和长期股权投资等非货币性资产进行的交换。该交换不涉及或只涉及少量的货币性资产(即补价)。其中，货币性资产，是指企业持有的货币资金和将以固定或可确定的金额收取的资产，包括现金、银行存款、以摊余成本计量的金融资产等。非货币性资产，是指货币性资产以外的资产。

【注意】认定涉及少量货币性资产的交换为非货币性资产交换，通常以补价占整个资产交换金额的比例低于 25%作为参考。若补价÷整个资产交换金额<25%，则属于非货币性资产交换；若补价÷整个资产交换金额≥25%的，视为货币性资产交换，适用其他相关准则。

整个资产交换金额即在整个非货币性资产交换中最大的公允价值。

二、非货币性资产交换不涉及的交易和事项

(1)与所有者或所有者以外方面的非货币性资产非互惠转让。

(2)在企业合并、债务重组中和发行股票取得的非货币性资产。

押题点② 非货币性资产交换的确认和计量

一、确认和计量原则

(一)公允价值

公允价值计量时，应当以公允价值和应支付的相关税费作为换入资产的成本，公允价值与换出资产账面价值的差额计入当期损益。

换入资产和换出资产公允价值均能够可靠计量的，应当以换出资产的公允价值作为确定换入资产成本的基础，但有确凿证据表明换入资产的公允价值更加可靠的除外。

（二）账面价值

账面价值计量时，应当以账面价值和应支付的相关税费作为换入资产的成本，不确认损益。

二、商业实质的判断

（一）判断条件

满足下列条件之一的非货币性资产交换具有商业实质：

1. 换入资产的未来现金流量在风险、时间和金额方面与换出资产显著不同。

主要包括但不仅限于以下几种情形：

（1）未来现金流量的风险、金额相同，时间不同。此种情形是指换入资产和换出资产产生的未来现金流量总额相同，获得这些现金流量的风险相同，但现金流量流入企业的时间不同。

（2）未来现金流量的时间、金额相同，风险不同。此种情形是指换入资产和换出资产产生的未来现金流量时间和金额相同，但企业获得现金流量的风险或不确定性程度存在明显差异。

（3）未来现金流量的风险、时间相同，金额不同。此种情形是指换入资产和换出资产的现金流量总额相同，预计为企业带来现金流量的时间跨度相同，风险也相同，但各年产生的现金流量金额存在明显差异。

2. 换入资产与换出资产的预计未来现金流量现值不同，且其差额与换入资产和换出资产的公允价值相比是重大的。

（二）关联方之间资产交换与商业实质的关系

在确定非货币性资产交换是否具有商业实质时，企业应当关注交易各方之间是否存在关联方关系。关联方关系的存在可能导致发生的非货币性资产交换不具有商业实质。

押题点③ 非货币性资产交换的会计处理

一、以公允价值计量的会计处理

非货币性资产交换同时满足下列条件的，应当以换出资产的公允价值和应支付的相关税费作为换入资产的成本，公允价值与换出资产账面价值的差额计入当期损益：

（1）该项交换具有商业实质。

（2）换入资产或换出资产的公允价值能够可靠地计量。

（一）换入资产入账价值的确定

1. 若换出资产公允价值是可靠的

（1）不涉及补价的情况。

换入资产成本＝换出资产公允价值＋换出资产增值税销项税额－换入资产可抵扣的增值税进项税额＋支付的应计入换入资产成本的相关税费

（2）涉及补价的情况。

①支付补价。

换入资产成本＝换出资产公允价值＋换出资产增值税销项税额－换入资产可抵扣的增值税

进项税额+支付的应计入换入资产成本的相关税费+支付的含税补价

②收到补价。

换入资产成本=换出资产公允价值+换出资产增值税销项税额-换入资产可抵扣的增值税进项税额+支付的应计入换入资产成本的相关税费-收到的含税补价

2. 若换入资产公允价值更可靠

换入资产成本=换入资产公允价值+支付的应计入换入资产成本的相关税费

(二)换出资产公允价值与其账面价值的差额的会计处理

换出资产公允价值与其账面价值的差额，应当分别不同情况处理：

(1)换出资产为存货的，应当作为销售处理，按收入准则的有关规定确认收入，同时结转相应的成本。

(2)换出资产为固定资产、无形资产的，换出资产公允价值与其账面价值的差额，计入资产处置损益。

(3)换出资产为长期股权投资、其他债权投资的，换出资产公允价值与其账面价值的差额，计入投资收益，并将长期股权投资和其他债权投资持有期间形成的可重分类进损益的其他综合收益转入投资收益。

(三)相关税费的处理

(1)与换出资产有关的相关税费与出售资产相关税费的会计处理相同，如换出固定资产支付的清理费用最终计入资产处置损益，换出应税消费品应交的消费税计入税金及附加等。

(2)与换入资产有关的相关税费与购入资产相关税费的会计处理相同，如换入资产的运杂费和保险费计入换入资产的成本等。

二、以换出资产账面价值计量的会计处理

未同时满足准则规定的两个条件的非货币性资产交换的，应当以换出资产的账面价值和为换入资产应支付的相关税费作为换入资产的成本，不确认损益。

(一)换入资产入账价值的确定

1. 不涉及补价的情况

换入资产成本=换出资产账面价值+换出资产增值税销项税额-换入资产可抵扣的增值税进项税额+支付的应计入换入资产成本的相关税费

2. 涉及补价的情况

(1)支付补价。

换入资产成本=换出资产账面价值+换出资产增值税销项税额-换入资产可抵扣的增值税进项税额+支付的应计入换入资产成本的相关税费+支付的含税补价

(2)收到补价。

换入资产成本=换出资产账面价值+换出资产增值税销项税额-换入资产可抵扣的增值税进项税额+支付的应计入换入资产成本的相关税费-收到的含税补价

(二)相关税费的处理

相关税费应计入换入资产的成本。

三、涉及多项非货币性资产交换的会计处理

(一)非货币性资产交换具有商业实质，且换入资产的公允价值能够可靠计量

某项换入资产的成本=该项资产的公允价值÷换入资产公允价值总额×换入资产的成本总额

(二)非货币性资产交换不具有商业实质，或者虽具有商业实质但换入资产的公允价值不能可靠计量

某项换入资产的成本=该项资产的原账面价值÷换入资产原账面价值总额×换入资产的成本总额

历年真题

2016 年

(概念辨析)

(多项选择题)甲公司为一家互联网视频播放经营企业，其为减少现金支出而进行的取得有关影视作品播放权的下列交易中，属于非货币性资产交换的有( )。

A. 以应收商业承兑汇票换取其他方持有的乙版权

B. 以本公司持有的丙版权换取其他方持有的丁版权

C. 以将于 3 个月内到期的国债投资换取其他方持有的戊版权

D. 以作为以公允价值计量且其变动计入其他综合收益的金融资产核算的权益性投资换取其他方持有的己版权

【答案】 BD

【解析】 选项 A 和 C，商业承兑汇票与 3 个月内到期的国债均属于货币性项目，不属于非货币性资产交换。

2015 年

(入账价值)

(单项选择题)经与乙公司协商，甲公司以一批产品换入乙公司的一项专利技术，交换日，甲公司换出产品的账面价值为 560 万元，公允价值为 700 万元(等于计税价格，也等于按收入准则确定的交易价格)，甲公司将产品运抵乙公司并向乙公司开具了增值税专用发票，当日双方办妥了专利技术所有权转让手续。经评估确认，该专项技术的公允价值为 900 万元(免增值税)，甲公司另以银行存款支付乙公司 109 万元，甲、乙公司均为增值税一般纳税人，适用的增值税税率均为 13%，不考虑其他因素，甲公司换入专利技术的入账价值是( )。

A. 641 万元　　B. 900 万元

C. 781 万元　　D. 819 万元

【答案】 B

【解析】 入账价值=换出产品公允价值+增值税销项税额−增值税进项税额+支付的补价=700+91+109=900(万元)。

2014年

(会计处理)

(多项选择题)不考虑其他因素，甲公司发生的下列交易事项中，应当按照非货币性资产交换进行会计处理的有( )。

A. 以无形资产换入一项投资性物业

B. 以固定资产换入生产用专利技术

C. 以债权投资换入固定资产

D. 定向发行本公司股票取得某被投资单位40%股权

【答案】AB

【解析】选项C，债权投资属于货币性资产，该交换不属于非货币性资产交换；选项D，发行的本公司股票属于公司所有者权益，不属于资产，该交换不属于非货币性资产交换。

2019年 预测题

预测1

(非货币性资产的会计处理)

甲公司为上市公司，该公司内部审计部门于2×17年1月在对其2×16年度财务报表进行内审时，对以下交易或事项的会计处理提出疑问：

甲公司于2×16年7月20日以一项其他权益工具投资与乙公司一项管理用专利权进行交换，资产置换日，甲公司换出的该项金融资产的账面价值为960万元(成本900万元，公允价值变动60万元)，公允价值为1060万元；乙公司换出专利权的账面余额为1400万元，累计摊销160万元，未计提减值准备，公允价值为1000万元，增值税税额为60万元。甲公司换入的专利权尚可使用年限为5年，采用直线法摊销，无残值。假定该项非货币性资产交换具有商业实质。甲公司相关会计处理如下：

	借方	贷方
借：无形资产	900	
应交税费——应交增值税(进项税额)	60	
贷：其他债权投资——成本		900
——公允价值变动		60
借：管理费用	90	
贷：累计摊销		90

要求：

判断甲公司会计处理是否正确；如不正确，简要说明理由，并编制有关差错的更正分录(涉及损益的事项无需通过“以前年度损益调整”科目核算)。

【答案】

甲公司的会计处理不正确。

理由：非货币性资产交换同时满足“该项交换具有商业实质”及“换入资产或换出资产的公允价值能够可靠地计量”两个条件时，应以公允价值为基础确定换入资产成本，甲公司换入专利权的入账价值为其公允价值 1000 万元。

更正分录为：

借：无形资产　　(1000−900)100
　　贷：盈余公积　　10
　　　　利润分配——未分配利润　　90
借：其他综合收益　　60
　　贷：盈余公积　　6
　　　　利润分配——未分配利润　　54
借：管理费用　　(1000÷5×6/12−90)10
　　贷：累计摊销　　10

预测 2

（非货币性资产交换入账价值的计算）

（单项选择题）2×16 年 3 月 2 日，甲公司以账面价值为 350 万元的厂房和账面价值为 150 万元的专利权，换入乙公司账面价值为 300 万元的在建房屋和账面价值为 100 万元的长期股权投资，不涉及补价。上述资产的公允价值均无法获得。不考虑相关税费及其他因素，甲公司换入在建房屋的入账价值为(　　)万元。

A. 280　　B. 300

C. 350　　D. 375

【答案】D

【解析】甲公司换入在建房屋的入账价值＝(350+150)×300/(300+100)＝375(万元)。

专题二十一　职工薪酬

考点梳理

押题点　职工薪酬

一、职工的概念及分类

1. 职工的概念

职工，是指与企业订立劳动合同的所有人员，含全职、兼职和临时职工，也包括虽未与企业订立劳动合同但由企业正式任命的人员。

2. 职工薪酬的概念及分类

职工薪酬，是指企业为获得职工提供的服务或解除劳动关系而给予的各种形式的报酬。

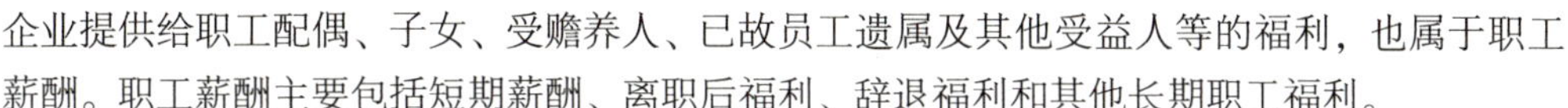

企业提供给职工配偶、子女、受赡养人、已故员工遗属及其他受益人等的福利，也属于职工薪酬。职工薪酬主要包括短期薪酬、离职后福利、辞退福利和其他长期职工福利。

二、短期薪酬的确认与计量

1. 相关概念与一般原则

是指企业在职工提供相关服务的年度报告期间结束后十二个月内需要全部予以支付的职工薪酬，因解除与职工的劳动关系给予的补偿除外。因解除与职工的劳动关系给予的补偿属于辞退福利的范畴。

企业应当在职工为其提供服务的会计期间，将实际发生的短期薪酬确认为负债，并计入当期损益，其他会计准则要求或允许计入资产成本的除外。

2. 带薪缺勤

带薪缺勤应当分为累积带薪缺勤和非累积带薪缺勤两类。

(1)累积带薪缺勤。

累积带薪缺勤是指带薪权利可以结转下期的带薪缺勤，本期尚未用完的带薪缺勤权利可以在未来期间使用。

企业应当在职工提供服务从而增加了其未来享有的带薪缺勤权利时，确认与累积带薪缺勤相关的职工薪酬，并以累积未行使权利而增加的预期支付金额计量。

(2)非累积带薪缺勤。

非累积带薪缺勤是指带薪权利不能结转下期的带薪缺勤，本期尚未用完的带薪缺勤权利将予以取消，并且职工离开企业时也无权获得现金支付。

企业应当在职工实际发生缺勤的会计期间确认与非累积带薪缺勤相关的职工薪酬。

3. 短期利润分享计划

是指因职工提供服务而与职工达成的基于利润或其他经营成果提供薪酬的协议。长期利润分享计划属于其他长期职工福利。

4. 向职工提供企业支付了补贴的商品或服务(以提供包含补贴的住房为例)

(1)如果出售住房的合同或协议中规定了职工在购得住房后至少应当提供服务的年限，且如果职工提前离开则应退回部分差价，企业应当将该项差额作为长期待摊费用处理，并在合同或协议规定的服务年限内平均摊销，根据受益对象分别计入相关资产成本或当期损益。

①购入住房时。

借：固定资产

　　贷：银行存款

②出售住房时。

借：银行存款

　　长期待摊费用

　　贷：固定资产

③摊销长期待摊费用时。

借：管理费用等

贷：应付职工薪酬——非货币性福利

借：应付职工薪酬——非货币性福利

贷：长期待摊费用

(2)如果出售住房的合同或协议中未规定职工在购得住房后必须服务的年限，企业应当将该项差额直接计入出售住房当期相关资产成本或当期损益。

三、离职后福利的确认与计量

离职后福利，是指企业为获得职工提供的服务而在职工退休或与企业解除劳动关系后，提供的各种形式的报酬和福利，短期薪酬和辞退福利除外。

离职后福利计划，是指企业与职工就离职后福利达成的协议或者企业为向职工提供离职后福利制定的规章或办法等

企业应当将离职后福利计划分类为设定提存计划和设定受益计划两种类型。

1. 设定提存计划

设定提存计划，是指向独立的基金缴存固定费用后，企业不再承担进一步支付义务的离职后福利计划。

企业应在资产负债表日确认为换取职工在会计期间内为企业提供的服务而应付给设定提存计划的提存金，并作为一项费用计入当期损益或相关资产成本。

借：管理费用等

贷：应付职工薪酬

2. 设定受益计划

设定受益计划是指除设定提存计划以外的离职后福利计划。

注意区分应当计入当期损益的金额和应当计入其他综合收益的金额：

(1)计入当期损益金额包括：

①当期服务成本。

②过去服务成本。

③结算利得和损失

④设定受益计划净负债或净资产的利息净额。

(2)计入其他综合收益的金额包括：

①精算利得和损失。

②计划资产回报，扣除包括在设定受益净负债或净资产的利息净额中的金额。

③资产上限影响的变动，扣除包括在设定受益计划净负债或净资产的利息净额中的金额。

四、辞退福利的确认与计量

辞退福利，是指企业在职工劳动合同到期之前解除与职工的劳动关系，或者为鼓励职工自愿接受裁减而给予职工的补偿。

借：管理费用

贷：应付职工薪酬

历年真题

2017 年

（非货币性福利、带薪年假）（本题涉及的部分考点，2019 年教材已重新修订）

2×19 年发生的与职工薪酬相关的事项如下：

（1）4 月 10 日甲公司董事会通过表决，以本公司的自产产品作为奖品，对乙车间全体员工超额完成一季度生产任务进行奖励，每位员工奖励一件产品，该车间员工总数 200 人，其中车间管理人员 30 人，一线生产工人 170 人。发放给员工的本公司产品市场售价为 4000 元/件，成本为 1800 元/件。4 月 20 日，将 200 件产品发放给员工。

（2）甲公司共有 2000 名员工，从 2×19 年 1 月 1 日起该公司实行累积带薪缺勤制度，规定每个职工可享受 7 个工作日的带薪假，未使用的年休假可以向后结转 1 个会计年度，超过期限作废，员工离职后不能取得现金支付。2×19 年 12 月 31 日，每位职工当年平均未使用的假期为 2 天。根据过去经验的预期（该经验继续适用），甲公司预计2×20年有 1800 名员工将享受不超过 7 天的带薪假期，剩余 200 名员工每人平均享受 8.5 天的带薪休假。该 200 名员工中 150 名为销售人员，50 名为高管等管理人员。甲公司平均每名员工每个工作日的工资为 400 元，甲公司职工年休假以后进先出为基础，即带薪假期先从本年度享受的权利中扣除。

（3）甲公司正在研发丙研发项目，2×19 年共发生项目研发人员工资 200 万元，其中自 2×19年年初至 6 月 30 日期间发放的研发人员工资 120 万元，属于费用化支出，7 月 1 日到 11 月 30 日研发项目达到预定用途前发放的研发人员工资 80 万元属于资本化支出，研发人员工资已经以银行存款支付。

（4）2×19 年 12 月 20 日甲公司董事会做出决议，拟关闭在某地区的一个分公司，针对该分公司员工进行补偿，具体为：因为未达到法定退休年龄，提前离开公司的员工。另外自其达到法定退休年龄后，按照每月 1000 元的标准给予退休人员补偿。涉及员工 80 人，每人 30 万元的一次性补偿 2400 万元已于 12 月 26 日支付。每月 1000 元的退休后补偿将于 2×20 年 1 月 1 日陆续发放，根据精算结果甲公司估计补偿义务的现值为 1200 万元。

其他有关资料：甲公司为增值税一般纳税人，适用的增值税率为 13%，本题不考虑其他因素。

要求：

就甲公司 2×19 年发生的与职工薪酬有关的事项，逐项说明其应进行的会计处理，并编制相关会计分录。

【答案】

（1）事项（1）以自产产品发放给职工，作为非货币性福利处理，视同销售确认收入以及销项税额，同时结转成本。

借：制造费用等　　［200×4000×（1+13%）/10000］90.4

　　贷：应付职工薪酬　　90.4

借：应付职工薪酬　　90.4

　贷：主营业务收入　　80

　　应交税费——应交增值税(销项税额)　　10.4

借：主营业务成本　　(1800×200/10000)36

　贷：库存商品　　36

(2)事项(2)作为累积带薪缺勤处理，2×19 年年末应该根据预计 2×20 年将使用的累计带薪假确认相关成本费用和负债。

借：销售费用　　(150×1.5×400/10000)9

　管理费用　　(50×1.5×400/10000)3

　贷：应付职工薪酬——累积带薪缺勤　　12

(3)自行研发项目，不符合资本化条件的应当费用化，先计入研发支出(费用化支出)，年末转为管理费用；符合资本化条件的，先计入研发支出(资本化支出)，该项目研发成功达到预定可使用状态后，转为无形资产。

借：研发支出——费用化支出　　120

　　　　——资本化支出　　80

　贷：应付职工薪酬　　200

借：应付职工薪酬　　200

　贷：银行存款　　200

借：管理费用　　120

　贷：研发支出——费用化支出　　120

借：无形资产　　80

　贷：研发支出——资本化支出　　80

(4)事项(4)中给予离职员工的一次性离职补偿按照重组义务处理，计入管理费用；给予退休人员补偿应当作为离职后福利计入管理费用。

借：管理费用　　3600

　贷：应付职工薪酬　　3600

借：应付职工薪酬　　2400

　贷：银行存款　　2400

2014 年

(节选，职工福利)

甲公司为上市公司，内审部门在审核公司及下属子公司 20×2 年度财务报表时，对以下交易或事项的会计处理提出质疑：

……

(3)20×1 年 12 月 20 日，甲公司与 10 名公司高级管理人员分别签订商品房销售合同。合同约定，甲公司将自行开发的 10 套房屋以每套 600 万元的优惠价格销售给 10 名高级管理人员；高级管理人员自取得房屋所有权后必须在甲公司工作 5 年，如果在工作未满 5 年的情况下离职，需根据服务期限补交款项。20×2 年 6 月 25 日，甲公司收到 10 名高级管理人员支付的款项 6000 万元。20×2 年 6 月 30 日，甲公司与 10 名高级管理人员办理完毕上述房屋产权过户手续。上述房屋成本为每套 420 万元，市场价格为每套 800 万元。

甲公司对上述交易或事项的会计处理为：

借：银行存款 6000
　　贷：主营业务收入 6000
借：主营业务成本 4200
　　贷：开发产品 4200

要求：

判断甲公司的会计处理是否正确，并说明理由，如果甲公司的会计处理不正确，编制更正甲公司 20×2 年度财务报表的会计分录(编制更正分录时可以使用报表项目)。

【答案】

资料(3)会计处理不正确。

理由：该项业务系向职工提供企业承担了补贴的住房且合同规定了获得住房职工至少应提供服务的年限的业务，应按市场价确认收入，市场价与售价的差额计入长期待摊费用，在职工提供服务年限内平均摊销。

更正分录：

借：长期待摊费用(或预付账款) 2000
　　贷：营业收入(或主营业务收入) 2000
借：管理费用 200
　　贷：应付职工薪酬 200
借：应付职工薪酬 200
　　贷：长期待摊费用(或预付账款) 200

或：

借：应付职工薪酬 2000
　　贷：营业收入(或主营业务收入) 2000
借：管理费用 200
　　贷：应付职工薪酬 200

2019年 预测题

预测 1

(非货币性福利的处理)

甲股份有限公司(以下简称“甲公司”)的注册会计师在对其 20×3 年财务报表进行审计时，就以下事项的会计处理与甲公司管理层进行沟通：

20×3 年 6 月，董事会决议将公司生产的一批 C 商品作为职工福利发放给部分员工。该批C商品的成本为3000元/件，市场售价为4000元/件。受该项福利计划影响的员工包括：中高层管理人员200人、企业正在进行的某研发项目相关人员50人，甲公司向上述员工每人发放1件C商品。研发项目已进行至后期开发阶段，甲公司预计能够形成无形资产，此期间的研发支出均满足资本化条件。至20×3年12月31日，该研发项目仍在进行中。

甲公司进行的会计处理如下：

借：管理费用　　75

　　贷：库存商品　　75

假定不考虑相关税费。

要求：

甲公司的会计处理是否正确，并说明理由。若甲公司会计处理不正确，编制更正20×3年度财务报表相关项目的会计分录(直接使用报表项目)。

【答案】

甲公司会计处理不正确。

理由：以自产产品用于职工福利，应按照产品的售价确认收入，同时确认应付职工薪酬。同时，应按照员工服务的受益对象进行分配，服务于研发项目人员相关的部分应计入所研发资产的成本。

借：开发支出　　(50×0.4)20

　　管理费用　　(200×0.4)80

　　贷：应付职工薪酬　　100

借：应付职工薪酬　　100

　　贷：营业收入　　100

借：营业成本　　75

　　贷：管理费用　　75

预测2

(带薪缺勤的计算)

(单项选择题)甲公司共有200名职工，其中50名为总部管理人员，150名为直接生产工人。从2×16年1月1日起，该公司实行累积带薪缺勤制度。该制度规定，每名职工每年可享受5个工作日带薪年休假，未使用的年休假只能向后结转一个日历年度，超过1年未行使的权利作废；职工休年休假时，首先使用当年享受的权利，不足部分再从上年结转的带薪年休假余额中扣除；职工离开公司时，对未使用的累积带薪年休假无权获得现金支付。2×16年12月31日，每个职工当年平均未使用带薪年休假为2天。

根据过去的经验并预期该经验将继续使用，甲公司预计2×17年有150名职工将享受不超过5天的带薪年休假，剩余50名总部管理人员每人将平均享受6天带薪年休假，该公司平均每名职工每个工作日工资为400元。甲公司2×16年年末累积因带薪缺勤计入管理费用的金额为(　)元。

A. 20000　　　　B. 120000

C. 60000　　D. 0

【答案】A

【解析】甲公司2×16年年末应当预计由于累积未使用的带薪年休假而导致预期将支付的工资负债，根据甲公司预计2×17年职工的年休假情况，只有50名总部管理人员会使用2×16年的未使用带薪年休假1天(6−5)，而其他2×16年累计未使用的带薪年休假都将失效，所以应计入管理费用的金额=50×(6−5)×400=20000(元)。

预测3

(职工薪酬的相关计算)

(单项选择题)甲公司于2×16年年初制订和实施了一项短期利润分享计划，以对公司管理层进行激励。该计划规定，公司全年的净利润指标为2000万元，如果在公司管理层的努力下完成的净利润超过2000万元，公司管理层可以分享超过2000万元净利润部分的10%作为额外报酬，奖金于2×17年年初支付。假定至2×16年12月31日，甲公司2×16年全年实际完成净利润2500万元。假定不考虑离职等其他因素，甲公司2×16年12月31日因该项短期利润分享计划应计入管理费用的金额为(　)万元。

A. 250　　B. 50

C. 200　　D. 0

【答案】B

【解析】甲公司2×16年12月31日因该项短期利润分享计划应计入管理费用的金额=(2500−2000)×10%=50(万元)。

专题二十二 外币折算

考点梳理

押题点1 外币交易的会计处理

外币是企业记账本位币以外的货币。

外币交易，是指企业发生以外币计价或者结算的交易，包括买入或者卖出以外币计价的商品或者劳务、借入或者借出外币资金和其他以外币计价或者结算的交易。

一、初始确认

外币交易应当在初始确认时，采用交易发生日的即期汇率将外币金额折算为记账本位币金额；也可以采用按照系统合理的方法确定的、与交易发生日即期汇率近似的汇率折算。

企业收到投资者以外币投入的资本，应当采用交易发生日即期汇率折算，不得采用合同约定汇率和即期汇率的近似汇率折算，外币投入资本与相应的货币性项目的记账本位币金额之间不产生外币资本折算差额。

二、期末调整或结算

1. 货币性项目

货币性项目，是指企业持有的货币和将以固定或可确定的金额收取的资产或者偿付的负债。例如，库存现金、银行存款、应收账款、其他应收款、长期应收款、应付账款、其他应付款、短期借款、长期借款、应付债券、长期应付款等。

货币性项目，采用资产负债表日即期汇率折算。因资产负债表日即期汇率与初始确认时或者前一资产负债表日即期汇率不同而产生的汇兑差额，计入当期损益。

(1)期末调整。

期末，将所有外币货币性项目的外币余额，按照期末即期汇率折算为记账本位币金额，并与原记账本位币金额相比较，其差额记入“财务费用——汇兑差额”等科目。

(2)结算。

结算外币货币性项目时，将其外币结算金额按照当日即期汇率折算为记账本位币金额，并与原记账本位币金额相比较，其差额记入“财务费用——汇兑差额”科目。

【注意1】结算符合资本化条件的外币“应付利息”科目产生的汇兑差额记入“在建工程”等科目。

【注意2】以公允价值计量且其变动计入其他综合收益的外币货币性金融资产形成的汇兑差额计入当期损益；以公允价值计量且其变动计入其他综合收益的非货币性金融资产形成的汇兑差额计入所有者权益(其他综合收益)。

2. 非货币性项目

非货币性项目，是指货币性项目以外的项目。例如，存货、长期股权投资、交易性金融资产(股票、基金)、固定资产、无形资产等。

(1)以历史成本计量的外币非货币性项目，仍采用交易发生日的即期汇率折算，不改变其原记账本位币金额(即不产生汇兑差额)。

(2)对于以成本与可变现净值孰低计量的存货，如果其可变现净值以外币确定，则在确定存货的期末价值时，应先将可变现净值折算为记账本位币金额，再与以记账本位币反映的存货成本进行比较。

(3)以公允价值计量的外币非货币性项目，如交易性金融资产(股票、基金等)，采用公允价值确定日的即期汇率折算，折算后的记账本位币金额与原记账本位币金额之间的差额，作为公允价值变动损益，计入当期损益。

(4)以公允价值计量且其变动计入其他综合收益的外币货币性金融资产形成的汇兑差额，应当计入当期损益；以公允价值计量且其变动计入其他综合收益的外币非货币性金融资产形成的汇兑差额，与其公允价值变动一并计入其他综合收益。但是，采用实际利率法计算的以公允价值计量且其变动计入其他综合收益的金融资产的外币利息产生的汇兑差额，应当计入当期损益，以公允价值计量且其变动计入其他综合收益的权益工具的外币现金股利产生的汇兑差额，应当计入当期损益。

一、境外经营财务报表的折算

(一)折算方法

(1)资产负债表中的资产和负债项目，采用资产负债表日的即期汇率折算，所有者权益项目除“未分配利润”项目外，其他项目采用发生时的即期汇率折算。

(2)利润表中的收入和费用项目，采用交易发生日的即期汇率折算；也可以采用按照系统合理的方法确定的、与交易发生日即期汇率近似的汇率折算。

(3)产生的外币财务报表折算差额，在编制合并财务报表时，应在合并资产负债表中“其他综合收益”项目列示。

(二)特殊项目的处理

(1)少数股东应分担的外币报表折算差额，应并入少数股东权益列示于合并资产负债表中。

(2)实质上构成对境外经营净投资的外币货币性项目产生的汇兑差额的处理。

母公司含有实质上构成对子公司(境外经营)净投资的外币货币性项目的情况下，在编制合并财务报表时，应分别以下两种情况编制抵销分录：

①实质上构成对子公司净投资的外币货币性项目以母公司或子公司的记账本位币反映，则在抵销长期应收应付项目的同时，将其产生的汇兑差额转入“其他综合收益”项目。即借记或贷记“财务费用——汇兑差额”项目，贷记或借记“其他综合收益”项目。

②实质上构成对子公司净投资的外币货币性项目以母、子公司的记账本位币以外的货币反映，则应将母、子公司此项外币货币项目产生的汇兑差额相互抵销，差额转入其他综合收益。

二、境外经营的处置

企业在处置境外经营时，应当将资产负债表中所有者权益项目下列示的、与该境外经营相关的外币报表折算差额，自所有者权益项目转入处置当期损益；部分处置境外经营的，应当按处置的比例计算处置部分的外币报表折算差额，转入处置当期损益。

历年真题

2015 年

(汇率选择)

(多项选择题)下列各项中，在对境外经营财务报表进行折算时选用的有关汇率，符合会计准则规定的有(　)。

A. 股本采用股东出资日的即期汇率折算

B. 以公允价值计量且其变动计入其他综合收益的金融资产采用资产负债表日即期汇率折算

C. 未分配利润项目采用报告期平均汇率折算

D. 当期提取的盈余公积采用当期平均汇率折算

【答案】ABD

【解析】选项 C，所有者权益项目除“未分配利润”项目外，其他项目采用发生时的即期汇率折算。

2014 年

（外币折算的概念辨析）

（多项选择题）下列关于境外经营外币资产负债表折算的表述中，不符合企业会计准则规定的有（　）。

A. 实收资本项目按交易发生日的即期汇率折算

B. 未分配利润项目按交易发生日的即期汇率折算

C. 资产项目按交易发生日即期汇率的近似汇率折算

D. 负债项目按资产负债表日即期汇率的近似汇率折算

【答案】BCD

【解析】资产负债表中的资产和负债项目，采用资产负债表日的即期汇率折算，所有者权益项目除“未分配利润”项目外，其他项目采用发生时的即期汇率折算，所以选项 A 正确，选项 B、C 和 D 不正确。

2019年 预测题

预测 1

（汇兑损益的计算）

某外商投资企业银行存款（美元）账户上期期末余额为 50000 美元，上期末市场汇率为 1 美元 =6.30 元人民币，该企业外币交易采用当日市场汇率折算，该企业本月 10 日将其中 10000 美元在银行兑换为人民币，银行当日美元买入价为 1 美元 =6.25 元人民币，当日市场汇率为 1 美元 =6.32 元人民币。该企业本期没有其他涉及美元账户的业务，期末市场汇率为 1 美元 =6.28 元人民币。

要求：

计算该企业本期计入财务费用（汇兑损失）的金额。

【答案】

兑换 10000 美元的汇兑损失 =（6.32−6.25）×10000 =700（元人民币），银行存款期末余额 40000 美元的汇兑损失 =（50000×6.3−10000×6.32）−40000×6.28 =600（元人民币），产生的汇兑损失总额 =700+600 =1300（元人民币）。

预测 2

（外币折算的分录处理）

甲股份有限公司以人民币为记账本位币，对外币交易采用交易日的即期汇率折算。20×7

年 6 月 1 日，因外币支付需要，从银行购入 10000 欧元，银行当日的欧元卖出价为 1 欧元 = 11 元人民币，当日的中间价为 1 欧元 =10.7 元人民币。

要求：

编制甲公司的相关会计分录。

【答案】

有关会计分录如下：

借：银行存款——欧元　(10000×10.7)107000

　　财务费用——汇兑差额　3000

　　贷：银行存款——人民币　(10000×11)110000